klân

Bir zamanlar kendilerine *Dans Eden Wu'lar* denilen bir grup bilge şaman klanı yaşardı. Yüzyıllar boyunca danslarıyla Yer ile Gök arasındaki dengenin korunmasını sağladılar. Tavsiyelerini dinleyen tüm hükümdarların halkı barış ve mutluluk içinde yaşadı. Danslarını sürdürdükleri sürece evrenin ışığı yerden ve halkların üzerinden uzak kalmadı. Ne zaman danslarını bıraksalar o kudretli ışık dünyadan uzaklaştı...

Klan Yayınları

klân

YENİ ÇAĞ / PSİKOLOJİ

Mutluluk Sanatı / Kutsal Dalai Lama ve Howard C. Cutler M.D.
Orjinal Adı: The Art of Happiness / Hiss Holliness Dalai Lama and Howard C. Cutler M.D.

Yayın Yönetmeni	Cem Şen
Türkçesi	Güneş Tokcan
Kapak Tasarımı	Klan Creatif
Baskı	Melisa Matbaacılık Ltd. Şti.
Yayın Tarihi	Ağustos 2000 (1. Basım) Ocak 2004 (5.Basım, yeniden gözden geçirilmiş baskı)
İletişim adresi	Narlıbahçe Sokak 19/1 Cağaloğlu, İstanbul
Tel	0 212 522 15 64 - 3. hat
Faks	0 212 522 15 85
E-mail	iletisim@klankitap.com
İnternet Sitesi	www.klankitap.com

Kütüphane Bilgi Kartı (CIP):
Dalai Lama
Mutluluk Sanatı
1. Budizm 2. Tibet Budizmi 3. Psikoloji
İstanbul, Klan Yayınları, 2003, 272 sayfa
ISBN: 975-6388-13-7

Mutluluk Sanatı

Yaşam İçin Bir El Kitabı

Kutsal Dalai Lama / Howard C. Cutler, M.D.

Türkçesi: Güneş Tokcan

klan

Okuyucuya adanmıştır:
Umarım mutluluğu bulursunuz.

İçindekiler

YAZARIN NOTU

Bu kitapta, Dalai Lama ile yapılan geniş kapsamlı konuşmalar verilmiştir. Bu çalışmanın temelini, Dalai Lama ile Arizona ve Hindistan'da gerçekleştirdiğim özel görüşmeler oluşturmaktadır. Bu görüşmeler Dalai Lama'nın insanları daha mutlu bir yaşama yöneltmek için aktardığı görüşlerini içermektedir. Ayrıca Batılı bir psikiyatrın görüş açısını yansıtan kendi gözlemlerim ve yorumlarım da bu görüşlere eklene-rek tek bir proje altında toplanmıştır. Dalai Lama, genel olarak, bu düşünceleri en etkili şekilde aktarabilecek kitap düzenini seçmeme izin verdi. Anlatımcı bir üslubun daha okunabilir olacağını ve böyle bir üslubun aynı zamanda Dalai Lama'nın düşüncelerini günlük hayatının içine nasıl dahil ettiğini gösterebileceğini düşündüm. Dalai Lama'nın da onayıyla, bu kitabı bu konuya uygun olarak düzenledim ve farklı konuşmalardan alınmış düşünceleri de birleştirip kitaba dahil ettim. Yine Dalai Lama'nın izniyle, açıklık ve anlaşılabilirlik için gerekli olduğunu zannettiğim durumlarda, Arizona'da halka hitaben yaptığı konuşmalardan bazı alıntılar yaptım. Dalai Lama'nın yorumcusu olan Dr. Thupten Jinpa, yazım sürecinin bir sonucu olarak Dalai Lama'nın düşüncelerinin istenmeden de olsa çarpıtılmadığından emin olmak için yazının son halini kontrol etti.

Tartışmaların geri planındaki düşünceleri daha iyi anlatabilmek için bazı tarihi ve kişisel olaylar verilmiştir. Güvenilir-liği korumak ve özel hayata zarar vermemek amacıyla, isimleri ve özel kişilerin tanınmasını sağlayabilecek ayrıntıları ve diğer belirleyici özellikleri değiştirdim.

Howard C. Cutler, MD.

GİRİŞ

Dalai Lama'yı, Arizona Eyalet Üniversitesi'nde altı bin kişilik bir kalabalığa konuşma yapmadan önce, boş bir basketbol soyunma odasında tek başınayken buldum. Sakince, tam bir sükûnet içinde bir bardak çay yudumluyordu. "Sayın Dalai Lama, eğer hazırsanız..."

Canlı bir hareketle kalktı ve hiç tereddüt etmeden odayı terk ederek yerel gazeteciler, fotoğrafçılar, güvenlik personeli ve öğrencilerden - izleyiciler, meraklılar ve şüpheciler - oluşan sahne arkasındaki kalabalığın arasına girdi. Yüzünde sıcak bir gülümsemeyle kalabalığa doğru yürüdü ve geçerken insanları selamladı. Sonunda, perdeyi aralayarak sahneye doğru ilerledi, eğildi, ellerini birleştirdi ve gülümsedi. Binlerce alkışla karşılandı. İsteği üzerine salonun ışıkları karartılmamıştı, böylece izleyicilerini rahatça görebilmekteydi, birkaç saniye hareketsizce durdu, yüzünde belirgin bir sıcaklık ve zindelik ifadesi ile izleyicileri izledi. Kestane rengi ve safran sarısı rahip elbisesi, Dalai Lama'yı ilk kez görenlerde bir tür egzotik etki yaratmış olabilirdi, fakat oturup konuşmaya başladığında izleyiciler ile ilişki kurma becerisi hemen kendini belli etti.

"Sanırım, aranızdan birçoğu ile ilk kez karşılaşıyorum. Fakat benim için, ister yeni ister eski bir dost olsun, aralarında pek fark yoktur, çünkü ben her zaman aynı olduğumuza inanırım, hepimiz insanoğluyuz. Elbette ki, kültürel geçmişlerde; yaşam tarzlarımızda, inançlarımızda ya da ten rengimizde farklılıklar olabilir; fakat hepimiz insan bedeni ve insan aklından oluşan varlıklarız. Bedensel yapımız, zihnimiz ve duygusal doğamız da aynı. Nerede birileriyle tanışsam tıpkı kendim gibi bir insanla karşılaştığımı hissediyorum. Bu şekilde başkalarıyla iletişime geçmeyi daha kolay buluyorum. Eğer, benim Tibetli ve Budist olmam gibi özellikleri vurgularsak o zaman farklılıklar olacaktır. Fakat bunlar ikincil derecede önemlidir. Eğer bunları bir kenara bırakabilirsek, sanırım kolaylıkla iletişime geçebilir, düşünce alışverişinde bulunabilir ve deneyimlerimizi paylaşabiliriz."

Böylece, 1993'de, Dalai Lama, Arizona'da bir hafta sürecek halka açık konuşmalarına başladı. Arizona ziyaretinin planları on yıl öncesinde yapılmaya başlanmıştı. İlk kez o zaman geleneksel Tibet Tıbbını araştırmak için düzenlenen küçük bir araştırma gezisi sırasında Hindistan'da, Dharamsala'da tanışmıştık. Dharamsala, Himalayalar'ın eteklerinde bir tepe yamacına kurulmuş güzel ve sakin bir köydür. Neredeyse kırk yıldır, Tibet'in Çin güçlerince işgal edilmesinden sonra Dalai Lama'nın yüz bin kadar Tibetli ile kaçmasından beri sürgündeki Tibet hükümetinin merkezidir. Dharamsala'da kaldığım sırada Dalai Lama'nın ailesinden bazı kişilerle tanışmıştım, kendisiyle ilk karşılaşmam da onların sayesinde oldu.

Dalai Lama, 1993'deki ziyaretinde bir insanın başka bir insanla olan ilişkisinin öneminden bahsetmişti, 1982'de onun evinde yaptığımız ilk konuşmaların da en dikkat çekici kısmını bu konu oluşturmaktaydı. Karşısındaki kişinin kendisini rahat etmesini sağlamakta, onunla çabucak sade ve dolaysız bir iletişim kurmakta olağanüstü başarılıydı. İlk karşılaşmamız kırk beş dakika kadar sürmüşttü ve çoğu insan gibi, ben de bu görüşmeden büyük bir ruh görerek, gerçekten olağanüstü bir insan tanıdığım izlenimini edinerek ayrılmıştım.

Sonraki yıllarda Dalai Lama'yı daha fazla tanıdıkça ona özgü olan ve az rastlanır niteliklerini de gittikçe daha fazla takdir etmeye başladım. Keskin fakat hilekârlığa kaçmayan bir zekâsı, aşırı duygusallığa kaçmayan bir iyiliği, uçarılığa kaçmayan bir mizah duygusu ve pek çok insanın da farkettiği gibi hayran bırakmaktan çok, ilham verme becerisi vardı.

Zaman içinde, Dalai Lama'nın başka hiç kimsede görmediğim bir tam olma duygusu içinde ve huzur düzeyinde nasıl yaşanacağını öğrendiğine ikna oldum ve onun gerçekleştirmeyi başardığı bu ilkeleri tanımlamaya karar verdim. Her ne kadar kendisi hayatı boyunca Budist çalışmaları ve öğretileri ile yaşamış bir Budist rahibi olsa da, onun bu inanç ya da çalışmaları Budist olmayanlarca da kullanılacak biçimde tanımlayıp tanımlayamayacağını merak ettim. Acaba bu çalışmalar daha mutlu, daha güçlü ve belki daha az korku dolu bir hayat yaşamamıza yardımcı olacak şekilde yaşamlarımıza uygulanabilirler miydi?

Arizona'daki ziyareti sırasında kendisiyle her gün görüşerek ve bu tartışmaların ardından Hindistan'daki evinde daha geniş kapsamlı konuşmalar yaparak onun görüşlerini daha derinlemesine keşfetme olanağı buldum. Konuştukça, kısa sürede anladım ki, farklı bakış açılarımızı uzlaştırmaya uğraştıkça yenmemiz gereken bazı engeller olacaktı, çünkü o bir Budist rahipti bense Batılı bir psikiyatrdım. Örneğin ilk konuşmalarımıza, insanlığın bilindik bazı sorunları hakkında ona sorular sorarak ve bunları bazı olayları anlatan hikayelerle süsleyerek başlıyordum. Hayatı üzerinde son derece olumsuz etkileri olmasına karşın kendine zarar verici davranışlara devam etmekte ısrar eden bir kadını anlatmış ve ona böyle bir davranış için bir açıklaması olup olmadığını ve ne önerebileceğini sormuştum. Bunun karşılığında uzun bir süre durup düşünmüş sonra da sadece "Bilmiyorum," diyerek, omuzlarını silkmiş ve doğal bir şekilde gülümsemişti.

Daha somut bir cevap alamamaktan doğan şaşkınlığımı ve hayal kırıklığımı farkeden Dalai Lama şöyle dedi, "Bazen insanların yaptıkları şeyleri neden yaptıklarını açıklamak çok zordur... Genellikle bunun tek bir açıklaması olmadığını görürsün. Eğer kişisel yaşamların ayrıntılarına girersek, insan zihni çok karışık olduğu için ne olup bittiğini, neyin meydana geldiğini anlamak çok zorlaşacaktır."

Baştan savma bir yanıt verdiğini sandım. "Fakat bir psikoterapist olarak görevim, insanların yaptıklarının nedenlerini bulmaktır..."

Bir kez daha pek çok insanın çok sıra dışı bulduğu kahkahasını attı – bu kahkaha, mizah ve iyi dilekle dolu, etkilenmemiş, engellenmemiş, derin bir yankılanma ile başlayan ve çabasızca bir kaç oktav çıkarak yüksek bir sevinç noktasında sona ermekteydi.

"Sanırım, beş milyar insanın zihninin nasıl çalıştığını anlamaya çalışıp bu konuda düşünmek son derece zor olmalı," dedi gene gülerek. "Bu, yerine getirilmesi imkansız bir görev! Budist görüş açısına göre, belli bir olay ya da duruma etki eden pek çok sebep vardır. Rol oynayan pek çok sebep olabilir ki bazen olup bitenin tam bir açıklamasını yapamazsın, en azından bilindik terimlerle."

Bendeki bazı rahatsızlıkları hissederek, şöyle dedi, "Sanırım, kişinin sorunlarının kaynağını belirlemeye çalışma konusunda Batılı yaklaşım, Budist yaklaşıma göre bazı farklılıklar gösteriyor. Tüm Batılı analiz durumlarının temelini teşkil eden, her şeyin bir açıklaması olduğunu farzeden düşünce çok güçlü ve mantıklı bir eğilimdir. Ve bunun da ötesinde, kabul etmek için kullanılan bazı öncüllerle yaratılan sınırlamalar vardır. Örneğin, geçenlerde bir tıp fakültesinde bazı doktorlarla karşılaştım. Beyin hakkında konuşuyorlardı ve düşünceler ile duyguların beyindeki farklı kimyasal tepkime ve değişikliklerin bir sonucu olduğunu söylüyorlardı. Ben de şöyle bir soru sordum: Düşüncelerin beyindeki kimyasal durumların düzenlenmesine neden oldukları tersi bir düzen hayal etmek mümkün müdür? Her neyse, konuşmanın en ilginç bulduğum kısmı ise verdikleri cevaptı, 'Tüm düşüncelerin, beyindeki kimyasal reaksiyonların ürünleri ya da sonuçları olduğu öncülünden yola çıktık.' Bu sadece bir tür katılık, kendi düşünce tarzlarına meydan okumama kararından başka bir şey değildir."

Bir süre sessiz kaldıktan sonra devam etti: "Sanırım, modern Batı toplumlarında temeli bilime dayanan güçlü bir kültürel şartlanma var. Fakat bazı örneklerde Batı bilimince konmuş öncüller ve parametreler, bazı gerçeklerle ilişkiye geçme becerinizi sınırlayabilir. Örneğin, sizde, her şeyin tek bir ömrün çerçevesi içinde açıklanabileceği düşüncesinin getirdiği bir sınırlama var; dahası bunu her şeyin açıklanabileceği, açıklanması gerektiği ve açıklaması olduğu kavramı ile birleştiriyorsunuz. Fakat, açıklama yapamayacağınız gerçeği ile karşı karşıya geldiğinizde, bir tür gerilim yaratılıyor ve bu tıpkı şiddetli bir ıstırap hissine benziyor."

Dalai Lama bir an düşünerek şöyle dedi, "Budizm'de, bazı deneyimler sonucu yerleşmiş huylar ve etkiler olduğu düşüncesi vardır, bu durum Batı psikolojisindeki bilinçsizlik düşüncesine benzetilebilir. Örneğin, hayatınızın daha önceki bir döneminde meydana gelmiş belli bir olay, zihninizde güçlü bir etki bırakmış ve saklı kalmış olabilir fakat daha sonraki davranışlarınızı etkileyebilir. Böylece, kişinin bilinçli olarak farkında olmadığı etkilerden doğan bilinçsiz bir düşünce varolur. Her neyse, sanırım Budizm, Batılı teorisyenlerin ortaya attığı sonuçların pek çoğunu kabul edebilir, fakat bunun ötesinde ek sonuçlar da sunabilir. Örneğin, önceki hayatlardan gelen şartlanmaları ve etkileri ekleyebilir. Sanırım Batı psikolojisinde, kişinin sorununun kaynağına bakarken, bilinçsizliğin rolü üzerinde durmama eğilimi var. Bu, Batı psikolojisinin yola çıktığı temel tahminlerden dolayı önlenmektedir: Örneğin, geçmiş yaşamdan taşınan etkiler olduğu düşüncesini kabul etmemektedir. Aynı zamanda, her şeyin bu hayat süresi içinde açıklanması gerektiği farzedilmektedir. Bu nedenle, bazı davranışlara ya da sorunlara neyin neden olduğunu açıklayamadığınızda, bunu hep bilinçaltına bağlamak gibi bir eğiliminiz oluyor. Bu, sanki kaybettiğiniz bir nesnenin odanın içinde olduğuna karar vermenize benziyor. Bir kez buna karar verdiğinizde, parametrelerinizi çoktan sabitlemiş oluyorsunuz, o nesnenin odanın dışında ya da başka bir odada olması olasılığını bir kenara bırakmış oluyorsunuz. Onu aramaya devam edip duruyor fakat bulamıyorsunuz, gene de onun hâlâ odanın içinde bir yerlerde saklı olduğunu farzetmeye devam ediyorsunuz!"

Bu kitabı yazmayı ilk tasarladığımda, Dalai Lama'nın, herkesin hayat sorunlarına açık ve basit çözümler sunabileceği klasik bir kendine yardım düzeni planlamıştım. Psikiyatrideki altyapımı kullanarak, onun bu yararlı görüşlerini, insanların günlük hayatlarına nasıl uygulayacakları hakkında kolay yöntemler sunan bir set halinde verebileceğimi düşünmüştüm. Görüşmelerimizin sonuna doğru bu düşünceden vazgeçtim. Bu yaklaşımın, hayatın sunduğu tüm ayrıntı, zenginlik ve düzensizliği içeren daha geniş ve daha karışık bir örnek oluşturacağını farkettim.

Giderek, söylediği her bir sesi duymaya başladım. Bu bir umuttu. Bu umut, gerçek ve kalıcı bir mutluluğu yakalamak kolay olmasa bile, gene de bunun yapılabileceğine inanmaya dayanıyordu. Dalai Lama'nın yöntemlerinin temelinde, tüm eylemlerinin alt tabakası olarak hareket eden bir inanç sistemi vardır: tüm insanların temelde nazik ve iyi olduklarına, sevecenliğin değerine, iyiliğin yol göstericiliğine duyulan inanış ve tüm canlı varlıkların arasında birlik olduğu hissi, bu sistemin temelini oluşturmaktadır.

Verdiği mesaj göz önüne serildikçe, inançlarının kör bir dindarlığa ya da dini dogmaya dayanmadığı, mantığı ve doğrudan edinilmiş deneyimleri temel aldığı açık hale gelmiştir. İnsan zihni ve davranışları hakkındaki anlayışı, yaşam boyu süren bir incelemeye dayanmaktadır. Görüşlerinin kökleri, yirmi beş yüzyıl geriye giden bir geleneğe inmekteyken, modern sorunların derinlemesine anlaşılması ve hissedilmesi ile de geliştirilmiştir. Çağdaş olaylar hakkında yaptığı değerlendirmeler, onun dünyaca tanınmasının kendisine getirdiği ve pek çok kereler dünyayı dolaşmasına, kendisini değişik kültürlere ve her sınıftan insana göstermesine, en büyük bilginlerle, dini ve siyasi liderlerle fikir alış verişinde bulunmasına imkan tanıyan eşsiz konumunun sonucu olarak tıpkı demirci ocağındaki cevher gibi işlenerek gelişmiştir. Sonuçta, insani sorunlarla iyimser ve gerçekçi bir şekilde ilişkiye geçen bilgece bir yaklaşım ortaya çıkmıştır.

Bu kitapta, Dalai Lama'nın Batılı izleyicilere olan yaklaşımını sunmayı amaçladım. Halka hitaben yaptığı ve kendi özel konuşmalarımızdan aldığım bazı bölümler ekledim. Günlük hayatımıza en fazla uygulanabilirliği olan malzemenin üzerinde durma amacıma yönelik olarak, kimi zaman Dalai Lama'nın, Tibet Budizmi'nin bazı en felsefi kısımlarını içeren konuşmalarının olduğu bölümleri atlamayı tercih ettim. Zaten Dalai Lama, Budist yolun çeşitli yaklaşımları hakkında bir seri harika kitap yazmıştır. Seçme kaynakça, kitabın sonunda bulunabilir ve Tibet Budizmi hakkında daha derin keşiflerde bulunmakla ilgilenenler, bu kitaplarda daha değerli bilgiler bulacaklardır.

I. Bölüm

HAYATIN AMACI

1. Konu

MUTLULUĞA DOĞRU

"Hayatımızın gerçek amacının mutluluğu aramak olduğuna inanıyorum. Bu açık. İster bir dine inanalım ister inanmayalım ya da ister şu dine ister bu dine inanalım, hepimiz hayatta daha iyi bir şeyi arıyoruz. Bu nedenle, hayatımızın gerçek yönü mutluluğa doğrudur..."

Arizona'da yapılan büyük bir konuşma öncesi söylenen bu sözlerle, Dalai Lama mesajının özünü vurgulamış oldu. Fakat, hayatın amacının mutluluk olduğu hakkındaki iddiası, zihnimde bir soru oluşturdu. Daha sonra, yalnızken, ona "Mutlu musunuz?" diye sordum.

"Evet," dedi. Durdu, sonra ekledi, "Evet...kesinlikle." Sesinde o kadar büyük bir samimiyet vardı ki hiçbir kuşkuya yer bırakmıyordu - bu samimiyet yüzünün ifadesine ve gözlerine de yansıyordu.

"Fakat, acaba mutluluk, çoğumuz için mantıklı bir hedef midir?" diye sordum. "Bu gerçekten olası mı?"

"Evet. Mutluluğa ulaşmanın, zihnin eğitilmesiyle başarılabileceğine inanıyorum."

Temel insani seviyede, mutluluğun ulaşılabilecek bir hedef olduğu düşüncesine yardım edemesem de cevap verebilirim. Bir psikiyatr olarak, Freud'un "kişi, insanın mutlu olma isteğinin Yaratılışın planı içinde bulunmadığını söyleme eğilimi gösteriyor," gibi kavramlarla yüklenmiştim. Böyle bir eğitim, bir çok meslektaşımın, çoğu insanın "isterik acının bilindik mutsuzluğa dönüşümünü" beklediği gibi zalim bir sonuca yönelmesine neden olmuştur. Bu bakış açısına göre, mutluluğa giden ve açıkça belirlenmiş bir yolun olduğu fazlasıyla radikal bir düşüncedir. Psikiyatrik eğitimle geçen yıllarıma geri dönüp baktığımda, "mutluluk" kelimesinin iyileştirici bir gerçek olarak kullanıldığını çok nadiren hatırlıyorum. Elbette ki hastayı, depresyondan ya da asabiyetten kurtaracak, içsel karmaşa ya da ilişkilerden doğan sorunlarını çözümleyecek pek çok konuşma yapılmaktadır fakat asla mutlu olma hedefi açıkça belirtilmemiştir.

Gerçek mutluluğa ulaşma kavramı, Batı'da her zaman hasta edici, anlaşılmaz, ele geçmez olarak görülmüştür. Hatta "mutlu" kelimesi bile, İzlanda dilindeki şans ya da talih anlamına gelen *happ*'dan türetilmiştir. Görünüşe göre, bu mutluluğun gizemli bir doğası olduğu görüşünü çoğumuz paylaşmaktayız. Hayatın getirdiği o neşeli anlarda, mutluluk sanki denizlerin ötesinden gelen bir şeymiş gibi görünür. Benim Batılı zihnime göre, mutluluk, kişinin sadece "zihnini eğiterek" geliştirip koruduğu bir şey gibi gözükmemektedir.

Bu görüşümü aktardığımda, Dalai Lama hemen şöyle bir açıklama getirdi. "Bu konuda, zihni eğitmekten bahsettiğimde, zihni, sadece kişinin bilip kavramaya ait becerisi ya da aklı olarak tanımlamıyorum. Bu terimi daha çok, Tibetçe'de daha geniş bir anlamı olan, daha çok "ruh" ya da "psike" ye yakın olan, aklı ve hisleri, kalbi ve zihni içeren *Sem* kelimesi anlamında kullanıyorum. Belli bir içsel disipline sebep olarak, tutumlarımızda, tüm dış görünüşümüzde ve hayata yaklaşımımızda da bir değişime uğrarız.

"Bu içsel disiplinden bahsedersek, tabii ki işin içine, pek çok şeyi, pek çok yöntemi katabiliriz. Fakat genel olarak konuşursak kişi, arayışına onu mutluluğa ve acı çekmeye götüren nedenleri tanımlayarak başlayabilir. Sonrasında, onu acı çekmeye götüren nedenleri giderek ortadan kaldırabilir ve mutluluğa götüren nedenleri geliştirebilir. Bunu başarmanın yolu budur."

Dalai Lama, kişisel mutluluk için bazı ölçüler bulunduğunu iddia etmektedir. Ve Arizona'da geçirdiği hafta boyunca, sık sık bu kişisel mutluluğun nasıl, başkalarına elini uzatmaya istekli bir şekilde, en kısa süren görüşmelerde bile bir ilgi ve iyi niyet hissi yaratarak kendini gösterdiğine tanık oldum.

Bir sabah, Dalai Lama halka hitaben yaptığı bir konuşma sonrasında, oteldeki odasına giden dış yolda üzerinde alışıldık kıyafeti olduğu halde tek başına yürüyordu. Oteldeki kat görevlisi kadınlardan birinin asansörün yanında olduğu farketti, durdu ve kadına "Nerelisiniz?" diye sordu. Kadın bir an için, kestane rengi elbiseler giymiş bu garip görünüşlü adam ve gördüğü hürmet karşısında şaşırmış göründü. Sonra gülümsedi ve utangaç bir şekilde "Meksika" diye cevap verdi. Dalai Lama, bir kaç dakika laflamak için durdu ve sonra, kadını yüzünde bir heyecan ve memnunluk ifadesi ile bırakarak yürüyüp gitti. Bir sonraki sabah, aynı saate, kadın yanında bir başka kat görevlisi ile birlikte aynı noktada göründü ve her ikisi de Dalai Lama'yı asansöre binerken sıcak bir şekilde selamladılar. Karşılıklı etkileşim kısaydı fakat her ikisi de işlerinin başına dönerken mutluluktan kanatlanmış gibiydiler. Bundan sonraki her gün, aynı zamanda ve aynı yerde bu kat görevlilerine diğerleri de katıldı, hafta sonu, asansöre giden yol boyunca dizilmiş ve tertemiz, yeşil-beyaz üniformaları içinde bir düzine görevli bir karşılama hattı oluşturmuştu.

Günlerimiz sayılıdır. Tam şu anda, binlerce insan dünyaya gelmektedir, bazılarının kaderinde sadece bir kaç gün ya da hafta yaşamak ve sonra trajik bir şekilde bir hastalığa ya da başka bir talihsizliğe yenilmek vardır. Bazılarının kaderinde ise yüz yıla hatta belki de biraz daha fazlasına ulaşmak ve hayatın sunduğu her lezzetin; zafer, ümitsizlik, neşe, nefret ve sevginin tadına bakmak vardır. Asla bilemeyiz. Fakat ister bir gün ister bir yüzyıl yaşayalım, asıl soru hep varolmaktadır: hayatımızın amacı nedir? Hayatımızı anlamlı kılan nedir?

Varlığımızın amacı mutluluğu aramaktır. Bu, genel bir düşünce gibi gözükmektedir ve Aristoteles'ten William James'e dek Batılı düşünürler bu fikri kabul etmişlerdir. Fakat, kişisel mutluluğu aramaya dayanan bir hayatın doğasında ben merkezcilik, kendi isteklerine düşkünlük yok mudur? Şart değil.

Aslında, art arda yapılan araştırmalar, kendi üzerinde yoğunlaşma ve genellikle sosyal anlamda geri planda kalıp, düşünceli ve muhalif olma eğilimi gösteren kişilerin mutsuz insanlar olduklarını göstermiştir. Bunun tersi olarak, mutlu insanlar daha sosyal, esnek, yaratıcı olmakta ve hayatta yaşadıkları hayal kırıklıklarına, mutsuz insanlara göre daha fazla tahammül göstermektedirler. Ve en önemlisi, mutsuz insanlardan daha fazla sevgi dolu ve bağışlayıcı oldukları görülmüştür.

Araştırmacıların yaptığı bazı ilginç deneylerde, mutlu insanların, açık, dışa dönük ve başkalarına yardımcı olma konusunda istekli olma özelliği gösterdikleri gözlenmiştir. Örneğin, deneklerden birinin, hiç beklenmedik bir biçimde telefon kulübesinde para bulması gibi kişiyi mutlu edici bir durum ayarlamışlardır. Bir yabancı gibi davranan araştırmacılardan biri, yürürken "kazayla" bir tomar para düşürmüştür. Araştırmacılar, denek olan kişinin, yardımcıya yardımcı olmak için onu durdurup durmayacağını görmek istemişlerdir. Başka bir senaryoda, deneğe bir komedi kaydı dinletilyerek morali yükseltilmiş ve sonra da yardıma ihtiyacı olan ve borç para isteyen (araştırmacılarla ortak çalışan) kişiler kendisine yaklaşmışlardır. Araştırmacılar, kendini mutlu hisseden deneklerin, gene aynı yardım etme durumuyla karşı karşıya kalan fakat ruh hali önceden artırılmamış diğer "kontrol grubundaki" kişilere göre yardımcı olmaya ya da para vermeye daha fazla istekli olduklarını keşfetmişlerdir.

Bu tür deneyler, kişisel mutluluğu aramanın ve bunu başarmanın insanı bir şekilde bencilliğe ve kendine dönük olmaya götürdüğü kavramı ile ters düşmektedir ve hepimiz kendi deneyimizi kendi günlük hayatımızın laboratuarına taşıyabiliriz. Örneğin trafikte olduğumuzu varsayalım. Trafik yirmi dakika sonunda nihayet ilerlemeye başlamıştır fakat geçit töreni hızında. Bir başka arabadaki bir kişinin bizim yolumuza, önümüze geçmek için sinyal verdiğini görüyoruz. Eğer iyi bir ruh hali içindeysek, yavaşlamaya ve ona yol vermeye daha istekli oluruz. Eğer kendimizi kötü hissediyorsak, cevabımız hızlanmak ve geçişi kapatmak olacaktır. "Bu kadar süredir bekleyerek burada çakılıp kaldım, neden onlar da beklemesinler ki?"

Bir kez daha, hayatımızın temel amacının mutluluğu aramak olduğu temel öncülüne geri dönelim. Mutluluğu gerçek bir hedef olarak görmek, ona ulaşmaya doğru olumlu adımlar atmamızı sağlar. Daha mutlu bir hayata götüren sonuçları belirlemekle başlarsak, mutluluğu aramanın nasıl sadece kişiye değil aynı zamanda ailesine ve daha geniş anlamda topluma da yararlar sunduğunu öğreniriz.

2. Konu

MUTLULUĞUN KAYNAKLARI

İki yıl önce arkadaşlarımdan birine hiç beklenmedik bir para gelmişti. Bundan on sekiz ay önce, hemşire olarak çalıştığı yerden ayrıldı ve küçük bir sağlık kuruluş açan iki arkadaşına katıldı. Şirket parlak bir başarı kazandı ve on sekiz ay içinde büyük bir holding tarafından çok yüksek bir fiyata satın alındı. Şirkete kuruluş aşamasında katılmış olduğu için, arkadaşım da bu satış işleminden hissesine düşeni aldı - hem de otuz iki yaşında emekli olmaya yetecek kadar. Kısa bir süre önce kendisini gördüm ve emekliliğin nasıl gittiğini sordum. "Şey," dedi, "seyahat etmek ve hep yapmak istediğim şeyleri yapmak harika. Fakat," diye ekledi, "biraz garip, çünkü o kadar paraya sahip olmanın heyecanını atlattıktan sonra, her şey normale döndü. Yani bazı değişiklikler oldu - yeni bir ev ve eşyalar aldım - fakat, gene de kendimi eskiden olduğumdan daha mutlu hissetmiyorum."

Bu arkadaşım, eline aniden geçen paranın kendisine sağladıklarından yararlanırken, aynı yaşta bir başka arkadaşıma yapılan HIV testinin sonucu pozitif çıktı. Bu duruma nasıl yaklaştığını konuştuk. "Elbette, ilk başta mahvoldum," dedi. "Bedenimde bu virüsü taşıdığımı kelimelerle ifade etmek neredeyse bir yılımı aldı. Fakat geçen sene boyunca işler değişti. Her günün, eskiden olduğundan daha fazla, an be an tadını çıkarmaya başladım, kendimi hiç olmadığım kadar mutlu hissediyorum. Her geçen gün daha fazla şeyi takdir etmeye başladım ve herhangi bir ciddi AIDS belirtisi göstermediğim ve sahip olduğum şeylerin gerçekten tadını çıkarabildiğim için müteşekkirim. Her ne kadar, HIV testi sonucunun pozitif çıkmamasını tercih etsem de, bazı yönlerden hayatımı olumlu yönde değiştirdiğini kabul etmem gerekir."

"Hangi yönlerden?" diye sordum.

"Örneğin, bildiğin gibi ben her zaman tam bir maddeci olma eğilimindeydim. Fakat, geçen yıl, ölebileceğimin ortaya çıkması yeni bir dünyanın kapılarını açtı. Hayatımda ilk kez ruhsallığı incelemeye başladım, bu konuda pek çok kitap okudum ve insanlarla konuştum... daha önce hiç düşünmediğim şeyleri keşfettim. Sabah kalkıp, günün ne getireceğini görmek beni heyecanlandırıyordu."

Her iki kişi de esas önemli olan noktanın, *mutluluğun, dış etkenlerden çok kişinin zihinsel tutumuyla belirlendiğini* göstermektedir. Başarı geçici bir sevinç hissi getirebilir ya da trajik bir olay bizi bir depresyon dönemine yöneltebilir, fakat önünde sonunda bizim genel mutluluğumuz belli bir ölçüde geri gelme eğilimi gösterir. Psikologlar bu süreci *adaptasyon* diye adlandırırlar, bu ilkenin günlük hayatımızda nasıl işlediğini görebiliriz; maaşımızda bir artışın olması, yeni bir araba ya da arkadaşlarımızdan gelen bir övgü ruh durumuzda bir süreliğine bir yükselmeye neden olabilir fakat kısa sürede alışılageldik mutluluk seviyemize geri döneriz. Aynı şekilde, bir arkadaşımızla tartışmak, arabamızın bozulması ya da küçük bir yaralanma ruh durumumuzu bozabilir, fakat bir kaç gün içinde ruh halimiz yeniden düzelir.

Bu eğilim, günlük sıradan olaylarla sınırlı değildir, daha uç zafer ya da bozguna uğrama şartlarında da devam eder. Örneğin, İllinois eyalet piyangosunu ve İngiltere bilardo şampiyonasını kazananlar üzerinde araştırma yapanlar, ruh halindeki ilk yükselişin zaman içinde yavaş yavaş yok olduğunu ve kazananların, genel anlık mutluluk durumlarına döndüklerini bulmuşlardır. Ve diğer araştırmalar, kanser, körlük ya da felç gibi feci durumlar yaşayanların bile belli bir düzelme döneminden sonra normal ya da normale yakın, günlük olağan mutluluk seviyelerini kazandıklarını göstermiştir.

Eğer dış şartlar ne olursa olsun, temel mutluluk seviyemize dönme eğilimindeysek, bu temeli ne belirlemektedir? Daha da önemlisi, değiştirilip daha yüksek bir seviyeye çıkartılabilir mi?

Bazı araştırmacılar, kişinin özel mutluluk seviyesinin ve kendini iyi hissetmesinin en azından belli bir dereceye kadar, genetik olarak belirlenip belirlenmediği konusunu araştırmışlardır. Beraber ya da ayrı büyütülüp büyütülmedikleri göz önüne alınmadan yapılan ve (aynı genetik yapıyı taşıyan) ikizlerin çok benzer kendini iyi hissetme seviyeleri göstermeye eğilimli olduklarını bulan araştırmalar, araştırmacıların mutluluğun doğum sırasında beyne yerleştirilen biyolojik bir düzen olduğunu iddia etmelerine neden olmuştur.

Fakat, genetik oluşumlar, mutluluk konusunda bir rol oynasalar bile - bu rolün ne kadar büyük olduğuna henüz karar verilmemiştir - psikologlar arasında, doğal olarak bize bahşedilen mutluluk seviyesi ne olursa olsun, mutluluk duygumuzu iyileştirmek için zihin etkenini kullanarak atabileceğimiz adımlar olduğu konusunda fikir birliği vardır. Bunun nedeni, anlık mutluluğumuzun dış görünüşümüzden anlaşılabilmesidir. Aslında, herhangi bir anda kendimizi mutlu ya da mutsuz hissetmemizin mutlak koşullarımızla çok az ilgisi vardır; bu daha çok durumumuzu nasıl algıladığımızla, elimizde olanla nasıl tatmin olduğumuzla ilgilidir.

Kıyaslayıcı Zihin

Algılamamızı ve tatmin seviyemizi şekillendiren nedir? *Memnuniyet duygumuz, büyük ölçüde kıyaslama yapma eğilimiz tarafından etkilenir.* Şu anki durumumuzu geçmişimizle kıyasladığımızda daha iyi bir durumda olduğumuzu görürsek, mutlu oluruz. Örneğin, yılda 20.000 $ kazanıyorken birdenbire 30.000 $ kazanmaya başlarsak kendimizi mutlu hissederiz, fakat bizi mutlu kılan kazancımızdaki mutlak artış değildir, çünkü kısa süre sonra yeni kazancımıza da alışırız ve yılda 40.000 $ kazanana dek mutlu olamayacağımızı farkederiz. Çevremize bakar ve kendimizi başkalarıyla kıyaslarız. Ne kadar kazanırsak kazanalım, eğer komşumuz bizden daha fazla kazanıyorsa kazancımızdan tatmin olamayız. Profesyonel sporcular, yıllık gelirlerinin 1 milyon $, 2 milyon $ ya da 3 milyon $ olmasından şikayet ederler ve mutsuzluklarını haklı çıkarmak için de takım arkadaşının daha yüksek ücret almasını delil olarak gösterirler. Bu eğilim, H.L. Mencken'in varlıklı bir adam tanımını destekler gibidir: baldızının kocasının yılda kazandığından 100 $ daha fazla kazanan kişi varlıklı bir adamdır.

Böylece, yaşamdan tatmin olma duygumuzun, sıklıkla kendimizi başkalarıyla kıyaslamamıza nasıl bağlı olduğunu görebiliriz. Tabii ki, kazancımızın yanı sıra başka şeyleri de kıyaslarız. Sürekli olarak bizden daha akıllı, daha güzel ya da daha başarılı olanlarla yaptığımız kıyaslamalar bizde kıskançlığa, hayal kırıklığına ya da mutsuzluğa yol açar. Aynı ilkeyi olumlu yönde de kullanabiliriz; kendimizi bizden daha az talihli olanlarla kıyaslayarak ve bunu sahip olduğumuz her şeye yansıtarak yaşamımızdan tatmin olma duygumuzu artırabiliriz.

Araştırmacılar, sadece kişinin algılamasını değiştirerek ve olayların nasıl daha kötü olabileceklerini düşünerek tatmin olma seviyesini iyileştirebileceğini gösteren bir sürü deney yürütmüşlerdir. Bir incelemede, Milwauke, Wisconsin Üniversitesi'ndeki kadınlara, yüzyıl başında Milwauke'deki son derece sert yaşama koşullarına ait resimler göstermişler ya da kendilerinden, yanmak veya yüzlerinin şeklinin bozulması gibi kişisel trajediler yaşadıklarını düşünmelerini ve bu konudaki duygularını yazmalarını istemişlerdir. Bu çalışmayı tamamladıktan sonra, kadınlardan kendi hayatlarının kalitesini değerlendirmeleri istenmiştir. Çalışmanın sonunda hayatlarından büyük ölçüde tatmin oldukları sonucu çıkmıştır. Bufaalo'daki New York Eyalet Üniversitesi'nde yapılan bir başka deneyde, deneklerden, ".......... olmadığıma memnunum" cümlesini tamamlamaları istenmiştir. Bu çalışmanın beş kere tekrarlanmasından sonra, denekler, hayattan tatmin olma duygularında belirgin bir artış olduğunu deneyimlemişlerdir. Bir başka denek grubunun ise, "........... olmayı isterdim" cümlesini tamamlaması istenmiştir. Bu sefer deney, denekleri hayatlarından tatmin olmadıkları duygusu içinde bırakmıştır.

Algılamamızı değiştirerek, hayattan tatmin olma duygumuzu artırabileceğimizi ya da azaltabileceğimizi gösteren bu deneyler, mutlu bir hayat yaşamada kişinin zihinsel görüşünün önemine işaret etmektedir.

Dalai Lama şöyle açıklamaktadır: "Her ne kadar mutluluğu yakalamak mümkün olsa da, mutluluk basit bir şey değildir. Pek çok aşaması vardır. Örneğin Budizm'de, tam bir doyuma ya da mutluluğa ulaşmak için dört etkenden bahsedilir: bolluk, dünyasal tatmin, ruhsallık ve aydınlanma. Bunlar, beraberce, kişinin mutluluk arayışının tamamını kucaklarlar.

"Bir an için mükemmellik ve aydınlanma gibi dini ve ruhsal arzuları bir kenara bırakalım ve her günkü ya da dünyasal anlamda anladığımız şekilleriyle neşe ve mutluluk ile ilgilenelim. Bu çerçeve içinde, klasik olarak neşe ve mutluluğa katkıda bulunduğunu bildiğimiz bazı anahtar unsurlar vardır. Örneğin sağlıklı olmak, mutlu bir hayat yaşamak için gerekli etkenlerden biri olarak kabul edilir. Mutluluğun kaynağı olarak gördüğümüz bir başka etken de maddi olanaklarımız ya da biriktirmiş olduğumuz paradır. Ek bir etken, dostlara ya da yoldaşlara sahip olmaktır. Eksiksiz bir hayatın tadını çıkarmak amacıyla onlarla tanışırız, duygusal bağımız olan ve güvenebildiğimiz bir dost çemberine ihtiyaç duyarız.

"Tüm bu etkenler gerçekte mutluluğun kaynaklarıdır. Fakat kişinin, mutlu ve eksiksiz bir hayatın tadını çıkarma amacıyla bunları tam anlamıyla kullanabilmesinin *anahtarı, zihinsel tutumuzdur.* Bu, hayati derecede önemlidir.

"Sağlıklı olmak ve varlıklı olmak gibi tercih ettiğimiz durumlarımızı olumlu yönde, başkalarına yardım etmekte kullanırsak, mutlu bir hayata ulaşmaya katkıda bulunan etkenler olabilirler. Tabi ki bu şeylerin de – maddi olanaklarımızın, başarının ve benzerinin – tadını çıkarırız. Fakat, doğru zihinsel tutum olmadan, zihin etkenine dikkat etmeden, bu unsurların uzun vadede mutluluk duygumuz üzerinde çok küçük bir etkisi olur. Örneğin, içinizde derinlerde bir yerde nefret dolu düşünceler ya da yoğun bir öfke barındırıyorsanız bu, sağlığınızı da bozacaktır, dolayısıyla da mutluluğunuz için gerekli olan etkenlerden birini yok edecektir. Ayrıca eğer zihinsel olarak mutsuz ya da hayal kırıklığına uğramışsanız, fiziksel konforun da pek yardımı olmayacaktır. Diğer yandan sakin, barış dolu bir zihinsel tutumu koruyabilirseniz, sağlığınız kötü bile olsa çok mutlu bir insan olabilirsiniz. Ya da olağanüstü zenginliklere bile sahip olsanız, yoğun bir şekilde öfke ya da nefret hissettiğiniz anda, tüm sahip olduklarınızı atmak, kırmak isteyebilirsiniz. O anda elinizdeki zenginliklerin hiçbir anlamı yoktur. Bugün, maddesel anlamda çok gelişmiş toplumlar vardır, fakat bu toplumun üyesi olan pek çok insan kendini pek mutlu hissetmemektedir. Güzel bir refah örtüsünün hemen altında, hayal kırıklığına, gereksiz kavgalara, uyuşturuculara ya da alkole bağımlılığa ve en kötüsü intihara dek götüren bir tür zihinsel huzursuzluk vardır. Yani, refahın tek başına aradığınız neşeyi ya da tatmini size getireceğinin bir garantisi yoktur. Aynısı dostlarınız hakkında da söylenebilir. Yoğun bir öfke ya da nefret durumunda, çok yakın bir dost bile size bir şekilde soğuk, uzak, mesafeli ve gayet sıkıcı görünebilir.

"Tüm bunlar, zihinsel tutumun, zihin etkeninin, günlük hayat deneyimimiz üzerindeki büyük etkisini gösterir. Doğal olarak da bu etkeni çok ciddiye almalıyız.

"Öyleyse, dünyasal terimlerle de olsa, günlük olarak mutlu olmamızın tadını çıkarma anlamında ruhsal çalışma algılamasını bir kenara bırakırsak, zihnimizdeki sakinlik ne kadar büyük olursa, zihinsel barışımız ne kadar gelişirse, mutlu ve neşeli bir hayat yaşama becerimiz de o kadar büyük olur."

Dalai Lama bu düşüncenin oturmasına izin verircesine bir an için durdu, sonra ekledi, "sakin bir zihinsel tutumdan ya da zihinsel barıştan bahsederken, bunu tamamen duyarsız, duygusuz bir zihinsel tutumla karıştırmamamız gerektiğini de belirtmeliyim. Sakin ya da barış dolu bir zihne sahip olmak, her şeyin dışında kalmak, tamamen boş olmak anlamına gelmez. Bunda, çok yüksek bir duyarlılık ve duygu seviyesi vardır."

Özetle şöyle dedi: "zihinsel barışı getiren içsel disiplin eksik olduğu sürece, dışsal olanaklarınız ya da şartlarınız ne olursa olsun, asla aradığınız neşe ve mutluluk duygusunu size vermeyecektir. Diğer yandan, eğer içsel niteliğe, sakin bir zihne, içinizde belli bir dengeye sahipseniz, normalde mutluluk için gerekli olduğuna inandığınız çeşitli dışsal olanaklar eksik olsa bile, mutlu ve neşe dolu bir hayat yaşamak mümkündür."

İçsel Hoşnutluk

Bir öğleden sonra, Dalai Lama ile buluşmak için yolumun üzerindeki otel otoparkını geçerken, yeni bir Toyota Land Cruiser'e bakmak için durdum, uzun süredir bu tip bir araba istiyordum. Toplantımıza başlarken aklımda hâlâ bu araba olduğu hâlde şöyle bir soru sordum, "Bazen, tüm kültürümüz, yani Batı kültürü, maddi kazançlar üzerine kurulmuş gibi geliyor, sanki çevremiz alınacak en yeni şeyler, en son model arabalarla sarılmış, bunların bombardımanına tutulmuş gibiyiz. Bundan etkilenmemek zor. İstediğimiz, arzuladığımız o kadar çok şey var ki... Sanki hiç bitmeyecek gibi. Biraz bu konuda konuşabilir misiniz?"

"Sanırım, iki tür arzu var," diye cevap verdi Dalai Lama. "Bazı arzular olumludur. Mutlu olma arzusu gibi. Bu kesinlikle doğrudur. Barış içinde yaşama arzusu gibi. Daha uyumlu, daha dost bir dünyada yaşama arzusu gibi. Bazı arzular çok yararlıdır.

"Fakat bazı durumlarda, arzular mantıksız olabilir. Bu genellikle insanın başını belaya sokar. Örneğin, bazen süpermarketlere giderim. Süpermarketlere gitmeyi gerçekten çok severim, çünkü orada bir çok güzel şey görebiliyorum. Tüm bu değişik şeylere baktığımda, içimde bir arzu uyanır ve ilk dürtü 'Bunu da istiyorum, şunu da istiyorum,' olabilir. Sonra, ikinci bir düşünce belirir, kendi kendime sorarım, 'Buna gerçekten ihtiyacım var mı?' Cevap genellikle hayırdır. Eğer ilk arzunu, ilk dürtüyü izlersen, kısa sürede ceplerin boşalacaktır. Halbuki, kişinin yiyecek, giysi ve barınak gibi temel ihtiyaçlar üzerine kurulmuş arzu seviyesi daha mantıklı bir şeydir.

"Bazen, bir arzunun olumlu ya da olumsuz olması, içinde yaşadığınız toplumun şartlarına bağlıdır. Örneğin, arabanın günlük hayatınızı yürütmenizde gerekli olduğu bir refah toplumunda yaşıyorsanız, o zaman tabii ki bir arabaya sahip olmayı arzu etmenin yanlış bir yanı yoktur. Fakat, Hindistan'da, arabanız olmasa bile hayatınızı gayet iyi devam ettirebileceğiniz yoksul bir köyde yaşıyorsanız, onu alacak paranız olsa bile, bu araba size sorun olabilir. Komşularınız arasında rahatsızlık yaratabilir ya da buna benzer şeyler olabilir. Ya da daha varlıklı bir toplumda yaşıyorsanız ve arabanız olduğu halde daha pahalı arabalar istiyorsanız, bu da sizi aynı tür sorunlara götürür."

"Fakat," diye tartışmaya çalıştım, "eğer parasını ödeyebilecekse daha pahalı bir araba istemenin ya da satın almanın kişiye neden sorun çıkarabileceğini anlamıyorum. Komşularınızdan daha pahalı bir arabaya sahip olmak, onlar için bir sorun olabilir - belki de sizi kıskanabilirler - fakat yeni bir arabaya sahip olmak size bir tatmin duygusu ve keyif verir."

Dalai Lama başını salladı ve kibarca şöyle cevap verdi, "Hayır .... Kendini tatmin tek başına bir eylemin olumlu ya da olumsuz olduğunu belirlemez. Bir katil, cinayeti işlediği sırada bir tatmin duygusu yaşayabilir fakat bu, onun eylemini haklı çıkarmaz. Tüm ahlak dışı davranışlar - yalan söyleme, hırsızlık, cinsel suistimal, v.b. - o sırada bir tatmin duygusu alan kişiler tarafından yapılabilir. Olumlu ve olumsuz arzu veya eylemler arasındaki sınır, size anlık bir tatmin duygusu verip vermedikleri değil sonuçlarının olumlu ya da olumsuz olmalarıdır. Örneğin daha pahalı eşyalara sahip olma isteği sadece fazlasını ve daha fazlasını isteme düşüncesine dayanıyorsa, giderek elde edebileceklerinizin sınırına ulaşırsınız; gerçeğe karşı gelirsiniz. Bu sınıra ulaştığınızda da, tüm umudunuzu kaybeder, depresyona düşer ya da benzeri şeyler yaşarsınız. Bu tür arzunun doğasında böyle bir tehlike vardır.

"Sanırım bu tür bir aşırı arzulama kişiyi açgözlülüğe, arzunun, ihtiyaç fazlası üzerine dayanan aşırı bir şekline götürmektedir. Açgözlülükte aşırıya kaçtığınızda, kişiyi bir hayal kırıklığına, bir hayli akıl karışıklığına ve soruna götürdüğünü göreceksiniz. Açgözlülüğün en belirgin özelliği, kişi bir şeyi elde etme isteği hissetiğinde, onu elde ederek tatmin olmamasıdır. Bu nedenle bir tür sınırsızlık, dipsizlik meydana gelir ve bu da soruna yol açar. Açgözlülüğün ilginç bir yanı da her ne kadar temeli oluşturan güdü bir tatmin aramak olsa da arzuladığınız nesneyi elde ettikten sonra hâlâ tatmin olmamış olmanızdır. *Açgözlülüğün gerçek panzehiri hoşnutluktur.* Eğer gerçekten hoşnut olmuşsanız, o nesneye sahip olup olmadığınız hiç önemli değildir, gene de hoşnutsunuzdur."

Peki, içsel hoşnutluğa ulaşmayı nasıl başarabiliriz? Bunun iki yöntemi vardır: Yöntemlerden biri arzuladığımız her şeyi - para, ev, araba, mükemmel eş ve mükemmel beden- elde etmektir. Dalai Lama, bu yaklaşımın zayıf tarafını belirtmiştir; eğer istek ve arzularımız kontrolden çıkarsa, önünde sonunda istediğimiz fakat elde edemeyeceğimiz bir şeyle karşılaşırız. İkincisi ve daha güvenilir olanı, istediğimizi elde etmek yerine elimizde olanı isteme ve onun değerini bilme yöntemidir.

Bir sonraki gece, Christopher Reeve ile yapılan bir televizyon röportajını izliyordum. Aktör 1994'de attan düşerek omuriliğini yaralamış ve bu kaza boynundan aşağısının felç olmasına, nefes almak için bile mekanik bir havalandırma aletine ihtiyaç duymasına neden olmuştu. Kendisine, bu durumun yarattığı depresyonla nasıl başa çıkabildiği sorulduğunda Reeve, hastanenin yoğun bakım odasında olduğu sırada, kısa bir ümitsizlik dönemi geçirdiği yanıtını verdi. Daha sonra, bu ümitsizlik hissinin giderek hızla kaybolduğunu ve şimdi kendini gerçekten "şanslı bir adam" olarak kabul ettiğini söyledi. Sevgi dolu bir eş ve çocuğunun kutsamasından ve ayrıca modern tıptaki hızlı gelişmelerden de bahsetti (modern tıbbın, bir sonraki on yıl içinde omurilik yaralanmaları için bir tedavi bulacağı tahmin edilmektedir) ve bundan bir kaç sene önce yaralanmış olsaydı bu kazanın onu öldüreceğini de söyledi. Reeve, felç oluşuna alışma sürecini anlatırken, ümitsizlik duygularının göreli olarak hızlı bir şekilde sona ermesine rağmen ilk başlarda, başkalarının "yukarı çıkıp bir şeyler alacağım" gibi masum sözleriyle başlayabilen aralıklı kıskançlık spazmları duyduğunu söyledi. Bu duygularla başa çıkmayı nasıl öğrendiğini anlatırken şöyle dedi, "Hayata devam etmenin tek yolunun elindekilere bakmak, hâlâ ne yapabileceğini görmek olduğunu anladım; neyse ki beynimde herhangi bir zedelenme olmamıştı, hâlâ kullanabileceğim bir beynim vardı." Reeve, elinde kalan kaynaklar üzerinde yoğunlaşarak, farkındalığı artırmak, halkı omurilik yaralanmaları hakkında eğitmek ve başkalarına yardım etmek için zihnini kullanmayı seçmiştir ve konuşmalar yapmak, yazmak ve film yönetme planları vardır.

İçsel Değer

Mutluluğu zenginlik, pozisyon ve hatta bedensel sağlık gibi dışsal kaynaklarda aramak yerine zihinsel tutumumuz üzerinde çalışmamızın mutluluğa ulaşmak için nasıl daha etkili olduğunu gördük. Bir başkas içsel mutluluk kaynağı, içsel hoşnutluk duygusu ile yakından bağlantılı olan kendine değer verme duygusudur. Dalai Lama, bu kendine değer verme duygusunu geliştirmek için en etkili temeli tanımlarken şöyle bir açıklama yapmıştır:

"Örneğin diyelim ki benim derin bir insani duygum, kolaylıkla iyi dostluklar kurma kapasitem yok. Bu olmadan, ülkemi kaybediğimde ve Tibet'teki siyasi otoritem sona erdiğinde, bir mülteci olmak çok zor olurdu. Ben Tibet'teyken, siyasi sistemin kurulma tarzından dolayı, Dalai Lama'nın makamına ve bana karşı gerçek bir sevgi besleyip beslemediklerine bakılmaksızın bana bağlı insanlara karşı duyulan belli bir saygı vardı. Fakat, insanların benimle olan ilişkilerinin temeli sadece buna dayansaydı, ülkemi kaybettiğimde, durum son derece zor olurdu. Diğer dost insanlara anlatabileceğin bir başka değer ve itibar kaynağı vardır. *Bunu onlara anlatabilirsin çünkü sen hâlâ toplum içindeki bir insansın. Sen bu bağı paylaşıyorsun. Ve bu insani bağ, bir değer ve itibar duygusunun doğması için yeterlidir. Bu bağ, her şeyi kaybetmen durumunda bile bir teselli kaynağı olabilir."*

Dalai Lama, bir yudum çay almak için bir an durdu sonra başını sallayarak ekledi, "Maalesef, tarihi okuduğunda, geçmişte bazı siyasi ayaklanmalara bağlı olarak yerlerini kaybeden imparator ve kralların ülkeyi terk etmeye zorlandıkları olaylar okursun, hikayenin sonrası da onlar adına pek iyi değildir. Sanırım, diğer dost insanlara karşı sevgi ve bağlılık duygusu olmadan, hayat çok zor oluyor.

"Genel olarak konuşursak, iki tip insan sayabiliriz: Bir yanda varlıklı, başarılı, çevresi yakınlarıyla dolu bir kişi vardır. Eğer bu kişinin itibar kaynağı ve değer anlayışı sadece maddeye bağlı ise, zenginliği varolduğu sürece belki bir güvenlik duygusunu koruyabilir. Fakat zenginliğin kaybolduğu anda, bu kişi gideceği başka bir sığınak olmadığı için acı çekecektir. Diğer yandan, benzeri ekonomik durumun ve parasal başarıların tadını çıkaran bir kişiyi düşünelim, fakat aynı zamanda bu kişi sıcak, sevgi dolu ve şefkat duygusuna sahiptir. Bu kişinin, ona itibar kazandıran bir başka değer kaynağı, bir başka dayanak noktası olduğu için, zenginliğini kaybetse bile depresyona düşme ihtimali daha azdır. Bu tür mantık yürütme yoluyla, içsel bir değer duygusu geliştirmedeki insani sıcaklığın ve sevginin işlevsel değerini görebilirsin."

Zevke Karşı Mutluluk

Dalai Lama'yı Arizona'da verdiği konferanslardan bir kaç ay sonra, Dhramsala'daki evinde ziyaret ettim. Gerçekten de sıcak ve nemli bir Temmuz öğlen sonrasıydı ve köye doğru yaptığım kısacık bir tırmanış bile, evine kan ter içinde varmama yetmişti. Kuru bir iklimden geldiğim için, o günkü nemi neredeyse dayanılmaz buluyordum ve konuşmaya oturduğumuzda pek de iyi bir ruh hali içinde değildim. O ise, son derece keyifli görünüyordu. Konuşma biraz ilerleyince, zevk konusuna geldik. Tartışmanın bir noktasında hayati derecede önemli bir bildiride bulundu:

"Günümüzde insanlar kimi zaman mutluluğu, zevk ile karıştırıyorlar. Örneğin, kısa bir süre önce Rajpur'da Hintli bir dinleyici kitlesine konuşuyordum. Hayatın amacının mutluluk olduğunu belirttim, dinleyicilerden biri, Rajneesh'in en mutlu anlarımızın cinsel birleşme sırasında olduğunu öğrettiğini, bu nedenle de insanın cinselliği yoluyla en büyük mutluluğa ulaşabileceğini söyledi," Dalai Lama içten bir şekilde güldü. "Benim bu konuda ne düşündüğümü bilmek istiyordu. Benim bakış açıma göre en yüksek mutluluk noktasının, kişinin artık bir acının olmadığı Özgürlük durumuna ulaşması olduğu cevabını verdim. Bu gerçek, sonsuz mutluluktur. Gerçek mutluluk, zihin ve kalp arasında daha fazla bağlantı kurar. Esas olarak bedensel zevke bağlı olan mutluluk sabit değildir, bir gün oradayken bir sonraki gün orada olmayabilir."

Bu, görünüşte oldukça bilindik bir gözlem gibi gelebilir; tabii ki mutluluk ve zevk iki farklı şeydir. Fakat, insanoğlu bu ikisini sık sık karıştırmaya eğilim göstermektedir. Eve döndükten kısa bir süre sonra bir hastayla yaptığım terapi sırasında, bu basit gerçeğin ne kadar geçerli olduğunun somut bir göstergesini gördüm.

Heather, Phoenix'de profesyonel danışman olarak çalışan, genç ve bekar bir hanımdı. Her ne kadar sorunlu gençlerle çalışmaktan zevk alsa da bir süredir bu bölgede yaşamak ona gittikçe daha dayanılmaz gelmeye başlamıştı. Artan kalabalıktan, trafikten ve yazın bunaltıcı sıcaktan şikayet edip duruyordu. Dağlarda güzel küçük bir kasabada kendisine iş teklif edilmişti. Aslında, bu kasabayı pek çok kereler ziyaret etmişti ve bir gün oraya taşınmayı düşlüyordu. Mükemmeldi. Tek sorun, kendisine önerilen işin yetişkin hastalarla ilgili olmasıydı. Haftalar boyunca, işi kabul edip etmemesi gerektiği hakkında karar vermeye çalışmıştı. Zihnini bir türlü toplayamıyordu. Durumun, olumlu ve olumsuz yanlarının bir listesini yapmaya çalıştı fakat her iki yan da can sıkıcı bir şekilde eşitti.

"Bu işten, burada yaptığım iş kadar zevk almayacağımı biliyorum, fakat o kasabada yaşamanın zevki bunu fazlasıyla telâfi edecektir. Sadece orada olmak bile kendimi iyi hissetmemi sağlıyor. Ve buranın sıcağı beni hasta ediyor. Ne yapmam gerektiğini bilmiyorum," diye açıkladı.

"Zevk" kelimesini kullanması bana Dalai Lama'nın sözlerini hatırlattı ve biraz sorgulayıcı bir şekilde, "Oraya taşınmanın sana daha büyük bir mutluluk mu yoksa daha büyük bir zevk mi getireceğini düşünüyorsun?" diye sordum.

Soruyu nasıl yanıtlayacağından emin olamayarak bir an için durdu. Sonunda cevap verdi, "Bilmiyorum... Biliyor musun, sanırım bu bana mutluluktan çok zevk getirecek .... Sonuçta, bu hastalarla çalışırken gerçekten mutlu olamayacağımı sanıyorum. İşimde, çocuklarla çalışmak bana gerçekten büyük bir tatmin sağlıyor..."

İkilemine sadece "Bu, beni mutlu kılacak mı?" sorusu ile yeni bir iskelet vermek belli bir açıklık kazandırmaya yetmiş gibiydi. Birdenbire kararını vermesi çok kolaylaştı. Phoenix'de kalmaya karar verdi. Tabii ki, hâlâ yaz sıcağından şikayet ediyor. Fakat, ne hissettiğini göz önüne alarak burada kalmak için verdiği bilinçli karar, sonuçta kendisini daha mutlu etti ve sıcağı daha katlanılabilir kıldı.

Her gün sayısız karar vermek ve seçimler yapmak zorunda kalırız. Ve ne kadar uğraşsak da, genellikle, kendimiz için iyi olduğunu bildiğimiz şeyi seçmeyiz. Bunun bir nedeni de "doğru seçimin" genellikle zor olan yani zevklerimizden bazı fedakarlıklar yapmayla ilgili olan seçim olmasıdır.

Çağlar boyunca, erkekler ve kadınlar, zevkin hayatlarında oynadığı rolü tanımlamaya uğraştılar – bir çok filozof, teolog ve psikolog zevk ile olan ilişkimizi açıklayamadı. M.Ö. üçüncü yüzyılda Epikuros, ahlak sitemini, "zevk, kutsanmış bir hayatın başlangıcı ve sonudur," gibi gözüpek bir iddia üzerine kurdu. Fakat Epikuros bile tensel zevklere düşkünlüğe gem vurulmamasının kişiyi acıya götürebileceğini bilerek, sağduyunun ve ılımlılığın önemini vurgulamıştır. On dokuzuncu yüzyılda Sigmund Freud, zevk hakkındaki kendi kuramlarını formüle dökmeye uğraşmıştır. Freud'a göre, tüm psişik sistemimizin temel itici gücünü, doyurulmamış içgüdüsel itkilerimizden kaynaklanan gerilimin ortadan kaldırılması oluşturmaktadır; bizim deyişimizle, esas temel güdümüz zevki aramaktır. Yirminci yüzyılda, pek çok araştırmacı daha fazla felsefi spekülasyondan kaçınmayı tercih etmiş ve bunun yerine kalabalık bir nöroanatomist grubu, beynin hipotalamus ve sinirlerine elektrotlar koyarak, elektrikle uyarıldığında zevk üreten noktaları araştırmışlardır.

Gerçekte hiçbirimiz, zevkin ne olduğunu anlamamıza yardımcı olmaları için ne Yunanlı filozoflara, ne on dokuzuncu yüzyıl psikanalistlerine ne de yirminci yüzyıl bilim adamlarına ihtiyaç duyarız. Onu hissettiğimizde biliriz. Sevdiğimiz kişinin bir dokunuşunda ya da gülümsemesinde, soğuk ve yağmurlu bir akşam aldığımız sıcak bir banyonun rahatlığında, gün batımının güzelliğinde zevki tanırız. Fakat pek çoğumuz zevki, kokain çekerek coşku içine dalmada, fazla miktarda eroin kullanarak kendinden geçmede, alkole boğularak eğlenmede, freni boşalmışçasına cinselliği aşırı bir şekilde yaşamada, Las Vegas'ta kumar oynayıp kazanmanın heyecanında tanımaktadır. Bunlar da çok gerçek, toplumumuzdaki pek çok kişinin tercih ettiği zevklerdir.

İnsanı tüketen bu tür zevklerden kaçınmak için kolay bir çözüm olmamasına rağmen, başlamak için bir dayanak noktamız vardır: hayatta mutluluğu aradığımızı hatırlamak. Dalai Lama'nın da belirttiği gibi bu açık bir gerçektir. Eğer hayattaki seçimlerimizi bunu aklımızda tutarak yaparsak, anlık zevkler getirseler bile, sonuçta bize zarar verecek şeylerden vazgeçebiliriz. Genellikle, hayır demenin zor olmasının nedeni "hayır" kelimesinde bulunmaktadır; bu yaklaşım, bir şeyi reddetmekle, ondan vaz geçmekle, kendimizi inkar etmekle ilişkilendirilmektedir.

Daha iyi bir yaklaşım da vardır: Karşılaştığımız her kararı kendimize "Bu bana mutluluk getirecek mi?" sorusunu sorarak vermek. Bu basit soru, ister uyuşturucuya teslim olmak, ister muz tatlısından üçüncü bir porsiyon almak olsun, hayatımızın her alanında bize ustaca yardımcı olacak güçlü bir araç olabilir. Bu, her şeyi yeni bir görüş açısına oturtur. Zihnimizde bu soru ile günlük karar ve seçimlerimize yaklaşmak, dikkatimizi feragat ettiğimiz şeyden aradığımız şeye, nihai mutluluğa çevirecektir. Dalai Lama'nın tanımladığı gibi bu tür bir mutluluk dengeli ve kalıcıdır. Mutluluk durumu, hayatın iniş ve çıkışlarına ve ruh halimizdeki değişimlere rağmen, varlığımızın dayanağı olarak kalır. Bu anlayışla, "doğru kararı" almak daha kolay olacaktır çünkü, bir şeyden feragat etmek ya da kendimizden bir şey saklamak için değil, kendimize bir şey vermek için eylemde bulunuruz - bu, uzaklaşmak yerine ilerlemek, hayatı reddetmek yerine onu kucaklama tutumudur. Bu mutluluğa doğru ilerleme duygusunun çok derin bir etkisi olabilir; bizi yaşama sevincine karşı daha alıcı, daha açık yapar.

3. Konu

MUTLULUK İÇİN ZİHNİ EĞİTMEK

Mutluluğa Giden Yol

Mutluluğa ulaşmanın birinci koşulunun kişinin zihinsel tutumu olduğunu söylerken tabii ki yiyecek, giyecek ve barınak gibi temel ihtiyaçlarımızın karşılanması gerektiğini reddetmiyoruz. Fakat bu temel ihtiyaçlar karşılandığında, mesaj açıktır: *Daha fazla paraya, daha büyük başarılara ya da üne, mükemmel bir bedene ve hatta ideal eşe ihtiyacımız yok ; şimdi, tam şu anda, eksiksiz bir mutluluğa ulaşmak için gereksinim duyduğumuz temel donanım olan bir zihne sahibiz.*

Dalai Lama zihni, eğitmek konusundaki yaklaşımını açıklarken konuşmasına şöyle başladı: "Zihin ya da bilinçten bahsederken, pek çok değişik durum olduğunu göz önüne almalıyız. Tıpkı dış koşullar ya da nesneler gibi, bazı şeyler çok yararlı bazıları çok zararlı ve bazıları da etkisizdir. Dışsal etkenlerle olan ilişkilerimizde, öncelikle bu farklı maddelerden hangilerinin faydalı olduklarını tanımlamalıyız, böylelikle onları geliştirmek, artırmak ve kullanmak konusunda dikkatli olabilir ve zararlı olan maddelerden kurtulabiliriz. Benzer şekilde, zihin söz konusu olduğunda, binlerce farklı düşünce ya da farklı "*zihin*" olduğunu bilmeliyiz. Bunlardan bazıları çok faydalıdır ki bunları korumalı ve beslemeliyiz. Bazıları ise olumsuz ve çok zararlıdır ki bunları azaltmayı denemeliyiz.

"*Yani, mutluluğu aramanın ilk adımı öğrenmektir.* Öncelikle, bizim için olumsuz his ve duyguların ne kadar zararlı olduklarını ve olumlu duyguların ne kadar faydalı olduklarını öğrenmeliyiz. Bu olumsuz duyguların sadece kişisel anlamda değil toplum ve dünyanın geleceği açısından da ne kadar zararlı olduğunu anlamalıyız. Bu tür bir anlayış onlarla yüzleşme ve yenme kararımızı güçlendirecektir. Sonra, olumlu duygu ve davranışların yararlarının anlaşılması gelir. Bunu anladığımızda, durum ne kadar zor olursa olsun olumlu duyguları benimsemeye, geliştirmeye ve artırmaya karar vermeye başlarız. Bunun içinde, kendiliğinden bir isteklilik vardır. Hangi düşünce ve duyguların yararlı olduklarını, hangilerinin zararlı olduklarını öğrenme ve analiz süreci sayesinde bunarı değiştirmeye yönelik giderek sağlam bir kararlılık, 'Şimdi, kendi mutluluğumun sırrı, benim ellerimde. Bu fırsatı kaçırmamalıyım!' duygusu geliştiririz.

"Budizm"de nedensellik ilkesi, doğal bir yasa olarak kabul edilir. Gerçekle bağlantıya geçerken, bu yasayı hesaba katmalısınız. Örneğin, her gün yaşadığınız deneyimlerin içinde arzu etmediğiniz belli olaylar varsa, bu olayların meydana gelmemesini sağlamanın en iyi yöntemi, bunlara neden olan şartların ortaya çıkamayacağından emin olmaktır. Benzer şekilde, eğer belli bir olayın ya da deneyimin meydana gelmesini istiyorsanız, yapılacak en mantıklı şey, buna neden olan olay ve şartları bulup, olmalarını sağlamaktır.

"Zihinsel durumlar ve deneyimler için de aynı şey söz konusudur. Eğer mutlu olmayı arzu ediyorsanız, buna neden olan şartları aramalısınız; eğer acı çekmek istemiyorsanız yapmanız gereken, acı çekmenize neden olabilecek olay ve şartların ortaya çıkmayacağına emin olmaktır. Bu nedensellik ilkesinin anlaşılması çok önemlidir.

"Mutluluğa ulaşmak için zihinsel tutumun son derece önemli olduğundan bahsetmiştik. Bu nedenle, bir sonraki hedefimiz, deneyimlediğimiz zihinsel durumları incelemektir. Farklı zihinsel tutumları tanımlamalı ve mutluluğa götürüp götürmediklerine bakarak onları sınıflandırmalıyız."

"Farklı zihinsel durumlar için özel bir örnek verebilir ve onları nasıl sınıflandırdığınızı açıklar mısınız?" diye sordum.

Dalai Lama şöyle açıkladı, "Örneğin, nefret, kıskançlık, öfke ve benzeri duygular zararlıdır. Bunları, olumsuz zihinsel durumlar olarak kabul ederiz çünkü zihinsel mutluluğumuzu yok ederler; bir kez birisi için nefret dolu ya da hastalıklı duygular beslediğinizde, içinizi nefret ya da olumsuz duygularla doldurduğunuzda diğer insanlar da size düşman gibi görünmeye başlarlar. Bunun sonucu olarak daha fazla korku, daha büyük bir çekingenlik, tereddüt ve bir güvensizlik duygusu gelişir. Bu duygular geliştikçe, dünyada yalnız olduğumuz duygusu bir düşman gibi kabul edilir. Tüm bu olumsuz duygular nefret yüzünden gelişir. Diğer yandan, iyilik ve şefkat gibi zihinsel tutumlar son derece olumlu ve yararlıdırlar..."

"Merak ediyorum," diye ısrar ettim. "Binlerce farklı zihinsel durum olduğunu söylediniz. Psikolojik anlamda sağlıklı ya da iyi durumda bir insanı nasıl tanımlarsınız? Hangi zihinsel tutumları geliştirmemiz ve hangilerini elememiz gerektiğine karar vermek için böyle bir tanımı rehber olarak kullanabiliriz."

Güldü ve sonra tüm alçak gönüllülüğü ile cevap verdi, "Bir psikiyatr olarak, psikolojik anlamda sağlıklı bir insan hakkında benden daha iyi bir tanımın olmalı."

"Fakat, ben sizin bakış açınızı sormak istemiştim."

"Pekâlâ, şefkat dolu, sıcak ve iyi kalpli bir insanı sağlıklı olarak kabul ederdim. *Eğer, şefkat ve sevgi dolu bir iyiliği koruyabilirseniz bazı şeyler kendiliklerinden kapınızı çalacaklardır. Bu sayede diğer insanlarla daha kolay iletişim kurabilirsiniz. Bu sıcaklık duygusu bir tür açıklık yaratır. Tüm insanların sizin gibi olduklarını görürsünüz ve böylece onlarla daha kolayca ilişki kurarsınız.* Bu size bir dostluk ruhu kazandırır. Böylece, bir şeyleri gizlemeye daha az ihtiyaç duyarsınız, bunun sonucunda da korku, kendinden şüphe etme ve güvensizlik duyguları kendiliklerinden dağılıp giderler. Ayrıca, diğer insanlara güven duymaya başlarsınız. Yoksa, örneğin bir kişinin işinin ehli olduğunu görebilir ve o insanın ustalığına güvenebilirsiniz. Fakat eğer bu kişinin iyi biri olmadığını hissederseniz, bazı şeyleri gizlemek zorunda kalabilirsiniz. 'Onun bazı şeyler başarabileceğini biliyorum fakat ona gerçekten güvenebilir miyim?' diye düşünür, onunla aranıza mesafe koymanıza neden olan belli bir endişe duyarsınız.

"Kısacası, iyilik ve şefkat gibi zihinsel tutumları geliştirmenin kesinlikle kişiyi psikolojik olarak daha sağlıklı ve mutlu olmaya götürdüğüne inanıyorum."

Zihinsel Disiplin

Konuştuğu sırada, Dalai Lama'nın mutluluğu yakalamaya olan yaklaşımında çok hoş bir şey yakaladım. Kesinlikle çok işlevsel ve mantıklıydı: Olumlu zihinsel tutumları tanımla ve geliştir; olumsuz zihinsel tutumları tanımla ve ele. Her ne kadar, deneyimlediğimiz çeşitli zihinsel durumları sistemli bir şekilde incelemekle başlama önerisini ilk başta biraz yavan bulmuş olsam da, giderek yürüttüğü mantık ve akıl gücünden etkilenmeye başlamıştım. Üstelik zihinsel tutumları, duyguları ve arzuları, "Açgözlülük günahtır" ya da "Nefret kötüdür" gibi ahlâkî yargılar düzeyinde sınıflandırmak yerine, duyguları bizi nihai mutluluğu götürüp götürmediklerini temel alarak olumlu ya da olumsuz diye sınıflandırmasından da hoşlanmıştım.

Konuşmamıza ertesi akşam üzeri tekrar başladığımızda, "Mutluluk sadece iyilik ve benzeri olumlu duyguları geliştirmek ise, neden bu kadar fazla sayıda insan mutsuz?" diye sordum.

"Gerçek mutluluğa ulaşmak, bakış açınızda, düşünce tarzınızda bir değişim yapmayı gerektirebilir ve bu da kolay bir şey değildir," dedi. "Farklı durumlardan kaynaklanan pek çok etkenin uygulanmasını gerektirir. Örneğin sadece bir anahtar veyabir sır olduğu ve bunu doğru biçimde kullanmanız durumunda her şeyin yolunda gideceği gibi bir düşünceye sahip olmamalısınız. Sağlığınıza özel bir dikkat göstermek de buna benzer; bir ya da iki tür yerine, çeşitli vitamin ve besinleri almaya ihtiyacınız vardır. Aynı şekilde, mutluluğa ulaşmak için, değişik ve karmaşık olumsuz zihinsel durumlarla başa çıkmak ve onları yenmek için farklı yaklaşım ve yöntemlere ihtiyacınız vardır. Belli olumsuz düşünce tarzlarını aşmak istiyorsanız, bunu sadece belli bir düşünceyi ya da tekniği bir ya da iki kez uygulayarak başarmanız mümkün değildir. Değişim zaman alır. Hatta bedensel değişim bile zaman alır. Örneğin, bir iklimden diğerine geçiş yaptığınızda beden, yeni ortama uyum sağlamak için zamana ihtiyaç duyar. Aynı şekilde düşünce yapınızı değiştirmek de zaman alır. Pek çok olumsuz zihinsel özellik vardır, bu nedenle de bunlardan her birini bulmanız ve onları etkisiz hale getirmeniz gerekir. Bu hiç de kolay değildir. Çeşitli tekniklerin sürekli uygulanmasını ve bu tekniklere alışmanız için kendinize zaman tanımanızı gerektirir. Bu bir öğrenme sürecidir.

"Fakat sanırım zaman içinde, olumlu değişiklikler yapabilirsiniz. Her sabah uyandığınızda, 'Bu günü daha olumlu bir şekilde kullanacağım. Günümü harcamayacağım' diye düşünerekgerçek bir olumlu güdü (motivasyon) geliştirebilirsiniz. Akşam yatmadan önce kendinize 'Bu günü istediğim ve planladığım gibi kullandım mı?' diye sorarak yaptıklarınızı gözden geçirin. Eğer sorunun cevabı olumluysa o zaman memnun olabilirsiniz. Eğer sorunun cevabı istediğiniz gibi değilse, yaptıklarınızdan pişman olup günün bir eleştirisini yapın. Bu yöntem sayesinde olumlu bakış açısı yaratma becerinizi gittikçe güçlendirebilirsiniz.

"Örneğin ben, Budist bir rahip olarak, Budizm'e inanmaktayım ve deneyimlerim sayesinde Budist çalışmaların bana çok yararlı olduklarını biliyorum. Gene de alışkanlıklar nedeniyle, geçmiş yaşamlardan gelen kalıntılar yoluyla, öfke ya da bağımlılık gibi şeyler ortaya çıkabilir. Bu durumda ben şu yolu izliyorum: öncelikle uygulamaların olumlu yanları hakkında bilgi edin, sonra kararlı ol ve bunları uygulamaya çalış. İlk başta, bu çalışmaları uygularken olumlu yanlarının etkileri çok az olacaktır, olumsuz etkiler hâlâ çok güçlü olabilirler. Gene de, zaman içinde olumlu çalışmalarda ilerledikçe olumsuz davranışlar otomatik olarak azalmaya başlarlar. Önceki olumsuz şartlanmayı ya da alışkanlığı yeni bir olumlu şartlanma ile değiştirmeyi içeren Dharma* çalışması sağlam bir mücadeledir.

"İzlediğimiz yol ya da çalışma ne olursa olsun, düzenli olarak çalışmak ve buna alışmak dışında hiçbir şey bu değişimleri daha kolay hale getiremez. Çalışma yoluyla, kendimizi değiştirebiliriz. Budist çalışmaların içinde, rahatsız edici bir olay meydana geldiğinde sakin bir zihin yapısını korumak için kullanılan çeşitli yöntemler vardır. Bu yöntemleri sürekli tekrar ederek yaşanan rahatsızlıkların olumsuz etkilerinin, tıpkı okyanusun yüzeyinde etkili olan fakat derinlerde etkili olmayan dalgalar gibi zihnimizin yüzeyinde kalabilecekleri bir noktaya ulaşabiliriz. Her ne kadar kendi deneyimlerim pek az da olsa, bu mütevazı deneyimler çerçevesinde bunun çok doğru olduğunu gördüm. Ne zaman kötü bir haber alsam o anda zihnimin içinde bir karışıklık, rahatsızlık hissederim, fakat bu çabucak kaybolur. Bazen de sinirlenebilir ve öfkelenebilirim, fakat bu da çabucak azalır. Zihnimin derinliklerinde bir etkisi olmaz. Nefret yoktur. Bu, bir gecede değil sürekli çalışmalar sonucunda edinilmiştir."

Bunun kesinlikle doğru olduğunu söyleyebilirim. Dalai Lama, dört yaşından beri zihnini eğitmek üzerinde uğraşmaktadır.

---

* Dharma terimini açıklayabilecek pek çok kavram olsa da tam anlamını verecek bir kelime yoktur. Genellikle, Budha'nın öğretisi ve doktrininden bahsedildiğinde kullanılır, yazılı geleneği içerdiği kadar bu öğretilerin uygulanmasının sonucu olan hayat yolu ve kavrayışı da kapsar. Bazen Budistler bu kelimeyi daha genel bir anlamda kullanırlar; genel olarak ruhsal ve dinsel çalışmaları, evrensel ruhsal yasayı veya bir olayın gerçek doğasını belirtmek için ve daha özel olarak Budist yolun ilkelerinden ve çalışmalarından bahsetmek istediklerinde Budhadharma terimini kullanırlar. Sanskrit dilinde bir kelime olan Dharma, etimolojik olarak "tutmak, içine almak" kökünden gelmektedir ve kavram içinde bu kelime daha geniş bir anlama sahiptir: "kişinin kendini denetim altına almasına" yarayan veya kişiyi acı çekmekten ve bunun nedenlerinden koruyan her tür davranış ya da anlayış (ç.n.).

Zihnin sistemli bir şekilde eğitilmesi yani, mutluluk duygusunun geliştirilmesi, bilerek ve isteyerek olumlu zihinsel durumlar üzerinde yoğunlaşarak ve olumsuz zihinsel durumlara meydan okuyarak gerçek bir içsel değişimin sağlanması, beynin yapısı ve işlevi sayesinde mümkündür. Doğduğumuzda beynimiz kalıtımsal olarak bazı içgüdüsel davranış kalıpları ile donatılmıştır; zihinsel, duygusal ve fiziksel olarak, yaşamımızı devam ettirmemizi sağlayan yöntemlerle çevremize cevap verecek şekilde önceden hazırlanmışızdır. Bu temel bilgi donanımları sayısız sinir hücresinde, etken hale geçme kalıpları, herhangi bir olaya, deneyime ya da düşünceye cevap verilmesini tetikleyen beyin hücrelerinin özel birleşimi olarak kodlanmıştır. Fakat beynimizdeki yazılım, statik ya da değişmez değildir. Beynimiz de yeniden programlanabilir. Nörobilimciler, beynin yeni bilgi girişlerine cevap olarak yeni kalıplar ve beyin hücrelerinin yeni birleşimler ve nörotransmiterler (beyin hücreleri arasında mesajları taşıyan kimyasal maddeler) yaratabildiğini gözlemlemişlerdir. Gerçekte beynimiz işlenebilir, değiştirilebilir, yeni düşünce ve deneyimlere uygun olarak bağlantılarını yeniden düzenleyebilir. Öğrenmenin bir sonucu olarak, tek tek nöronların işlevleri bile değişmekte, aralarında elektrik sinyallerinin daha belirgin bir şekilde dolaşmasına imkan tanımaktadır. Bilim adamları, beynin doğasında var olan değişme kapasitesini "plastiklik/yoğrulabilirlik" olarak adlandırmaktadır.

Beynin bu bağlantıları değiştirme, yeni nöral bağlantılar kurma becerisi, Doktor Avi Karni ve Doktor Leslie Underleider'in Ulusal Zihinsel Sağlık Enstitüsü'nde (National Institutes of Mental Health) yaptıkları deneylere benzer deneylerle kanıtlanmıştır. Bu deneyde araştırmacılar, deneklerden basit bir motor hareket olan parmakla vurma egzersizini yapmalarını istemişlerdir ve MRI ile beyin görüntüsü alarak beynin bu hareketin yapılmasına katılan bölümlerini tanımlamışlardır. Bu parmak egzersizini dört hafta boyunca her gün tekrarlayan denekler, gittikçe daha güçlü ve hızlı yapmaya başlamışlardır. Dört haftalık dönemin sonunda beyin görüntüsü tekrar alınmış ve bu hareketin yapılması sırasında beynin işe karışan o bölgesinin genişlediği görülmüştür; bu da bu hareketin düzenli ve sürekli olarak yapılmasının, yeni sinir hücrelerini devreye soktuğuna ve hareketin yapılmasına katkıda bulunan nöral bağlantıları değiştirdiğine işaret etmektedir.

Beynin bu önemli özelliği, zihnimizi değiştirme olasılığı için psikolojik bir temel oluşturmaktadır. Düşüncelerimizi harekete geçirerek ve yeni düşünme yolları üzerinde çalışarak sinir hücrelerimizi yeniden şekillendirebilir ve beynimizin çalışma tarzını değiştirebiliriz. Bu aynı zamanda içsel değişimin, öğrenme (yeni bilgi girişi) ile başladığı düşüncesinin temelidir ve olumlu şartlandırmanın (yeni nöral devreler oluşturarak) aşamalı olarak "olumsuz şartlandırmamızın" (şu anda varolan sinir hücrelerimizin karakteristik hareket kalıplarına karşılık gelen) yerini alması disiplinini de işe katmaktadır. Bu nedenle, mutluluk için zihni eğitme olasılığı çok yüksektir.

Ahlaki Disiplin

Dalai Lama, mutluluk için zihni eğitmekle ilgili bir sonraki sohbetlerimizin birinde, "Sanırım, ahlâkla ilgili davranışlar da daha mutlu olmaya götüren bir başka içsel disiplin örneğidir," diye belirtmişti. "Bunu ahlâkî disiplin diye adlandırabiliriz. Budha gibi büyük ruhsal eğitmenler, bize tam/sağlıklı eylemlerde bulunmamızı ve eksik/sağlıksız eylemlere girişmekten kaçınmamızı önerirler. Eylemlerimizin tam ya da eksik olmaları, bu eylem ya da davranışların disiplinli ya da disiplinsiz bir zihin durumundan kaynaklanmalarına bağlıdır. Disiplinli bir zihnin mutluluğa, disiplinsiz bir zihnin ise acıya götürdüğü düşünülmekte ve *kişinin zihnini disiplin altına almasının Budha'nın öğretisinin esası olduğu* söylenmektedir.

"Disiplinden kastettiğim kendini disipline sokmaktır, bir başkası tarafından size dışarıdan dayatılan bir disiplin değildir. Burada olumsuz özelliklerinizin üzerine çıkmak amacıyla uygulanan disiplinden bahsediyorum. Bir suç şebekesinin lideri, başarılı bir soygun gerçekleştirmek için disipline ihtiyaç duyabilir, fakat bu disiplin yararsızdır."

Dalai Lama, düşüncelerini gözden geçirip toparlamak ister gibi bir an için durdu. Ya da belki, sadece İngilizce'deki doğru kelimeyi arıyordu. Bilmiyorum. Fakat o öğleden sonra yaptığı gibi duraklayarak konuşmasına ara vermesi, konuşmamız hakkında düşünmek, öğrenmenin ve disiplinin önemiyle ilgili bu konuşmanın tümü, gerçek mutluluk, ruhsal gelişim ve tam bir içsel değişim gibi yüksek hedeflerle karşılaştırıldığında sıkıcı olmak bir yana beni etkilemeye başlamıştı. Mutluluğu kovalamak, kendiliğinden bir süreç gibi görünmeye başlamıştı.

Konuyu yeniden açarak, "olumsuz duygu ve davranışları 'eksik' ve olumlu davranışları da 'tam' olarak tanımladınız. Dahası, eğitilmemiş ya da disiplinsiz bir zihnin genellikle olumsuz ya da eksik davranışlara yol açtığını söylediniz, öyleyse olumlu davranışlarımızı artırmayı öğrenmemiz ve bunun için kendimizi eğitmemiz gerekir. Böylece her şey yoluna girer," diye söze girdim. "Fakat, aklımı kurcalayan şey, sizin olumsuz ya da eksik davranışları kişiyi acı çekmeye götüren davranışlar, tam davranışları ise mutluluğa götüren davranışlar olarak tanımlamanız. Ayrıca, her varlığın doğal olarak, acıdan kaçınmak ve mutluluğa ulaşmak istediği temel öncülü ile söze girmiştiniz; bu arzu kişinin doğasında vardır, öğrenilmek zorunda değildir demiştiniz. Öyleyse sorum şu: Eğer bizim için acıdan kaçınmak doğalsa neden yaşımız ilerledikçe daha fazla olumsuz ve eksik davranışları kendiliğinden ve doğal bir şekilde geri püskürtmüyoruz? Ve eğer mutluluğu yakalamak doğalsa, neden kendiliğinden ve doğal bir şekilde zorladıkça daha fazla tam davranışlara doğru yönelmiyor ve bu sayede yaşımız ilerledikçe daha mutlu olmuyoruz? Yani, bu tam davranışlar doğal bir şekilde mutluluğa götürüyorlarsa ve mutluluğu istiyorsak, bu ilerlemenin doğal olarak meydana gelmesi gerekmez mi? Bu ilerlemenin meydana gelmesi için neden bu kadar çok öğretime, eğitime ve disipline ihtiyacımız var?"

Dalai Lama başını sallayarak cevap verdi, "Klasik terimlerle bile, günlük hayatımız içinde, öğretimi başarılı ve mutlu bir hayat sağlamak için çok önemli bir etken olarak kabul ediyoruz. Bilgi doğal bir şekilde gelmiyor. Eğitilmeli ve sistemli bir eğitim programına veya benzeri bir şeye devam etmeliyiz. Ve bu klasik eğitimin fazlasıyla zorlu olması gerektiğini düşünüyoruz; öyle olmasa öğrenciler neden dört gözle tatili beklesinler ki? Gene de, bu tür eğitimin mutlu ve başarılı bir hayat için son derece önemli olduğunu biliyoruz.

"Aynı şekilde, tam hareketlerde bulunmayı doğal bir şekilde başaramayabiliriz, fakat bunun için bilinçli olarak kendimizi eğitebiliriz. Özellikle modern toplumlarda bu böyledir, çünkü tam hareketler ve eksik davranışlar meselesinin yani neyi yapmak doğrudur neyi yapmak yanlıştır sorusunun dinin sahasına girdiği kabul edilmektedir. Geleneksel olarak, hangi davranışların tam ve hangilerinin eksik olduklarını belirlemenin dinin sorumluluğu olduğu kabul edilmektedir. Gene de, günümüz toplumunda din, belli bir ölçüde prestijini ve etkisini kaybetmiştir. Buna karşın dinin yerini dünyevî (seküler) ahlak gibi bir seçenek almamıştır. Yani, tam bir yaşam yolu izlemeye artık daha az dikkat ediliyor gibi gözükmektedir. Bence bunun nedeni, böyle bir anlayışa ulaşmak için özel bir çaba harcamamızın ve bilinçli olarak çalışmamızın gerekmesidir. Örneğin, kişisel olarak insan doğasının temelde nazik ve şefkatli olduğunu inansam da, bunun temelde yatan doğamız olarak yeterli olmadığını düşünüyorum; *aynı zamanda gerçek hakkında bir farkındalık ve onu değerlendirme becerisi geliştirmeliyiz. Öğrenme ve anlama yoluyla kendimize bakış açımızı değiştirmemiz başkaları ile olan ilişkilerimizi ve günlük hayatımızı nasıl devam ettirdiğimiz konusunda da gerçek bir etkisi olacaktır.*"

Şeytanın avukatını oynayarak şöyle bir karşılık verdim, "Hâlâ klasik akademik öğretim ve eğitim benzetmesini kullanıyorsunuz. Bu önemli. Fakat, mutluluğa götüren tam ya da olumlu diye adlandırdığınız bazı davranışlardan ve acı çekmeye götüren diğer davranışlardan bahsediyorsanız, hangi davranışların hangi alana girdiklerini belirlemeyi öğrenmek, olumlu davranışlarda bulunmak ve olumsuzları ortadan kaldırmak konusunda kendimizi eğitmek neden bu kadar uzun sürüyor? Demek istediğim, elinizi ateşe sokarsanız yanarsınız. Elinizi geri çekersiniz ve bu hareketin sizi acı çekmeye götüreceğini öğrenmiş olursunuz. Ateşe tekrar elinizi sokmamayı öğrenmek için yoğun bir öğrenme ve eğitime ihtiyacınız yoktur.

"Öyleyse, neden acı veren davranış ve duyguların hepsi böyle değiller? Örneğin, öfke ya da nefretin açıkça olumsuz duygular olduklarını ve insana acı verdiklerini söylediniz. Fakat, öfke ve nefretin zararlı etkilerinden kurtulmak için neden kişinin bu etkiler konusunda eğitilmesi gerekiyor? Öfke, rahatsız bir duygusal duruma neden olduğuna ve bu rahatsızlığı doğrudan hissetmek kesinlikle çok kolay olduğuna göre, neden kişi doğal ve kendiliğinden bir şekilde bunu engelleyememektedir?"

Dalai Lama, konuşmamı dinlerken, sanki sorum karşısında hafifçe şaşırmış ya da sorunun çocuksuluğuyla eğlenir gibi zeka dolu bakan gözleri birazcık büyüdü. Sonra, neşe dolu bir kahkaha atarak konuşmaya başladı.

"Özgürlüğe ya da bir sorunun çözümlenmesine götüren bilgiden bahsediyorsan, pek çok farklı aşama olduğunu anlaman gerekir. Örneğin Taş Devri'nde yemeğini pişirmesini bilmeyen insanları ele alalım, bunu bilmeseler de gene biyolojik olarak yemeğe ihtiyaçları vardı, bu nedenle de sadece vahşi bir hayvan gibi yiyorlardı. İnsanlık ilerledikçe, nasıl yemek pişirileceğini, yemeği daha lezzetli yapmak için içine değişik baharatlar koymayı ve sonra farklı tabaklarda sunmayı öğrendiler. Günümüzde belli bir hastalıktan dolayı rahatsızlık çekiyorsak, edindiğimiz bilgiler sayesinde belli bir tür besinin bizim için iyi olmadığını biliyor ve onu yemek istesek bile kendimizi onu yemekten alıkoyuyoruz. Öyleyse, bilgilerimiz ne kadar geniş kapsamlı olursa, doğa ile uyum sağlamamızda o kadar etkili olacakları açıktır.

"Aynı zamanda, davranışlarınızın uzun ve kısa vadeli sonuçları hakkında yargıda bulunabilmeli ve bunları ikiye ayırabilmelisiniz. Örneğin öfkeyi yenme konusunu ele alalım, hayvanlar öfke duyabilseler bile öfkenin yıpratıcı olduğunu anlayamazlar. İnsanlar ise öfke duyduklarında bu duygunun kendilerine acı verdiğini anlayabilmelerine ve görebilmelerine imkan tanıyan farklı bir seviyededirler. Bu nedenle de öfkenin yıpratıcı olduğu hakkında bir yargıda bulunabilirsiniz. Böyle bir sonuca varabilmelisiniz. Yani bu elini ateşe uzatıp, sonra yanmak ve böylece bir daha bunu yapmamayı öğrenmek kadar basit bir şey değildir. Mutluluğa götüren şeyler hakkındaki bilgi ve eğitim seviyeniz ne kadar kapsamlı olursa, bu bilgiler mutluluğa ulaşmanızda o kadar etkili olacaklardır. İşte bu nedenle öğrenim ve eğitimin hayati derecede önemli olduğuna inanıyorum."

Sanırım içsel değişim için basit bir eğitim gerektiği konusundaki düşüncemde ısrar ettiğimi hissederek şöyle dedi, "günümüz toplumunun bir sorunu da öğretimi bizi sadece daha akıllı ve usta yapması için istememiz. Bazen çok iyi veya pek de geniş kapsamlı bir eğitim almamış gibi gözüken kişiler en masum ve en dürüst kişilerdir. Her ne kadar toplumumuz üzerinde durmasa bile bilgi ve eğitimin asıl önemi, daha tam davranışlarda bulunmanın önemini anlamamızda ve bu konuda zihnimizi disiplin altına almamızda bize yardımcı olmasıdır. İyi kalpli biri olabilmek için içimizde değişiklik yapmamıza katkıda bulunduklarında, aklımızı ve bilgimizi doğru kullanmış oluruz."

4. Konu

İÇSEL MUTLULUĞUMUZU YENİDEN KAZANMAK

Temel Doğamız

Dalai Lama, "Mutluluğu aramak için yaratıldık. Aşk, sevgi, yakınlık ve şefkat gibi duyguların bize mutluluk getirdiği açıktır. Her birimizin mutlu olmak, mutluluk getiren sıcak ve şefkatli zihin durumlarını kabul etmek için gerekli temele sahip olduğumuza inanıyorum," dedi. "Aslında, sadece doğuştan gelen bir şefkat potansiyeline sahip olduğumuza değil aynı zamanda insan doğasının temelinin ya da esasının iyilik olduğuna da yürekten inanmaktayım."

"Bu inancınızı neye dayandırıyorsunuz?"

"Budizm'in 'Budha doğası' diye adlandırılan doktrini, tüm canlıların temelde iyi ve barışçı olduklarına inanmamız için bir zemin sağlamaktadır.* Fakat kişi, Budha doğası doktrinini bilmeden de bu görüşe sahip olabilir. Bu inancı dayandırdığım başka zeminler de var. Bence insandaki sevgi ve şefkat duygusu sadece dini bir temelden kaynaklanmamaktadır, bu, kişinin günlük yaşamında vazgeçilmez bir etkendir.

"Öncelikle, doğumumuzdan ölümümüze dek geçen süre içinde varoluşumuza bakarsak, izlediğimiz yolun temel olarak başkalarının sevgisi ile beslendiğini görebiliriz. Bu doğduğu-

* Budist felsefesinde, "Budha doğası" temel, esas ve en kavranamaz tutumu tanımlamak için kullanılır. Tüm insanlarda var olan bu zihinsel tutum, olumsuz duygu ve düşünceler tarafından kesinlikle bozulumaz (ç.n.).

muz anda başlar. Doğduktan sonraki ilk hareketimiz annemizin ya da başka birinin sütünü emmektir. Bu bir sevgi, şefkat eylemidir. Bu eylem olmadan yaşamımızı sürdüremeyiz. Bu gayet açık. Ve bu eylem, karşılıklı bir sevgi duygusu olmazsa eksik kalır. Çocuk, süt veren kişiye karşı bir sevgi duygusu, bir bağ hissetmediği takdirde sütü emmeyecektir. Annenin ya da süt veren kişinin çocuğa karşı bir sevgisi yoksa sütünü isteyerek vermeyecektir. Hayat böyledir. Gerçek budur.

"Öyleyse fiziksel yapımız, sevgi ve şefkat duygusuna daha yakındır. Sakin, sevgi dolu, tam bir zihinsel durumun sağlığımız üzerinde ne kadar yararlı etkileri olduğunu görebiliriz. Buna karşılık hayal kırıklığı, korku, karmaşa ve öfke gibi duygular da sağlığımız açısından tehlikeli olabilir.

"Ruhsal sağlığımızın da sevgi dolu duygular sayesinde iyileştiğini görebiliriz. Bunu anlamak için başka biri bize sevgi ve sıcaklık gösterdiğinde kendimizi nasıl hissettiğimizi düşünmemiz yeterlidir. Ya da sevgi dolu duygu ve tutumların kendiliğinden ve doğal olarak bizi nasıl etkilediğini, kendimizi nasıl hissettirdiğini gözlemleyebiliriz. Bu iyi duygular ve onların yanı sıra ortaya çıkan olumlu davranışlar, bizi daha mutlu bir aile ve toplum yaşantısına götürürler.

"Yani insanın temel doğasının iyilik olduğu sonucunu çıkarabiliriz. Ve eğer bu çıkarım doğruysa hayatı, doğamızın temelindeki bu iyilik ile daha uyumlu yaşamak da daha fazla anlam kazanmaktadır."

"Eğer esas doğamız iyi ve şefkatli olmak ise," diye sordum, "Hepimizin çevresini saran tüm bu kavgaları ve saldırgan davranışları nasıl açıkladığınızı öğrenmek isterdim."

Dalai Lama, cevap vermeden önce bir an için düşünceli bir şekilde başını öne eğdi, "tabi ki sadece zihinlerimizde değil aynı zamanda aile içinde, diğer insanlarla olan ilişkilerimizde, sosyal, ulusal ve küresel seviyede de kavga ve çekişmelerin varoldukları gerçeğini yadsıyamayız. Bu açıdan bakıldığında bazıları, insan doğasının temelde saldırgan olduğu sonucu çıkarılabilirler. İnsanlık tarihine dikkat çekebilir ve diğer memelilere kıyasla insanın çok daha saldırgan davrandığını söyleyebilirler.

Ya da 'Evet, şefkat duygumuz var. Ama aynı zamanda öfke de duygularımızdan biri. Her ikisi de az veya çok, aynı derecede doğamızın birer parçalarıdır,' diyebilirler. Gıcırdayan sandalyesinde öne doğru eğilip, "Bununla birlikte," dedi, "*yine de inancım insan doğasının temelde şefkatli ve iyi olduğu yönündedir. Bu özellik insan doğasına hakimdir.* Öfke, şiddet ve saldırganlık tabi ki ortaya çıkabilir, fakat bence daha ikincil ya da yüzeysel seviyededirler; bir anlamda, sevgi ve bağlılık elde etmek için gösterdiğimiz çabada hayal kırıklığına uğradığımızda ortaya çıkmaktadırlar. Bizim en temel, esas doğamızın parçası değillerdir.

"Saldırganca davranılsa bile, bu tür kavgaların insan doğasından çok insanın akıl düzeyinin bir sonucu olarak, yani dengesiz bir zeka, aklın ya da hayal gücümüzün yanlış kullanılması nedeniyle meydana geldiklerine inanıyorum. İnsanın gelişimine bakarsak, diğer hayvanlarla karşılaştırdığımızda sanırım bedensel gücümüz çok zayıf kalmaktadır. Fakat zekâmızın gelişmesi sayesinde pek çok aleti kullanabilmiş ve çevre koşullarını yenmenin pek çok yolunu bulmuşuzdur. İnsan toplumu ve çevresel koşullar giderek daha karmaşıklaştıkça, bu karmaşık çevrenin sürekli artan zorlamalarına karşı koymak için zekâmızın ve bilip anlama becerimizin gittikçe daha fazla etken hale gelmesi gerekmiştir. Bu nedenle, temel ve asıl doğamızın iyilik olduğuna ve zekânın daha sonradan gelen bir gelişim olduğuna inanıyorum. Bence insan zekâsı, şefkatle doğru bir şekilde dengelenmeden geliştiği takdirde yıkıcı olabilir. İnsanı felakete götürebilir.

"Fakat bence, insanlar arasındaki kavgalar zekânın yanlış şekilde kullanılması nedeniyle yaratılıyorlarsa, zekâmızı bu kavgaları sona erdirmek için gerekli yolları bulmakta kullanabileceğimizi bilmek de önemlidir. Kişi, zekâsını, iyiliğini ya da sevgisini birlikte kullandığında tüm eylemleri yapıcı olur. Sevgi dolu bir kalbi anlayış ve eğitimle birleştirdiğimizde, başkalarının da görüşlerine ve haklarına saygı duymayı öğrenebiliriz. Bu, saldırganlığı yenmek ve kavgalarımızı çözümlemek için kullanabilecek uzlaşma ruhunun temeli olabilir."

Dalai Lama durdu ve saatine göz attı. "Yani, ne kadar şiddet uygularsak ya da ne kadar çok kötü şeyler yaparsak yapalım, hem içsel hem de dışsal kavgalarımızın nihai çözümünün iyi ve şefkatli olan temel insan doğamıza dönmekte yattığına inanıyorum," diye sözlerini bitirdi.

Tekrar saatine bakarak dostça güldü, "Burada bırakalım....Uzun bir gündü!" konuşma sırasında bağcıklarını çözmüş olduğu ayakkabılarını topladı ve odasına geri döndü.

İnsan Doğası Sorunu

Geçtiğimiz yirmi, otuz yıl içinde Dalai Lama'nın, insan doğasının temelde şefkatli olduğu şeklindeki görüşü, zor da olsa yavaş yavaş Batı'da kabul görmeye başlamıştı. İnsan davranışının özde ben merkezci olduğu, temelde hepimizin kendimiz için yaşadığımız düşüncesi, Batı düşünce sistemine derinlemesine kök salmıştır. Sadece, doğamızın bencil olduğu değil aynı zamanda, saldırganlığın ve düşmanlığın insan doğasının bir parçası oldukları düşüncesi yüzyıllardır kültürümüze hakimdir. Tabi ki, tarihte karşıt düşüncede olan pek çok insan olmuştur. Örneğin 1700'lerin ortasında David Hume, insanın yardımsever doğası hakkında bir çok yazı yazmıştır. Bundan bir yüzyıl sonra da Charlies Darwin, kendi türdeşlerimiz için duyduğumuz bir "sempati içgüdüsünden" bahsetmiştir. Fakat her nasılsa, insanlık hakkındaki daha kötümser görüşler, insan türü hakkında gayet karanlık görüşlere sahip Thomas Hobbes gibi düşünürlerin de etkisiyle kültürümüze kök salmışlardır. Hobbes, insan ırkının şiddet düşkünü ve rekabetçi olduğunu, sürekli kavga etmekten hoşlandığını, sadece kendisiyle ilgilendiğini söylemiştir. İnsanın iyilik yapması ile ilgili her tür düşünceyi yok saymasıyla ünlü olan Hobbes bir gün sokaktaki bir dilenciye para verirken görülür. Kendisine, neden bu kadar cömert olduğu sorulduğunda, "Bunu, ona yardım etmek için yapmadım. Sadece, adamın bu kadar yoksul olmasından duyduğum üzüntüyü ortadan kaldırmak için yaptım," diye cevap verir.

Benzer şekilde bu yüzyılın başlarında, İspanya doğumlu düşünür George Santayana, bu tür cömert, koruyucu dürtülerin var olsalar bile insan doğasında genellikle zayıf, geçici olduklarını yazmış ve "yüzeyin altını biraz kazırsanız, yırtıcı, inatçı ve fazlasıyla bencil bir insan bulursunuz" demiştir. Maalesef Batı bilim ve psikolojisi bu düşünceleri oldukları gibi almış, kabul etmiş ve hatta bu benmerkezci görüşü desteklemiştir. Modern bilimsel psikolojinin ilk dönemlerinden başlayarak, tüm insani dürtülerin sonuçta benmerkezci oldukları, temelde tamamen kendi çıkarını gözetme amacı güttükleri farzedilmiştir.

Temelde bencil olduğumuz öncülünü kesin olarak kabul ettikten sonra, son yüz yıl boyunca bazı tanınmış bilim adamları, buna bir de insan doğasının özünde saldırgan olduğu inancını eklemişlerdir. Freud, "Saldırganlığa eğilim göstermek, kişinin kendi yaşamını devam ettirmek için uyguladığı içgüdüsel bir davranıştır," diye bildirmiştir. Bu yüzyılın ikinci yarısında özellikle iki yazar, Robert Ardrey ve Conrad Lorenz, bazı yırtıcı hayvan türlerinin davranış kalıplarını gözlemlemişler ve toprak hakkı için dövüşmeye doğuştan gelen ya da içgüdüsel bir eğilim gösteren insanların da temelde yırtıcı oldukları sonucuna varmışlardır.

Son yıllarda bu karamsar görüş değişir gibi olmuş, Dalai Lama'nın temel doğamızın iyi ve şefkatli olduğu yolundaki görüşüne yaklaşılmıştır. Son yirmi, otuz yıl içinde yüzlerce bilim adamının yaptıkları araştırmalar, saldırganlığın doğuştan gelmediğini ve şiddete eğilim göstermenin pek çok biyolojik, sosyal ve çevresel nedenden kaynaklandığını göstermiştir. Belki de son araştırmalar hakkındaki en kapsamlı bildiri, dünyanın her yanından gelen yirmi kadar önemli bilim adamı tarafından yazılan ve imzalanan 1986 Sevilla Şiddet Bildirisi'dir. Bu bildiride, şiddet dolu davranışların meydana geldiğini kabul etmekle birlikte, *bilimsel olarak savaşmaya ya da şiddete kalıtımsal bir eğilim gösterdiğimizi söylemenin yanlış olduğunu ve bu davranışın insan doğasında genetik olarak programlanmadığı*da sınıflandırmalar yaparak belirtmişlerdir. Her ne kadar şiddet eyleminde bulunmak için yeterli sinirsel bir sisteme sahip olsak da, bu davranışın kendiliğinden harekete geçmediğini söylemişlerdir. Nöropsikolojimizde şiddete eğilim göstermemiz için bizi zorlayan hiçbir şey yoktur. Temel insan doğasını inceleyen pek çok araştırmacı, temelde iyi, koruyucu insanlar olarak gelişme potansiyelimiz olduğu gibi şiddet dolu, saldırgan insanlar olarak gelişme potansiyelimiz olduğunu da düşünmektedirler; bunlardan hangisinin baskın çıkacağı ise bir eğitim sorunudur.

Çağdaş araştırmacılar, sadece insanın doğuştan saldırgan olduğu düşüncesini reddetmekle kalmamışlar aynı zamanda insanların gerçekte bencil ve benmerkezci oldukları düşüncesini de yargılamaya başlamışlardır. Arizona Devlet Üniversitesi'ndeki C. Daniel Batson ve Nancy Eisenberg gibi araştırmacılar, geçmiş yıllarda insanların alturistik* davranışlara eğilim gösterdiklerini ortaya koyan sayısız çalışma yürütmüşlerdir. Sosyolog Dr. Linda Wilson gibi bazı bilim adamları, bunun nedenini bulmaya çalışmışlardır. Dr. Wilson, alturizmin temel hayatta kalma içgüdümüzün bir parçası olduğu kuramını geliştirmiştir, bu kuram, eski düşünürlerin düşmanlık ve saldırganlığın hayatta kalma içgüdümüzün belirgin bir özelliği olduğu yolundaki kuramlarına tamamen zıt düşmektedir. Yüzlerce doğal afet durumunu inceleyen Dr. Wilson, bu felaketzedeler arasında güçlü alturistik davranışlar sergilendiğini görmüştür; bu da iyileşme sürecinin bir parçası gibi görünmektir. Başkalarına yardım etmek için beraberce çalışmak, daha sonra travmadan kaynaklanabilecek psikolojik sorunları savuşturmaya yardımcı olmaktadır.

Kendisi için olduğu kadar diğer insanların iyiliği için de hareket ederek başkaları ile yakın bağlar kurma eğilimi, birbirine bağlı ve bir grubun parçası olarak yaşadığımız ve böylece yaşamlarımızı sürdürme şansımızı artırdığımız uzak geçmişimizde, insan doğasına derinlemesine işlemiş ve kök salmış olabilir. Bu yakın sosyal bağlar kurma ihtiyacı günümüzde de devam etmektedir. Koroner kalp rahatsızlığını artıran risk faktörlerini inceleyen Dr. Larry Scherwitz'in yürüttüğü araştırmada, kendileri üzerinde fazlaca yoğunlaşan kişilerin (bir konuşma sırasında "Ben", "benim" gibi zamirleri sıkça kullanarak kendi-

* kendinden çok başkalarını düşünme eğilimi, diğerkâmlık (ç.n.)

lerinden bahseden kişiler), diğer sağlığı düzeltici davranışlar kontrol altında bulunsa bile koroner kalp rahatsızlığına daha açık oldukları keşfedilmiştir. Bilim adamları, yakın sosyal bağları olmayan kişilerin kötü bir sağlıktan, mutsuzluktan ve aşırı stresten yakındıklarını keşfetmişlerdir.

Başkalarına yardım etmeye çalışmak, doğamızda iletişim kadar temel bir özellik olmalıdır. Şefkat ve alturizm kapasitesini dilin gelişimine benzeterek insan ırkının en mükemmel özelliklerinden biri olduğunu söyleyebiliriz. Beynin bazı bölümleri özellikle konuşma potansiyeli için ayrılmıştır. Eğer doğru çevresel şartlarda bulunuyorsak ki, bu durumda konuşan bir toplumda yaşıyoruz demektir, o zaman beynin bu özel bölümleri gelişmeye ve olgunlaşmaya başlar ve dili kullanma kapasitemiz artar. Aynı şekilde, tüm insanlara "şefkat tohumu" bahşedilmiştir. Doğru şartlarda bulunduğunda -evde, özellikle toplumda ve sonra belki de kendi özel çabamız sayesinde- bu tohum çiçek açar. Bu düşünce ile yola çıkan araştırmacılar, çocuklarda korumacılık ve şefkat tohumlarının olgunlaşmasına imkan tanıyacak en uygun çevresel koşulları bulmaya çalışmışlardır. Kendi duygularını dengelemeyi bilen, koruyucu bir davranış tarzı için model oluşturan, çocukların davranışlarına uygun sınırlar getiren, çocuğun kendi davranışlarından sorumlu olduğunu anlatabilen, çocuğun dikkatini duygusal durumlara ve başkalarına karşı olan davranışlarının sonuçları üzerine çekmek için mantığı kullanan ebeveynlere sahip olmak gibi bazı etkenleri belirlemişlerdir.

Düşmanlık beslemekten yardımcı olmaya kadar insan doğasının temelini oluşturan özellikler hakkındaki tahminlerimizi gözden geçirmek yeni olasılıklara kapı açabilir. Tüm insanların kendi menfaatlerini düşündüklerini farzedersek bu kuramın kanıtlanmasında bir bebek bizim için mükemmel bir örnek oluşturabilir. Doğduklarında bebekler sanki akıllarında tek bir şeyle programlanmış gibi görünürler: *kendi ihtiyaçlarının karşılanması:* yiyecek, fiziksel rahatlık, v.b. Fakat eğer bu temel benmerkezci tahmini geçici olarak rafa kaldırırsak, karşımıza yepyeni bir görünüm çıkar. Bir bebeğin sadece bir tek şey için programlanarak doğduğunu kolaylıkla söyleyebiliriz: *diğer insanlara zevk ve neşe getirme kapasitesi ve amacı.* Sadece sağlıklı bir bebeği gözlemlerken bile insan doğasının temelindeki iyi olma özelliğini reddetmek çok zordur. Bu açıdan bakıldığında, başkalarına neşe ve korumacılık duygusu verme kapasitesinin doğuştan geldiği hakkında güçlü deliller bulabiliriz. Örneğin yeni doğmuş bir bebeğin koku alma duyusu belki de bir yetişkininkinin yüzde beşi oranında gelişmiştir, tat alma duyusu ise çok daha azdır. Fakat yeni doğmuş bir çocukta bu duyuların oluşmasına neden olan şey anne sütünün kokusu ve tadıdır. Emzirmek sadece bebeği beslemeye değil aynı zamanda annenin göğüslerindeki gerilimi ortadan kaldırmaya da yarar. Yani bebeğin, annenin göğsündeki gerilimi alarak ona zevk verme kapasitesi ile doğduğunu söyleyebiliriz.

Bir bebek, biyolojik olarak yüzleri tanıyacak ve onlara cevap verecek şekilde programlanmıştır ve gözlerinin içine masumca bakan bir bebek gördüklerinde gerçek bir zevk duymayacak ve gülümsemeyecek pek az insan vardır. Bazı sosyologlar bunu bir formül şeklinde kuramsallaştırmışlardır, buna göre bir bebek kendisine bakan kişiye gülümsediğinde ya da doğrudan onun gözlerine baktığında, kendisine bakan kişideki biyolojik olarak kökleşmiş vc içgüdüsel olarak serbest bırakılmış iyi, şefkatli ve koruyucu davranışları izlemektedir, bebeğe bakan kişi ise aynı şekilde kendisini içgüdüsel olarak bebeği korumaya ve gözetmeye zorunlu hissetmektedir. Gittikçe daha fazla sayıda araştırmacı, insanoğlunun doğasını tarafsız olarak keşfetmek için işe koyuldukça, bebeği bir bencillik paketi, bir yeme ve uyuma makinesi gibi kabul eden düşünce, bebeğin başkalarını mutlu etmek için dünyaya gelen bir varlık olduğu, gelişmek ve büyümek için temel doğal şefkat tohumunu sağlayan doğru çevresel koşullara ihtiyaç duyduğu görüşü karşısında yenilgiye uğramaya başlamıştır.

Bir kez, insanlığın temel doğasının saldırgan olmaktan çok şefkatli olduğu sonucuna varırsak, çevremizle olan ilişkimiz de hemen değişecektir. Başkalarını düşman ve bencil olarak görmek yerine esasta şefkatli kişiler olarak görmek gevşememize, güven duymamıza, hayatımızı kolaylaştırmamıza yardımcı olacak, bizi daha mutlu yapacaktır.

Hayatımızın Amacı Üzerine Düşünceler

O hafta, Dalai Lama bir bilim adamının dikkatiyle insan doğasını keşfetmek ve insan zihnini incelemek için Arizona Çölü'nde otururken, basit bir gerçek parıldadı ve tüm tartışmaları aydınlattı: *hayatımızın amacı mutluluktur.* Bu basit gerçek, hayatın günlük sorunları arasında yol almaya çalışırken bize yardımcı olacak etkili bir araç olarak kullanılabilir. Bu açıdan bakıldığında hedefimiz, bizi acı çekmeye götüren şeyleri hayatımızdan atmak ve mutluluğa götüren şeyleri toplamak haline gelmektedir. Yöntem, günlük çalışmalarımız, farkındalığımızı artırmayı ve bizi mutluluğa götüren şeyin gerçekte ne olduğunu ve ne olmadığını anlamayı içermektedir.

Hayat çok karmaşık olduğunda ve kendimizi bunalmış hissettiğimizde bir an için geri çekilip kendimize asıl amacımızı, asıl hedefimizi hatırlatmak genellikle işe yaramaktadır. Zihinsel bir durgunluk ya da akıl karışıklığı yaşadığımızda bize gerçekten neyin mutluluk getireceği üzerinde düşünmek için bir saat, bir akşam hatta bir kaç gün ayırmak ve sonrasında önceliklerimizi buna göre belirlemek sorunu çözmemize yardımcı olabilmektedir. Bu yöntem, hayatımızı yeniden doğru bir konuma oturtabilir, yeni bir bakış açısı kazanmamızı sağlayabilir ve hangi yönü izleyeceğimizi görmemize imkan tanıyabilir.

Zaman zaman hayatımızın akışını değiştirebilecek esaslı kararlar vermek durumunda kalabiliriz. Örneğin evlenmeye, çocuk sahibi olmaya ya da bir avukat, bir sanatçı, bir elektrikçi olmak için belli bir eğitim dönemi geçirmeye karar verebiliriz. Mutlu olmak, sizi mutluluğa götürecek etkenleri bilmek ve daha mutlu bir hayata kavuşmanızı sağlayacak adımları atmak için bu yöntemi kullnarak doğru bir karar verebilirsiniz. *Mutluluğu gerçek bir hedef olarak görmek ve onu sistemli bir şekilde aramak konusunda bilinçli bir karar vermek hayatımızın geri kalanını derinlemesine değiştirebilir.*

Dalai Lama'nın kişiyi mutluluğa götüren etkenler hakkındaki anlayışı, sistemli bir şekilde ve hayat boyunca kendi zihnini gözlemlemeye, insan doğasını keşfetmeye ve yirmi beş yüzyıldan fazla bir zaman önce Budha'nın iskeletini kurduğu bir sistemin içinde tüm bunları araştırmaya dayanmaktadır. Dalai Lama, bu altyapıdan yola çıkarak en faydalı eylem ve düşüncelerin hangileri olduğuna dair bazı belirli sonuçlara varmıştır. İnanışlarını, aşağıdaki kelimelerde özetlemektedir:

"Bazen, eski dostlarla karşılaşmak bana zamanın ne kadar çabuk geçtiğini hatırlatır. Zamanı doğru kullanıp kullanmadığımızı merak ederim. Zamanı doğru kullanmak önemlidir. Bu bedene ve özellikle de bu inanılmaz beyne sahip olduğumuz sürece her dakika değerlidir. Her anki varlığımız her ne kadar geleceğimiz için bir garanti olmasa da, umut olduğu sürece daha canlı olur. Yarın bu zamanda burada olacağımızın bir garantisi yoktur. Gene de tamamen bu temel umut nedeniyle çalışmaya devam ederiz. Bu nedenle zamanı en iyi şekilde kullanmalıyız. Bence zamanın doğru kullanılması şudur: eğer yapabiliyorsanız diğer insanlara, diğer canlılara yardım edin. Eğer bunu yapamıyorsanız en azından onlara zarar vermekten kaçının. Sanırım, felsefemin temelini bu teşkil etmektedir.

"Öyleyse, hayatta gerçekte neyin değerli olduğu, hayatımıza neyin anlam kattığı üzerinde düşünelim ve önceliklerimizi buna göre belirleyelim. Hayatımızın amacı olumlu olmayı gerektirir. Başkalarının başına bela açmak, onlara zarar vermek amacıyla doğmadık. Bence hayatımızın değerli olabilmesi için, sıcaklık, iyilik, sevecenlik gibi temel iyi insan niteliklerini geliştirmeliyiz. O zaman hayatımız anlamlı, daha barış dolu ve daha mutlu olur."

II. Bölüm

İNSAN SICAKLIĞI VE SEVECENLİK

5. Konu

İÇTEN DOSTLUK İÇİN YENİ BİR MODEL

Yalnızlık ve İlişki

Dalai Lama, kaldığı oteldeki süitinin oturma odasına girdiğimde bana oturmamı işaret etti. Çay servisi yapılırken, fincanın içine bir çift tereyağlı karamela parçası attı ve rahat bir şekilde büyük bir iskemleye yerleşti.

Olağan fakat her şey için hazır olduğunu belirten bir sesle "Evet?" diye sordu. Gülümsedi ve sessiz kaldı.

Bir kaç dakika önce, otelin lobisinde randevumuzun gerçekleşmesini beklerken, "Kişisel İlanlar" sayfası üste gelecek şekilde katlanmış yerel bir gazeteden bir fotokopi almıştım. Kalınca katlanmış eklerde umutsuzca başka insanlarla ilişki kurmak isteyen insanların verdiği sayfalar dolusu ilanlara kısaca göz atmıştım. Dalai Lama ile konuşmama başlarken de aklımda hâlâ bu ekler vardı, birdenbire hazırladığım soru listesini bir kenara bırakıp, "Hiç yalnız kaldınız mı?" diye sormaya karar verdim.

"Hayır," dedi kısaca. Böyle bir cevap karşısında hazırlıksız yakalanmıştım. Halbuki "Elbette... herkes bir süre için kendini yalnız hisseder..." gibi sözlerle başlayan bir yanıt bekliyordum. Sonrasında da ona yalnızlık ile nasıl başa çıktığını sormayı planlıyordum. Yalnızlık çekmemiş biriyle karşılaşmayı hiç beklemiyordum.

"Hiç mi?" diye sordum tekrar inanamayarak.

"Hiç."

"Bunu neye bağlıyorsunuz?"

Bir an için düşündü. "Sanırım, bunun nedenlerinden biri, her insana daha olumlu bir açıdan bakmamdır; onların olumlu yanlarını görmeye çalışırım. Bu tutum ya da bir tür ilgi, dostluk kurma ortamı yaratmaktadır.

" Belki, karşımdaki insanın bana karşı olan saygısını yitireceği ya da benim garip biri olduğumu düşünebileceği gibi bir endişe ya da korkunun bende daha az olması da bunun bir nedeni olabilir. Bu tür bir korku ve endişe duymadığım için de insanlara karşı daha açık davranıyorum. Sanırım asıl neden bu."

Bu tür bir tutumun yol açabileceği durumları ve zorluğunu anlamaya çabalayarak, "Fakat, bir insanın başka insanlar tarafından hoşlanılmamaktan ya da yargılanmaktan korkmadan veya endişe etmeden insanlara karşı rahat davranmayı becerebileceğine nasıl inanıyorsunuz? Normal bir insanın bu tutumu geliştirmek için kullanabileceği özel yöntemler var mı?" diye sordum.

"Öncelikle sevecenliğin yararlarını anlamanız gerektiğine inanıyorum," dedi ikna edici bir sesle. "İşin anahtarı burdadır. Bir kez sevecenliğin çocukça ya da duygusal bir şey olmadığını kabul edip gerçekten değerli bir şey olduğunu anladığınızda, önemini kavradığınızda sevecenliğe doğru bir eğilim gösterirsiniz, içinizde sevecenliği geliştirmek için bir istek duyarsınız.

"Zihninizde sevecenlik düşüncesini desteklediğinizde, bu düşünce etken hale geldiğinde, başkalarına karşı olan davranışınız da otomatik olarak değişir. Diğer insanlara da bu sevecenlik duygusu ile yaklaştığınızda, otomatik olarak içinizdeki korku azalacak ve onlara karşı daha açık olabileceksiniz. Böylece olumlu, dostça bir hava yaratılmış olur. Böyle bir tavır takınarak daha başlangıçta karşınızdaki kişiden sevgi veya olumlu bir cevap alma olasılığı yarattığınız bir ilişkiye başlayabilirsiniz. Böyle bir tavır sayesinde de karşınızdaki kişi size dostça yaklaşmasa ya da size olumlu bir şekilde cevap vermese bile en azından bu kişiye gerektiğinde yaklaşımınızı değiştirmek için belli bir esneklik ve özgürlük tanıyan bir açıklıkla yaklaşmış olursunuz. Bu tür bir açıklık size en azından diğer insanlarla anlamlı bir konuşma yapma olasılığı tanır. Fakat bu sevecen tavır olmadan, kendinizi kapalı, öfkeli ya da soğuk ve önemsiz hissediyorsanız en iyi arkadaşınız bile size yaklaşsa kendinizi rahatsız hissedersiniz.

"Sanırım insanlar genellikle, önce kendileri olumlu bir yaklaşımda bulunmak yerine karşılarındaki insanın onlara olumlu bir şekilde yaklaşmasını beklemektedirler. Ben bunun yanlış olduğunu düşünüyorum; bu yaklaşım sorunlara yol açabilir ve kendimizi diğer insanlardan kopuk hissetmemize neden olan bir engel oluşturabilir. Eğer bu ayrı kalma ve yalnızlık duygusunu yenmek istiyorsanız takındığınız tavrın çok büyük bir önem taşıdığını düşünüyorum. Bunu yapmanın en iyi yolu da başkalarına zihninizde sevecenlik düşüncesi ile yaklaşmanızdır."

Dalai Lama'nın hiç yalnız kalmadığı yolundaki açıklaması karşısında duyduğum şaşkınlık, toplumumuzda insanların yaygın bir şekilde yalnızlık çektiklerine olan inancımla doğru orantılıydı. Bu inanç, sadece kendi yalnızlığımdan kaynaklanan izlenimci bir duygu değildi, yalnızlık düşüncesinin psikiyatrik çalışmalarımın temeline konu olmasından da kaynaklanmıyordu. Son yirmi yıl içinde, psikologlar yalnızlığı bilimsel bir açıdan ele almaya başlamışlar ve bu konu hakkında bir çok araştırma yürütmüşlerdir. Bu araştırmaların en çarpıcı bulgularından biri, hemen hemen her insanın ya sürekli olarak ya da geçmişte yalnızlık çektiklerini bildirmiş olmasıdır. Geniş kapsamlı bir araştırmada, A.B.D.' deki yetişkinlerin dörtte biri son iki hafta içinde kendilerini son derece yalnız hissettiklerini bildirmişlerdir. Her ne kadar, yalnızlığın özellikle boş bir evde ya da bir bakım evinin arka odalarından birinde yalıtılmış olarak yaşayan yaşlı insanlar arasında yaygın olduğunu düşünsek de araştırmalar, gençlerin ve yetişkin insanların da yaşlılar kadar yalnız olduklarını göstermiştir.

Yalnızlığın yaygın olarak görülmesi nedeniyle, araştırmacılar yalnızlığa neden olabilecek değişik durumları incelemeye başlamışlardır. Örneğin yalnız kişilerin genellikle kendilerini ifade etmede sorunları olduğunu, başkaları ile iletişime girmekte zorlandıklarını, kötü dinleyiciler olduklarını ve konuşma kurallarına uymak (ne zaman karşısındaki insanın söylediklerini doğru bulduğunu belirteceğini, doğru şekilde nasıl yanıt vereceğini ya da sessiz kalmayı bilmek) gibi bazı sosyal becerilerinin zayıf olduğunu bulmuşlardır. Bu araştırmanın sonucunda yalnızlığı yenmenin yollarından birinin bu sosyal becerileri geliştirmek olduğu öne sürülmüştür. *Dalai Lama'nın önerdiği yollardan biri, kişinin kalbine hitap eden bir yaklaşım için sosyal beceriler ya da davranışlar üzerinde doğrudan çalışmak yani, sevecenliğin değerini anlamak ve sonra içimizde onu geliştirmektir.*

İlk başta duyduğum şaşkınlığa rağmen onu böylesine ikna edici bir tarzda konuşurken dinledikçe, kendisinin gerçekten de asla yalnız olmadığına inanmaya başladım. Dahası bu iddiasını destekleyen kanıtları gördüm. Yabancı biri ile ilk karşılaşmasının benzersiz bir şekilde ne kadar olumlu geçtiğine şahit oldum. Bu olumlu ilişkilerin rastlantısal olmadıklarını ya da sadece Dalai Lama'nın doğasından kaynaklanan dostça bir kişiliğin sonucu olmadıklarını anlamaya başladım. Onun, sevecenliğin önemi, bu duyguyu dikkatle geliştirmek ve sevecenliği, günlük deneyimini zenginleştirmek ve bunu oluşturan zemini yumuşatıp bu zemini diğer insanlar ile olan olumlu ilişkileri besleyici ve kabullenici yapmak için kullanmak üzerinde düşünmeye çok büyük bir zaman ayırdığını hissettim. Bu yöntem gerçekte yalnızlık çeken herkes tarafından kullanılabilir.

Kendi Kendine Yetmek ya da Başkalarına Bağımlı Olmak

"Her varlığın içinde bir mükemmellik arayışı vardır. Gene de, kalbimizde ve zihnimizde varolan bu arayışı etken hale getirmek için sevecenlik gereklidir..." Bu sözlerle Dalai Lama, kendisini sessizce dinleyen topluluğa sevecenlik konusunda bir giriş yaptı. Büyük kısmını kendini Budizm'e vermiş öğrencilerin oluşturduğu on beş bin kişilik bir kalabalığa hitap ederek Budizm'in, Fazilet Alanı doktrinini açıklamaya başladı.

Budist anlayışa göre fazilet, kişinin zihnindeki olumlu etkiler ya da olumlu eylemler sonucu meydana gelen ve hiçbir şeyin değiştirip, bozamadığı zihinsel tutumdur. Dalai Lama, Fazilet Alanı'nın kişinin faziletli davranmak için kullanabileceği bir kaynak ya da temel olduğunu açıkladı. Budist kurama göre, kişinin ne kadar faziletli bir hayat yaşadığı onun gelecekteki yeniden doğumları için olabilecek en uygun koşulları da belirlemektedir. Budist doktrinin iki Fazilet Alanı belirlediğini açıkladı: Budha'nın alanı ve diğer canlıların alanı. Faziletli davranma özelliğini geliştirmenin yöntemlerinden biri, aydınlanmış varlıklar olan Budhalardaki saygıyı, inancı ve güveni geliştirmektir. Diğer yöntem ise iyilik, cömertlik, hoşgörü ve benzeri belli tarz davranışları sergilemeyi ve öldürmek, hırsızlık yapmak, yalan söylemek gibi olumsuz eylemlerden sürekli olarak uzak durmayı kapsar. Faziletli olmayı öğrenmenin ikinci yolu Budhalarla ilişkiye girmekten çok diğer insanlarla ilişkide bulunmayı gerektirir. Dalai Lama, bu temelden yola çıkarak diğer insanların faziletli davranmayı öğrenmemizde bize büyük yardımları olabileceklerini belirtti.

Dalai Lama'nın, diğer insanları bir Fazilet Alanı olarak tanımlaması hayal gücünün zenginliğini gösteren güzel, lirik bir özellikti. Sözlerinin arkasındaki berrak muhakeme gücü ve ikna yeteneği, o akşamki konuşmasına özel bir güç ve etki katmaktaydı. Salonda etrafıma baktığımda dinleyicilerden pek çoğunun belirgin bir şekilde etkilenmiş olduğunu görebiliyordum. Bense daha az büyülenmiştim. Daha önceki konuşmalarımızın sonucu olarak, sevecenliğin derin önemini takdir etmenin ilk adımlarını atmıştım, gene de yıllar süren mantığa dayalı, bilimsel şartlandırmalar, iyilik ve sevecenlik hakkındaki bu tür konuşmaları çok duygusal bulmama neden oluyordu. O konuştukça zihnim gezinmeye başladı. Belli etmeden salonda gözlerimi gezdirerek ünlü, ilginç ya da tanıdık yüzler aramaya başladım. Konuşmadan hemen önce yediğim yemeğin etkisiyle uyuklamaya başlamıştım. Kendimi akıntıya bırakmıştım. Konuşmanın bir yerinde, Dalai Lama'nın şu sözleriyle zihnim uyandı "... geçen gün mutlu ve neşeli bir hayat yaşamak için gerekli etkenlerden bahsetmiştim. İyi bir sağlık, zenginlik, arkadaşlar, v.b. Eğer farkettiyseniz tüm bunlar diğer insanlara bağlı unsurlardır. Sağlığınızın iyi olabilmesi için başkalarınca yapılan ilaçlara ve sağlık koruyucularına bağımlısınızdır. Hayatın tadını çıkarmak için kullandığınız tüm maddesel kolaylıklar üzerinde düşündüğünüzde, bu maddi şeylerin diğer insanlarla ilgisi olmayanlarını bulmaknın çok zordur. Eğer dikkatli düşünürseniz tüm bu şeylerin, pek çok insanın doğrudan ya da dolaylı çabaları sonucu elinize geçtiğini görürsünüz. Bu şeylerin olmasını sağlamak için pek çok insan katkıda bulunmuştur. Söylemeye gerek yok, mutlu bir yaşam için gerekli diğer bir etken olarak iyi arkadaşlardan ve dostlardan söz ettiğimizde, diğer canlılarla, diğer insanlarla olan karşılıklı ilişkilerimizden bahsetmiş oluruz.

"Böylece tüm bu etkenlerin ayrılmaz bir şekilde diğer insanların çabalarına ve işbirliklerine bağlı olduklarını görebilirsiniz. Diğer insanları yok saymak imkansızdır. Yani, başka insanlara bağlı olma süreci beraberinde sıkıntıları, mücadeleleri ve sorunları getirse bile, mutlu bir hayatın tadını çıkarmak için diğer insanlarla yeterli oranda ilişkinin olduğu bir hayata yönelmek amacıyla, bir dostluk ve içtenlik tutumunu benimsemeye çalışmamız gerekmektedir."

O konuştukça içgüdüsel bir direnç hissettim. Arkadaşlarımın ve ailemin değerini her zaman bilsem de kendimi bağımsız, kendi kendine yeten bir insan olarak kabul etmekteydim. Gerçekte bu özelliğimle gurur duyuyordum. Başkalarına bağımlı kişilere ise gizli bir küçümseme ile bakmaya eğilimliydim; bence bu bir zayıflık işaretiydi.

Fakat o akşam Dalai Lama'yı dinlerken, bir şey oldu: "Başkalarına bağımlı olmak" en çok sevdiğim konu olmadığı için zihnim gene başka yerlere gitmiş ve düşünceli bir halde gömleğimin kolundaki gevşek bir ipliği çekiştirmeye başlamıştım.

Bir an için salona geri dönerek, maddesel varlıklarımızı elde etmemizde katkısı bulunan pek çok insan olduğundan bahsetmesini dinledim. O bunu söylerken, gömleğimin yapımında kaç kişinin katkısı olduğunu düşünmeye başladım. Önce pamuğu yetiştiren çiftçiyi düşünmeye başladım. Sonra çiftçiye tarlasını sürmesi için traktörü satan satıcı geldi. Bu, aklıma traktörü yapmak için çalışan yüzlerce ya da binlerce kişiyi getirdi; bu kişilerin arasında traktörün her bir parçasını yapmak için kullanılan madeni arayan insanlar ve traktörü tasarlayan kişiler de vardı. Sonra tabi ki, pamuğu işleyen, kumaşı dokuyan, kesen, boyayan ve diken insanlar vardı. Gömleği dükkana teslim eden kamyon şoförleri, kargo elemanları ve gömleği bana satan satıcıyı da unutmamalıyım. Hayatımın her aşamasının başka insanların çabaları sonucu meydana geldiğini gayet açık bir şekilde anlamıştım. Benim o kıymetli kendime yetme düşüncem tamamen bir yanılsama, bir fanteziydi. Bunu kavradığımda, tüm varlıklar arasında karşılıklı bir bağlantı ve bağlılık olduğu fikri zihnime hakim oldu. Bir gevşeme hissettim. Bilemediğim açıklayamadığım bir şey, içimde ağlama isteği uyandırmıştı.

İçten Dostluk

Başka insanlara olan ihtiyacımız bir ikilem gibidir. Kültürümüz, bağımsızlığı ateşli bir şekilde göklere çıkarırken, aynı zamanda bizim için özel birisiyle içten ve teklifsiz bir dostluk ve ilişki kurma arayışındayızdır. Enerjimizin tümünü, bizi yalnızlığımızdan kurtaracağını umut ettiğimiz insanı aramaya yönlendirirken bir yandan da halen bağımsız olduğumuz konusundaki yanılsamamızı destekleriz. Böyle bir ilişkiyi herkesle kurmak zor olsa da Dalai Lama'nın bunu yapabildiğini ve olabildiğince çok insanla yakınlık kurmayı önerdiğini farkettim. Aslında, amacı herkesle bağlantıya geçebilmekti.

O akşam, Arizona'da kaldığı otelin süitinde buluştuğumuzda, "Dün akşamüstü halka yaptığınız konuşmada diğer insanların öneminden bahsettiniz ve onları Fazilet Alanı olarak tanımladınız. Fakat, insanlarla olan ilişkilerimizi incelediğimizde, bizi birbirimize bağlayan gerçekten de pek çok farklı yol ve değişik ilişki türleri olduğunu görüyoruz..." diye başladım.

Dalai Lama, "Bu çok doğru," dedi.

"Örneğin, Batı'da çok değer verilen bir ilişki türü vardır," diye devam ettim. "Bu, iki insan arasında derin ve içten bir dostluk kurmayı, en derin duygularınızı, korkularınızı ve bu tür şeyleri paylaşabileceğiniz özel birisine sahip olmayı gerektirir. İnsanlar, böyle bir ilişkiye sahip olmadıkça hayatlarında bir şeylerin eksik olduğunu düşünürler... Aslında, Batı psikolojisi genellikle insanlara bu tür içten bir ilişkiyi nasıl kuracaklarını öğrenmelerinde yardım etmeye çalışır..."

Dalai Lama, "Bu tür içten bir dostluk, olumlu bir şey olarak değerlendirilebilir," diyerek aynı fikirde olduğunu belirtti. "Bence, bir insanın böyle bir dostluktan yoksun kalması onu sorunlara sürükleyebilir..."

"Merak ediyorum..." diye devam ettim, "Tibet'te büyüdüğünüz sırada, sadece bir kral değil aynı zamanda kutsal bir varlık olarak da kabul ediliyordunuz. Belki de insanlar size hayrandılar ve sizin varlığınız onları biraz sinirli yapıyor ya da korkutuyordu. Bu durum, başka insanlarla aranızda bir mesafe, bir yalıtılmışlık duygusu yaratmıyor muydu? Ayrıca, ailenizden ayrı kalmak, küçük yaştan itibaren bir rahip olarak, hiç evlenmeyen ve bununla ilgili şeyler yapmayan bir rahip olarak yetiştirilmek başkalarından ayrı olma duygusuna yol açmıyor muydu? Kendinizi, hiç başka insanlarla ya da bir eş gibi özel biriyle daha derin ve kişisel bir ilişki kurma fırsatını kaçırmış hissetmediniz mi?"

Hiç tereddüt etmeden yanıt verdi: "Hayır. İçten bir dostluğun eksikliğini hiçbir zaman hissetmedim. Tabi ki babam yıllar önce ölmüştü fakat kendimi anneme, öğretmenlerime, özel hocalarıma ve diğerlerine çok yakın hissettim. Bu insanların pek çoğuyla en derin duygularımı, korkularımı ve endişelerimi paylaşabildim. Tibet'te olduğum sırada, devlet işlerinde ve halka açık olaylarda belli bir formalite, bir protokol vardı fakat bu her zaman geçerli değildi. Diğer zamanlar, örneğin mutfakta vakit geçiriyordum ve mutfakta çalışan kişilerle çok yakınlaşmıştım. Aramızda şakalaşıyor, dedikodu yapıyor, bazı şeyleri paylaşıyorduk ve bir formalite ya da mesafe duygusu olmadığı için bu çok rahatlatıcı oluyordu.

"Tibet'teyken ya da bir sürgün gibi yaşamaya başladığımdan beri bir şeyler paylaşabileceğim insanlar konusunda hiç eksiklik çekmedim. Sanırım bunun en büyük nedeni benim tabiatım. Başkalarıyla bir şeyler paylaşmak benim için çok kolay; bu nedenle de sır saklamakta pek usta değilim!" güldü. "Tabi ki bazen bunun olumsuz etkileri de oluyor. Örneğin Kashag'da* bazı gizli şeyler konuşabiliyoruz ve ben de gidip bunları başkalarıyla tartışabiliyorum. Fakat, kişisel olarak, açık olmak ve paylaşmak çok yararlı olabilir. Bu tabiatımdan dolayı daha kolay arkadaşlık kurabiliyorum, bu arkadaşlıklar da sadece insanları tanımak ve yüzeysel bir alış verişle sınırlı kalmıyor, en önemli sorunlarımı ve acılarımı bile onlarla paylaşabiliyorum. İyi bir haber aldığımda da hemen bu haberi başkalarıyla paylaşıyorum. Bu nedenle arkadaşlarımla aramda bir içtenlik ve yakınlık hissediyorum. Tabi ki, başka insanlarla ilişkiye girmek benim için bazen daha kolay oluyor, çünkü genellikle insanlar acılarını ve mutluluklarını 'Dalai Lama' ile, '*Kutsal Dalai Lama*' ile paylaşmaktan dolayı mutlu oluyorlar." Unvanını hafife aldığı için gene güldü. "Her neyse, bu birliktelik ve paylaşım duygusunu pek çok insanla hissediyorum. Örneğin geçmişte, Tibet hükümetinin politikası veya başka sorunlar nedeniyle hayal kırıklığı ya da mutsuzluk hissettiğimde, bu sorun Çin'in işgal etme tehdidi dahi olsa, odama döndüğümde bunları yerleri süpüren hizmetçiyle bile paylaşırdım. Bir açıdan bakıldığında Dalai Lama'nın, Tibet hükümetinin başı olan kişinin, uluslararası ya da ulusal bir sorunla karşılaştığında bu durumu yerleri süpüren biri ile paylaşması çok gülünç görülebilir." Tekrar güldü. "Fakat, kişisel olarak bunun çok yardımcı olduğunu düşünüyorum, çünkü böylece diğer kişi de duruma katılımda bulunmakta ve sorunu veya o acıyı beraberce karşılayabilmekteyiz."

* Sürgündeki Tibet hükümeti kabinesi (ç.n.).

İçten Dostluk Tanımımızı Genişletmek

İnsani ilişkiler alanında araştırma yapan araştırmacıların, samimi bir dostluk kurmanın varlığımızın merkezi olduğu konusunda fikir birliğine vardıkları gayet açıktır. İngiliz'lerin önemli psikanalisti John Bowbly şöyle yazmıştır, "Başka insanlarla içten bağlar kurmak, kişilerin hayatlarının çevresinde döndüğü bir tekerlek göbeği gibidir... Bu içten bağlar sayesinde kişi, kendi gücünü ve hayattan tad alma becerisini geliştirir ve ilişkide olduğu kişiler sayesinde de diğer insanlara güç ve neşe verir. Bu, hem günümüz biliminin hem de geleneksel bilgeliğin üzerinde hemfikir olduğu bir konudur."

İçten bir dostluğun hem fiziksel hem de psikolojik bir rahatlık sağladığı açıktır. Tıp araştırmacıları, içten ilişkilerin sağlık üzerindeki yararlarına baktıklarında, yakın dostlukları olan, karşılıklı olarak birbirine destek olunan, birbirinin duygularının anlaşıldığı ve sevgi dolu ilişkiler yaşayan insanların kalp krizleri ve önemli ameliyatlar geçirdiklerinde sağlıklarını geri kazanma şanslarının daha fazla olduğunu, kanser, solunum yolları hastalıkları gibi hastalıkların bu kişilerde daha az rastlandığını keşfetmişlerdir. Örneğin Duke Üniversitesi Tıp Merkezi'ndeki binden fazla kalp hastası üzerinde yapılan bir araştırma, bir eşi ya da bir sırdaşı olmayan hastaların beş yıl içinde kalp rahatsızlığı teşhisiyle ölme risklerinin, evli olan ya da yakın bir dostları olan hastalara göre üç kat daha fazla olduğunu göstermiştir. California, Alameda'da, binden fazla kişi üzerinde yapılan ve dokuz yıldan fazla süren bir başka araştırma, daha sosyal olan ve içten ilişkilere sahip kişilerdeki ölüm ve kansere yakalanma oranının daha düşük olduğunu göstermiştir. Nebraska Tıp Fakültesi'nde yüzlerce yaşlı insan üzerinde yapılan bir araştırmada da, içten bir ilişkisi bulunan kişilerin bağışıklık sistemlerinin daha iyi ve kolesterol seviyelerinin de daha düşük olduğu görülmüştür. Son birkaç yıl içinde çeşitli araştırmacılarca yürütülen en az altı önemli araştırmada içten ve teklifsiz bir ilişki ile sağlık arasındaki ilgi incelenmiştir. Binlerce insanla konuşulduktan sonra, farklı araştırmacıların hepsi de aynı sonuca varmış gibidirler: yakın ilişkiler gerçekten de sağlığı geliştirmektedir.

İçten bir ilişki, ruhsal sağlığın korunmasında da aynı derecede önemlidir. Psikanalist ve sosyal filozof Erich Fromm, insanların en temel korkusunun diğer insanlardan ayrı kalmak olduğunu öne sürmüştür. İlk kez bebeklikte yaşanan bu ayrı kalma deneyiminin insan hayatındaki tüm endişelerin kaynağı olduğuna inanmaktadır. John Bawlby, hayata geldiği ilk yılın ikinci yarısında kendisine bakan insanlardan – bu kişiler genellikle anne ya da babadır - ayrı kalmanın, bebeklerde kaçınılmaz olarak korku ve acı yarattığı düşüncesini destekleyen pek çok örnek ve araştırmayı sayarak bu görüşe katılmaktadır. Ayrılığın ve bir yakınını kaybetmenin insandaki korku, acı ve kederin gerçek kökleri olduğunu düşünmektedir.

Peki, içten ilişkilere bu kadar büyük bir önem verirken, günlük hayatımızda bu tür ilişkileri yaşamak için neler yapıyoruz? Dalai Lama'nın son bölümde anlatılan yaklaşımını göz önüne alırsak, öğrenme ile başlamak mantıklı gözükmektedir; içten, teklifsiz bir dostluğun ne olduğunu anlamakla, böyle bir dostluğun işe yarayan bir tanımını ve modelini aramakla işe başlayabiliriz. Yanıt için bilime baktığımızda, araştırmacılar arasında içten, teklifsiz bir dostluğun önemi hakkında evrensel bir fikir birliği olmasına rağmen bu fikir birliği de bu noktada sona ermekte gibi gözükmektedir. Bu konuda yapılmış çeşitli araştırmaların belki de en çarpıcı özelliği, içten, teklifsiz bir dostluğun gerçekte ne olduğu hakkındaki tanımların ve kuramların çok çeşitli olmasıdır.

Bu yelpazenin somut olarak en uç noktasında yazar Desmond Morris bulunmaktadır, kendisi etoloji konusunda eğitim almış bir zooloğun bakış açısına göre içten, teklifsiz dostluk hakkında yazmıştır. İçten Davranma (*Intimate Behavior*) adlı kitabında Morris içten, teklifsiz bir dostluğu şöyle tanımlamıştır: "İçten olmak yakın olmak demektir ... Benim görüşüme göre, içten olma eylemi, iki kişi bedensel olarak ilişkide bulunduklarında meydana gelmektedir." İçtenliği, tam anlamıyla bedensel ilişkide bulunmak şeklinde tanımladıktan sonra, sırta hafifçe vurmaktan en erotik cinsel kucaklaşmaya dek insanların bir başka insanla bedensel ilişkiye girmek için kullandığı sayısız yolu keşfetmekle devam etmiştir. İster sarılmak olsun ister el sıkışmak olsun dokunmayı ve bu tür yollar da bizim için uygun değilse manikür gibi daha dolaylı yollardan bedensel kontaklar kurmayı, birbirimizi rahatlatmak için kullandığımız bir araç olarak görmektedir. Hatta sigaradan mücevhere ve deniz yatağına dek çevremizdeki nesnelerle olan bedensel kontağımızı, içten bir dostluğun yerine geçmesi için kullandığımız davranışlar olarak yorumlamıştır.

Çoğu araştırmacı bu konuda bu kadar katı olmamış, içten bir ilişkinin bedensel yakınlıktan daha fazlası olduğunu kabul etmişlerdir. İngilizcede, teklifsiz, içten dostluk anlamına gelen *intimacy* kelimesinin kökü olan ve Latince'de "içerideki" ya da "en içteki" anlamına gelen *intima* kelimesinden yola çıkarak, daha geniş bir tanım getirmişlerdir. Örneğin içten dostluk hakkında kitaplar yazmış olan Dr. Dan McAdams şöyle önermektedir: "İçten bir dostluk kurma arzusu, kişinin kendi en içte kalmış kısımlarını bir başkası ile paylaşma arzusudur."

İçten dostluk hakkında yapılan tanımlar bu kadarla kalmamaktadır. Yelpazenin Desmond Morris'e karşı olan ucunda, baba - oğul psikiyatrlar Dr. Thomas Patrick Malone ve Dr. Patrick Thomas Malone gibi uzmanlar bulunmaktadır. İçten Dostluk Kurma Sanatı (*The Art of Intimacy*) adlı kitaplarında içten dostluğu, "bağlılık deneyimi" olarak tanımlamışlardır. İçten dostluk konusundaki anlayışları diğer insanlarla olan bağımızı tam olarak incelemeyle başlamışlar, fakat içten ilişki kavramlarını yalnızca insan ilişkileriyle sınırlandırmamışlardır. Tanımları o kadar geniştir ki cansız nesnelerle, ağaçlarla, yıldızlarla ve hatta uzayla olan ilişkilerimizi bile içermektedir.

İçten dostluğun en ideal şekli hakkındaki kavramlar, coğrafyaya ve tarihe göre değişmektedir. Tutkulu ve içten bir ilişki yaşadığımız "özel biri" hakkındaki romantik düşünce, zamanımızın ve kültürümüzün bir ürünüdür. Fakat bu tür bir içten ilişki modeli tüm kültürlerde kabul görmemektedir. Örneğin, Japonlar içten bir ilişki kurmak için dostluğa daha fazla önem verirlerken, Amerikalılar bunu daha çok bir erkek arkadaşla, kız arkadaşla ya da bir eşle olan romantik ilişkilerde aramaktadır. Bazı araştırmacılar bunu belirtmenin yanı sıra, tutku gibi kişisel duygular üzerinde daha az yoğunlaşan ve sosyal bağlılıkların pratik yanlarına daha fazla önem veren Asyalıların, ilişkilerin çökmesine yol açan hayal kırıklıkları gibi durumlar karşısında daha az incinebilir olduklarını söylemişlerdir.

Kültürler arasındaki içten ilişki kavramının çeşitliliğine ek olarak, içten ilişki kavramı da zaman içinde de dramatik değişiklikler geçirmiştir. Koloni dönemi Amerikası'nda bedensel içtenlik ve yakınlık düzeyi genel olarak günümüze göre daha fazlaydı, aile üyeleri ve hatta yabancılar bile dar alanları beraber kullanıyorlardı, beraber tek bir odada uyuyorlardı ve yıkanmak, yemek yemek, yatmak için kullandıkları mekanlar ortaktı. Fakat eşler arasındaki alışılageldik iletişim günümüz standartlarına göre gayet resmiydi; tanıdık ya da komşu olan insanların birbirleriyle konuşma tarzlarından pek farklı değildi. Sadece bir yüzyıl sonra, aşk ve evlilik son derece romantik görülmeye başlandı ve aşk ilişkilerinde tarafların içten bir şekilde kendilerini ifade etmeleri beklenmeye başlandı.

Özel ve içten davranışların ne olduğu hakkındaki düşünce de zaman içinde değişti. Örneğin onaltıncı yüzyıl Almanya'sında yeni evli bir karı koca, evliliklerini onaylayan tanıkların taşıdığı bir yatak üzerinde birleşerek nikahlarını tamamlarlardı.

İnsanların duygularını ifade etme yolları da zaman içinde değişikliğe uğradı. Orta Çağ'da her türden duygunun – neşe, öfke, korku, dindarlık, düşmanlara işkence etmek ve öldürmekten duyulan zevk - büyük bir yoğunlukla ve doğrudan bir şekilde aleni olarak ifade edilmesi normal karşılanırdı. İsterik kahkahalar atmak, dövünerek ağlamak, şiddet dolu ve öfkeli davranışlarda bulunmak bizim toplumumuzda olduğundan çok daha fazla kabul görüyordu. Fakat bu toplumda, duygu ve düşüncelerin halkın içinde ifade edilmesinin duygusal içtenlik kavramıyla ilgisi yoktu; çünkü eğer kişi tüm duygularını açıkça ve gelişigüzel gösterebiliyorsa, özel bir kaç kişiye ifade edilecek duyguların özelliği de kalmıyordu.

Açıkça görülüyor ki içtenlik hakkındaki düşüncelerimiz evrensel değildir. Zaman içinde değişirler ve genellikle ekonomik, sosyal ve kültürel şartlar tarafından şekillendirilirler. Batı'da içten dostluk hakkında yapılan çağdaş tanımların çeşitliliğinin kafamızı karıştırması da çok kolaydır; bu tanımlar, saç kesmekten Neptün'ün aylarına dek uzanan bir yelpazeye yayılmıştır. Peki bu durum, içten bir dostluğun ya da ilişkinin ne olduğu hakkındaki arayışımızda bizi nereye götürmektedir? Bence tüm bunlardan çıkan sonuç açıktır:

İnsanların hayatları arasında inanılmaz bir farklılık, yakınlık duygusunu nasıl yaşayacaklarına dair düşüncelerinde sonsuz bir çeşitlilik vardır. Sadece bunu anlamak bile büyük bir fırsattır. Bu, *şu anda*, bizim için uygun olan içten ilişkilere dair geniş bir kaynağa sahip olduğumuz anlamına gelmektedir. çevremiz içten ilişkilerle sarılmıştır.

Günümüzde bir çoğumuz hayatımızda bir şeylerin eksik olduğu duygusunu hissetmekteyiz, hayatımızda içten bir ilişkinin eksik olmasından dolayı yoğun bir acı çekmekteyiz. Bu durum, özellikle romantik bir ilişkinin içinde olmadığımız dönemler yaşadığımızda ya da ilişkilerimizdeki tutku kaybolduğunda ortaya çıkmaktadır. Kültürümüzde gerçek ve içten bir dostluğun en iyi şekilde, herkesten ayrı bir yere koyduğumuz özel bir kişiyle yaşadığımız tutkulu ve romantik bir ilişki yoluyla kazanılabileceğine dair yaygın bir anlayış vardır. Bu, son derece sınırlı bir bakış açısıdır; diğer olası içten dostluk kaynaklarımızı kurutmakta ve bu özel kişi olmadığı zaman çektiğimiz acı ve mutsuzluğun büyük kısmının da nedeni olmaktadır.

Fakat bundan kaçınmak bizim gücümüz dahilindedir; ihtiyacımız olan tek şey, içten dostluk kavramımızı her gün çevremizi saran diğer ilişki biçimlerini de içerecek şekilde cesurca genişletmemizdir. İçten dostluk tanımımızı genişleterek kendimizi, diğer insanlarla ilişkiye girmenin yeni ve aynı derecede tatmin edici pek çok yolunu bulmaya açık hale getiririz. Bu da bizi, Dalai Lama ile yalnızlık hakkında yaptığım ilk tartışmaya götürmektedir: bu tartışmaya, yerel bir gazetenin "Kişisel İlanlar" sayfasının şans eseri okunması neden olmuştu. Merak etmiştim: acaba bu ilanları yazmak, hayatlarına romantizm getirecek ve yalnızlıklarına son verecek doğru kelimeleri bulmak için uğraştıkları sırada bu insanların kaçının etrafı zaten arkadaşları, aileleri ya da tanıdıklarıyla çevrelenmekteydi? Tahminimce bu ilişkilerin pek çoğu kolaylıkla gerçek ve son derece tatmin edici içten dostluklara dönüştürülebilirdi. Eğer hayatta aradığımız şey mutluluksa ve içten dostluklar mutlu bir hayatın ayrılmaz bir parçasıysalar, hayatımızı bu içten dostluk anlayışının diğer insanlarla olabildiğince farklı şekillerde ilişki kurmayı içerdiği bir temele oturtarak sürdürmemiz büyük önem kazanmaktadır. Dalai Lama'nın içten dostluk anlayışı herkese, ailemize, arkadaşlarımıza ve hatta yabancılara karşı bile açık davranmaya, gerçek ve sağlam bağlar kurmaya istekli olmaya dayanmaktadır.

6. Konu

DİĞER İNSANLARLA İLİŞKİLERİMİZİ DERİNLEŞTİRMEK

Bir akşam, verdiği konferanstan sonra o günkü randevumuz için Dalai Lama'nın kaldığı oteldeki süitine geldim. Bir kaç dakika erken gelmiştim. Bir hizmetçi usulca koridora çıkıp Kutsal Dalai Lama'nın özel bir görüşme yaptığını ve bir kaç dakika daha süreceğini söyledi. Odasının önünde her zaman alıştığım şekilde bekledim ve görüşmemize hazırlanmak için notlarıma göz gezdirmeye başladım; bir yandan da güvenlik görevlisinin kuşku dolu bakışlarından kaçınmaya çalışıyordum. Dükkanlardaki tezgahtarların, dergi rafları çevresinde dolanan lise öğrencilerine bakmak için rahatça kullandıkları bakışlarla bakıyordu.

Bir kaç dakika içinde kapı açıldı ve iyi giyimli, orta yaşlı bir çift göründü. Tanıdık görünüyorlardı. Bir kaç gün önce onlara ayak üstü tanıştırılmış olduğumu hatırladım. Bana kadının büyük bir mirasa konduğu ve adamın da son derece zengin ve çok güçlü Manhattan'lı bir avukat olduğu söylenmişti. Tanışma sırasında sadece bir kaç kelime etmiştik fakat her ikisi de bana inanılmaz derecede kendini beğenmiş gelmişlerdi. Dalai Lama'nın odasından çıkarlarken onlarda çarpıcı bir değişiklik farkettim. O kibirli duruş ve kendini beğenmiş ifade gitmiş, yerine yumuşaklık ve duygu ile kaplanmış iki yüz gelmişti. İki çocuk gibiydiler. Her ikisinin de yanaklarından göz yaşları akmaktaydı. Her ne kadar Dalai Lama'nın insanlar üzerindeki etkisi her zaman bu kadar dramatik olmasa da insanların onunla karşılaştıklarında duygusal bir değişim geçirdiklerini farketmiştim. Hayat yolları ne olursa olsun diğer insanlarla bağ kurma ve onlarda derin ve anlamlı duygusal değişimler yaratma becerisine çoktandır hayrandım.

Kendini Başkasının Yerine Koyabilmek

Arizona'daki konuşmalarımız sırasında insan sıcaklığının ve sevecenliğin öneminden bahsetmemize rağmen, kendisiyle daha büyük bir yakınlık kurma fırsatını bir kaç ay sonra, Dharamsala'daki evinde bulabilmiştim. O zamana kadar onun diğer insanlarla olan ilişkilerinin ardında yatan bazı ilkelerin yabancılarla, ailemizle, arkadaşlarımızla ya da sevgililerimizle olan ilişkilerimizi geliştirmekle kullanılıp kullanılamayacağını öğrenmek için oldukça sabırsızlanmıştım. Bu nedenle doğrudan söze girdim:

"İnsan ilişkileri konusuna gelirsek... insanlarla anlamlı bir tarzda ilişkiye girmek ve başkalarıyla olan kavgalarımızı azaltmak için en etkili yöntem ya da teknikler hakkında ne söyleyebilirsiniz?"

Bir an için bana baktı. Bu, kötü bir bakış değildi fakat sanki ona ay toprağının kimyasal karışımını sormuşum gibi hissetmeme neden oldu.

Kısa bir an durduktan sonra yanıt verdi, "İnsanlarla anlaşmak çok karmaşık bir olaydır. Tüm sorunları çözümleyebilecek tek bir formül bulmanın yolu yoktur. Bu, biraz yemek pişirmeye benzer. Eğer çok lezzetli, özel bir yemek yapıyorsanız pişirmenin çeşitli aşamalarını uygulamanız gerekir. Öncelikle sebzeleri ayrı bir yerde haşlayabilir sonra onları kızartabilir ve sonra da içlerine baharat ve benzeri tatlandırıcılar atarak özel bir biçimde karıştırabilirsiniz. Sonuçta da lezzetli bir yemek ortaya çıkar. Benzer şekilde insanlarla anlaşma konusunda becerikli olmak için pek çok etkene ihtiyacınız vardır. Sadece 'Bunun yolu budur' ya da 'Tekniği şudur' diyerek işin içinden çıkamazsınız."

Aradığım yanıt tam olarak bu değildi. Baştan savma bir yanıt verdiğini düşünüyordum ve önerecek daha somut bir şeyler olduğundan emindim. "Peki, ilişkilerimizi iyileştirmek için tek bir çözüm olmadığını göz önüne alırsak, yararlı olabilecek daha genel yollar olduğunu söyleyebilir miyiz?" diyerek ısrar ettim.

Dalai Lama, sorumu yanıtlamadan önce bir an için düşündü. "Evet. Kişinin zihninde sevecenlik düşüncesiyle başkalarına yaklaşmasının öneminden bahsetmiştik. Bu, hayati derecede önemlidir. Tabi ki birisine 'Sevecen olmak çok önemlidir; daha fazla sevgi hissetmelisin', demek yeterli değildir. Bu kadar basit bir reçete tek başına işe yaramaz. Fakat birisine nasıl sıcak ve sevecen olunacağını öğretmenin etkili bir yolu, kişiyi sevecenliğin değeri ve işlevsel yararları konusunda eğitmek ve birisi ona iyi davrandığı zaman kendini nasıl hissettiğini düşünmesini sağlamak için muhakeme gücünü kullanmaktır. Bu, bir anlamda onları hazırlayacak ve daha sevecen olma yolundaki çabalarında ilerledikçe etkisi daha da artacaktır.

"Sevecenliği geliştirmenin çeşitli yolları arasında, kendini başkasının yerine koymanın, başkasının acısını anlayabilme becerisinin önemli bir etken olduğuna inanıyorum. Aslında, geleneksel olarak, sevecenliği geliştirmek için kullanılan Budist tekniklerden biri acı çeken bir canlının hayal edilmesini içerir; örneğin kasap tarafından boğazlanmak üzere olan bir koyunu göz önüne getirebilirsiniz. Sonra, koyunun çekmekte olduğu acı v.b. hayal edilmeye çalışılır..." Dalai Lama düşünmek için bir an durdu, parmakları arasında bir dua tespihi çeviriyordu. "Çok soğuk ve duygusuz biriyle karşılaştığımızda bu tekniğin pek etkili olmayacağını düşünüyorum," diye yorum yaptı. "Bu, sanki kasaptan az önce bahsettiğime benzer bir durumu hayal etmesini istemek gibi bir şey olabilir: kasap o kadar sertleşmiştir ki, bunun hiçbir etkisi olmaz. Örneğin eğlence için avlanan ve balık tutan bazı Batılılara bu tekniği açıklamak ve kullanmak çok zor olurdu."

"Bu durumda," diye araya girdim, "bir avcıdan, avının çektiği acıyı hayal etmesini istemek etkili bir teknik olmayabilir, fakat ondan en sevdiği av köpeğinin bir tuzağa yakalandığını ve acıyla bağırdığını gözünün önüne getirmesini isteyerek başlamak onda sevecenlik duygularını uyandırabilir..."

"Evet, kesinlikle..." diye onayladı Dalai Lama. "Bence kişi, duruma uygun olarak bu tekniği değiştirebilir. Örneğin bir insan kendini hayvanların yerine koyup onlar için güçlü bir empati (bir insanın kendini, karşısındaki insanın yerine koyması) duymasa da en azından kendini ailesinden birinin ya da bir arkadaşının yerine koyabilir. Bu durumda kişi, değer verdiği bu kişinin acı çektiğini ya da trajik bir duruma doğru sürüklendiğini görebilir ve sonrasında o kişinin buna nasıl tepki verdiğini hayal edebilir. Kişi bir başkasının duygu ya da deneyimlerini kendisi yaşıyormuş gibi düşünerek, yani empati kurmaya çalışarak sevecenlik duygusunu geliştirebilir.

"Bence, empati sadece sevecenliğin geliştirilmesi anlamında önemli değildir, genel anlamda konuşursak başkalarıyla herhangi bir seviyede anlaşabilmede bazı zorluklar çekiyorsanız, kendinizi diğer kişinin yerine koymanızda ve belli bir durum karşısında nasıl tepki vereceğinizi görmenizde de yardımcı olacaktır. Bu diğer kişi ile ortak bir deneyim yaşamasanız veya çok farklı yaşam tarzlarınız olsa bile bunu imgelem gücü ile yapmaya çalışabilirsiniz. Birazcık yaratıcı olmanız yeterlidir. Bu teknik, geçici bir süre için de olsa kendi görüşünüzde ısrar etmeyi bırakma ve diğer kişinin görüş açısından bakma, onun yerinde olsaydınız durumun nasıl olacağını ve bununla nasıl başa çıkabileceğinizi hayal etme kapasitenizi geliştirecektir. Bu, başkalarının duyguları hakkındaki farkındalığınızı ve bu duygulara saygınızı artıracaktır; bu da diğer insanlarla aranızdaki kavga ve sorunları azaltmada önemli bir etkendir."

O akşamki görüşmemiz kısaydı. Dalai Lama'nın sıkışık programına son anda dahil edilmiştim ve görüşmelerimizin çoğu gibi bu görüşme de geç bir vakitte olmuştu. Dışarıda güneş batmakta ve odayı loş bir ışıkla doldurmaktaydı. Solgun sarı duvarları koyu kehribar rengine çeviriyor ve odanın içindeki Budist ikonalarını zengin altın renklerine boyayarak aydınlatıyordu. Dalai Lama'nın hizmetçisi sessizce odaya girerek zamanın dolduğunu belirtti. Konuşmayı bitirirken, "Zamanımızın çok dar olduğunu biliyorum, fakat diğer insanlara empati duymak için kullandığınız ve önerebileceğiniz başka yöntemler de var mı?" diye sordum.

Aylar önce Arizona'da söylediği sözleri yansıtan çok yalın bir dille şöyle yanıt verdi: "Ne zaman insanlarla tanışsam, müşterek bir konu bularak onlara bu konuya bakış açımızı göz önüne alarak yaklaşırım. Hepimizin bedensel bir yapımız, bir zihnimiz ve duygularımız vardır. Hepimiz aynı şekilde doğduk ve hepimiz öleceğiz. Hepimiz mutlu olmak isteriz ve acı çekmek istemeyiz. Benim Tibetli olmam ya da ten rengimin, dinimin veya kültürel geçmişimin değişik olması gibi ikincil derecedeki farklılıkları vurgulamak yerine diğer insanlara bu bakış açısından bakmak, bana kendim gibi bir insanla tanıştığım duygusu vermektedir. İnsanlarla bu seviyede bir ilişki kurmanın, onlarla paylaşımda bulunmayı ve iletişime geçmeyi daha kolaylaştırdığını farkettim." Bunu söyledikten sonra ayağa kalktı, gülümsedi, elimi sıktı ve o akşam için çekildi.

Ertesi sabah, konuşmamıza Dalai Lama'nın evinde devam ettik.

"Arizona'da, insan ilişkilerinde sevecenliğin öneminden bir hayli bahsetmiştik ve dün bir başkasıyla olan ilişkimizi iyileştirmede empatinin rolünden konuştuk..."

Dalai Lama, "Evet" diyerek başını salladı.

"Bunun yanında, kişinin bir başkasıyla daha yakınlaşmasına yardımcı olacak bazı özel yöntem ya da teknikler önerebilir misiniz?"

"Dün de söylediğim gibi, tüm sorunları çözümleyebilen bir ya da iki teknik bulmanın bir yolu yoktur. Gene de bunu söylerken, kişinin bir başkasıyla yakınlaşması için ona yardımcı olabilecek başka etkenler olduğunu da düşünüyorum. Öncelikle ilişkide bulunduğunuz kişinin geçmişini anlamak ve takdir etmek yardımcı olacaktır. Ayrıca, daha açık görüşlü ve dürüst olmak da başkalarıyla olan ilişkiler söz konusu olduğunda işe yarayan özelliklerdir."

Bekledim fakat daha fazla bir şey söylemedi.

"İlişkilerimizi iyileştirmek için başka yöntemler önerebilir misiniz?"

Dalai Lama bir an durup, düşündü ve gülerek "Hayır," dedi.

Bu özel önerilerin çok basit, gerçekten alışılageldik olduklarını düşündüm. Gene de şimdilik bu konu üzerinde söyleyeceklerinin tümü bu kadarmış gibi gözüktüğü için başka konulara döndük.

O akşam, Dhramsala'daki bazı Tibetli arkadaşların evinde yemeğe davetliydim. Arkadaşlarım çok canlı bir akşam düzenlemişlerdi. Yemek harikaydı, özel tabaklar içinde geliyordu ve başrolde de Tibet'in lezzetli bir etli hamur tatlısı olan Mo Mos vardı. Yemek yavaş yendiği için konuşma da canlı geçiyordu. Kısa süre sonra konuklar birbirlerine, sarhoşken yaptıkları en utanç verici şeyler hakkında açık saçık hikayeler anlatmaya başladılar. Yemekli toplantıya davet edilenler arasında Almanya'dan gelen ünlü bir çift de vardı, kadın bir mimardı ve adam da bir düzine kadar kitap yazmış olan bir yazardı.

Kitaplarıyla ilgilendiğim için yazara yaklaştım ve konuşmaya başladım. Yazdıkları konusunda sorular sordum. Yanıtları kısa ve baştan savma, tavrı pervasız ve soğuktu. Onu dost canlısı olmayan hatta kendini beğenmiş biri olarak düşünüp kendisinden hoşlanmadım. Fakat en azından onunla ilişki kurmayı denemiştim; kendimi avuttum ve onun sadece sevimsiz biri olduğu düşüncesiyle yetinerek daha dost canlısı konuklarla konuşmaya koyuldum.

Sonraki gün, köydeki bir kahvede bir arkadaşla buluştum ve çay içerken önceki akşam olanları anlattım.

"...gerçekten herkesten hoşlandım, sadece Rolf, şu yazar... Çok kibirli gibi görünüyordu...pek dost canlısı değildi."

Arkadaşım, "Onu bir kaç yıldır tanıyorum," dedi. "... onun böyle göründüğünü biliyorum, fakat aslında biraz utangaç ve içine kapalı biridir. Gerçekte onu tanırsan harika biri olduğunu görürsün..." İkna olmamıştım. Arkadaşım açıklamaya devam etti, "... başarılı bir yazar olmasına rağmen hayatındaki zorlukları pek paylaşmaz. Rolf gerçekten de çok acı çekmiş biridir. Ailesi, II. Dünya Savaşı boyunca Naziler'den çok çekmiştir. Çok sevdiği iki çocuğu vardır ve her ikisi de bedensel ve zihinsel açıdan özürlü olmalarına yol açan ender bir genetik rahatsızlıkla doğmuşlardır. Kötü biri olmak ya da kader kurbanı rolünü oynayarak ömrünü tüketmek yerine, sorunlarıyla diğer insanlara yardım elini açarak başa çıkmış ve yıllar boyunca gönüllü olarak özürlü insanlarla çalışmaya kendini adamıştır. Onu tanırsan gerçekten de çok özel biri olduğunu görebilirsin."

O hafta sonu Rolf ve karısıyla, yerel havaalanı olarak kullanılan uzun ince arazi parçasında tekrar karşılaştım. Delhi'yi giden fakat uçuşu iptal olan aynı uçakta yer ayırtmıştık. Delhi'ye bir sonraki uçuş birkaç günden önce değildi, böylece Delhi'ye kadar aynı arabayla gitmeye karar verdik, bu on saatlik son derece yorucu bir yolculuktu. Arkadaşımın benimle paylaştığı birazcık bilgi, Rolf hakkındaki düşüncemi değiştirmişti ve Delhi'e kadar olan yol boyunca ona karşı daha rahat davrandım. Bunun sonucu olarak onunla sohbeti devam ettirmeye çalıştım. Başlangıçta tavrı gene aynıydı. Fakat birazcık serbestlik ve ısrarla, kısa süre içinde arkadaşımın dediği gibi soğukluğunun kendini beğenmişlikten değil utangaçlıktan kaynaklığını farkettim. Kuzey Hindistan taşrasının sıcaktan bunaltıcı, tozlu yollarında tangırtılar içinde ilerlerken sohbetimiz koyulaştıkça, sıcak, samimi bir insan ve yürekli bir seyahat arkadaşı olduğunu kanıtladı.

Delhi'ye vardığımızda, Dalai Lama'nın "insanların geçmişlerini anlamak" hakkındaki tavsiyesinin ilk bakışta göründüğü kadar basit ve yüzeysel olmadığını anladım. Evet, belki basitti fakat yüzeysel değildi. Bazen, safça olduğunu düşünüp boşladığımız en basit ve doğru bir tavsiye, iletişimi iyileştirmek için en etkili yöntem olmaktadır.

Birkaç gün sonra, eve dönmeden önce iki günlük bir konaklama için gene Delhi'deydim. Dharamsala'nın sakinliğinden sonra bu değişiklik sinir bozucuydu ve kötü bir ruh halindeydim. İnsanı boğan sıcağa, kirliliğe ve kalabalığa karşı verilen mücadelenin haricinde kaldırımlar kendilerini sokak dolandırıcılığına adamış şehirli bir yırtıcı türüyle kaynıyordu. Sıcaktan kavrulan Delhi sokaklarında, bir Batılı, bir Yabancı, bir Hedef olarak dolaşırken her blokta çevremin yarım düzine kadar fahişe ile çevrelenmesi, sanki alnımda "BUDALA" dövmesi varmış gibi hissetmeme neden oluyordu. Bu, moral bozucuydu.

O sabah, iki kişinin hazırladığı bir tezgaha düştüm. Yolda bakınırken, adamlardan biri ayakkabılarıma kırmızı boya attı. Bloğun aşağısında, onun suç ortağı olan masum görünüşlü boyacı bir çocuk ayakkabımdaki kırmızı boyaya dikkatimi çekti ve normal fiyattan ayakkabımı boyamayı önerdi. Bir dakika içinde büyük bir beceriyle ayakkabımı boyamıştı bile. İşi bittiğinde sakin bir şekilde çok büyük bir miktar istedi: Delhi'deki pek çok kişinin iki aylık ücretini. Bu parayı ödememek için direndiğimde de benimle bu para üzerinden anlaşmış olduğunu iddia etti. Tekrar karşı koydum ve çocuk bağırmaya, kalabalığın toplanmasına neden olarak, verilmiş bir hizmet karşılığında ona parasını vermeyi reddettiğimi söylemeye başladı. Sonraki gün bunun saf turistlere karşı oynanan alışılageldik bir tezgah olduğunu öğrendim; çok fazla para istedikten sonra boyacı çocuk kasıtlı olarak bir yaygara koparmakta böylece kalabalığın oraya toplanmasını sağlamakta, bu durumdan utanan ve kurtulmak isteyen turistten para sızdırmaya çalışmaktaydı.

O akşam bir arkadaşımla, kaldığım otelde yemek yedim. Dalai Lama ile son yaptığım görüşmeler hakkında sorular sormasıyla birlikte sabahki olaylar da hemen unutuluvermişti. Dalai Lama'nın empati ve diğer kişinin bakış açısını bilmenin önemi hakkındaki düşünceleri konuşmamızın ana konusuydu. Yemekten sonra, bir taksiye atlayıp ortak arkadaşlarımızı ziyaret etmeye başladık. Taksi ilerlerken, düşüncelerim o sabahki ayakkabı boyama numarasına döndü ve zihnimde karanlık düşünceler dolaşırken taksimetreye bir göz attım.

"Arabayı durdur!" diye bağırdım. Arkadaşım bu ani patlama karşısında yerinde sıçradı. Taksinin şoförü dikiz aynasından bana ters ters baktı fakat sürmeye devam etti.

"Kenara çek" dedim, bu sefer sesim sinirden titriyordu. Arkadaşım dehşete düşmüş gibiydi. Taksi durdu. Öfkeli bir şekilde taksimetreyi işaret ettim. "Taksimetreyi sıfırlamadın! Hareket ettiğimizde yirmi rupiden fazla yazılıydı!"

"Çok özür dilerim, efendim," dedi beni daha da öfkelendiren bir aldırmazlıkla, "Sıfırlamayı unutmuşum...Tekrar çalıştırırım..."

"Hiçbir şeyi tekrar çalıştırmayacaksın!" diye bağırdım. "Bilet parasını şişiren, taksiyle etrafta boşuna daireler çizen ya da insanlardan para çalmak için yapabileceği her şeyi yapan sizlerden bıktım artık....ben...ben gerçekten bıktım!" Koyu bir öfkeyle dilim dolaşıyor, ağzımdan tükürükler saçıyordum. Arkadaşım utanmış gibiydi. Taksi şoförü ise bana sadece, genellikle kalabalık Delhi sokaklarının ortasında gezinen ve trafiği bile durduran kutsal ineklerde görülen aynı küstah ifadeyle bakıyordu. Sanki bu öfkeli patlayışım ona sadece yorucu ve sıkıcı gelmiş gibiydi. Ön koltuğa birkaç rupi attım ve daha fazla yorumda bulunmadan arkadaşıma arabanın kapısını açarak dışarı çıkmasına yardım ettim.

Birkaç dakika içinde bir başka taksi çağırdık ve tekrar yolumuza koyulduk. Fakat öfkem dinmemişti. Delhi sokaklarında ilerlerken, Delhi'deki "herkesin" nasıl turistleri dolandırmaya kalktığından ve bizim kurbandan başka bir şey olmadığımızdan şikayet etmeye devam ettim. Ben atıp tutar, bağırırken arkadaşım sessizce dinledi. Sonunda şöyle dedi: "Şey, yirmi rupi yaklaşık bir çeyrek ediyor. Neden bu kadar kafanı takıyorsun ki?"

Koyu bir öfke beni daha da hırslandırmıştı. "Fakat bu bir prensip meselesi!" diye açıklama yaptım. "Her zaman olan tüm bu şeyler karşısında bu kadar sakin olmanı anlayamıyorum. Bu olay senin de canını sıkmadı mı?"

"Şey," dedi sakince, "bir dakika için sıktı tabii, fakat Dalai Lama'nın olayları başka insanların bakış açısından görmenin ne kadar önemli olduğu görüşü hakkında yemekte konuştuğumuz şeyleri hatırladım. Sen heyecanla bağırırken, ben taksi şoförü ile nasıl aynı düzeye geleceğimi düşünüyordum. Her ikimiz de iyi yemek yemek, iyi uyumak, kendimizi iyi hissetmek, sevilmek ve bunun gibi şeyleri istiyoruz. Sonra, kendimi bir taksi şoförü gibi düşünmeye çalıştım. Tüm gün boyunca havalandırması olmayan daracık bir arabanın içinde otursam belki ben de zengin müşterilere kızar ya da onları kıskanırdım... ve bu haksızlığı düzeltmenin, neşelenmenin en iyi yolu da insanlardan para sızdırmanın yollarını aramaktı. Fakat önemli olan şu ki, bu yöntem işe yarasa ve saf bir turistten bir kaç rupi daha sızdırabilsem bile daha mutlu olmak ya da gerçekten rahat bir hayat yaşayabilmek için bunun pek de tatmin edici olmadığını düşünüyorum... Her neyse, kendimi taksi şoförü olarak hayal ettikçe ona karşı kızgınlığım da azaldı... Yaptığını onayladığımı söylemek istemiyorum ve taksiden çıkmakta da haklıydık, fakat bu nedenle ondan nefret etmeye yetecek kadar öfke duymadım..."

Hiç ses çıkarmadım. Aslında, Dalai Lama'dan ne kadar az şey öğrendiğimi görüp şaşırmıştım. O andan itibaren, "başkalarının geçmişini anlamak" hakkındaki önerisinin işlevsel değerini daha fazla takdir etmeye ve tabi ki bu ilkeleri kendi hayatına nasıl uyguladığının ve böylece nasıl bir ilham kaynağı olduğunun örneklerini görmeye başladım. Fakat, Arizona'da başlayıp şimdi Hindistan'da devam eden konuşmalarımızı tekrar düşündüğümde ta baştan beri, görüşmelerimizin çok bilimsel bir tarzda gittiğini anladım, sanki ona insan anatomisini soruyordum; sadece bu sefer söz konusu olan insan zihninin ve ruhunun anatomisiydi. O ana dek, en azından o anda düşüncelerini kendi hayatıma uygulamak aklıma gelmemişti; Dalai Lama'nın düşüncelerini ilerde bir zaman, belki daha fazla vaktim olduğunda kendi hayatıma da uygulamak gibi uzun vadeli bir niyetim vardı.

Bir İlişkinin Temelini İncelemek

Dalai Lama ile Arizona'da yaptığım konuşmalarım, mutluluğun kaynakları hakkındaki bir tartışma ile başlamıştı. Dalai Lama hayatını bir rahip olarak yaşamayı seçmiş olmasına rağmen araştırmalar, evliliğin gerçekten de mutluluk getiren bir birleşme olduğunu göstermiştir; sağlığı düzelten ve kişinin genel olarak yaşadığı hayattan tatmin olmasına neden olan içtenliği ve yakın bağları sağlamaktadır. Amerika ve Avrupa'da yapılan binlerce araştırma, evli olan kişilerin bekar veya dul kişilere ya da özellikle boşanmış veya ayrılmış kişilere oranla genel olarak daha mutlu ve hayatlarından daha fazla tatmin olduklarını göstermiştir. Bir araştırmada evliliklerini "çok mutlu" olarak değerlendiren her on Amerikalı'dan altısının, yaşamlarını da "çok mutlu" olarak değerlendirdiği ortaya çıkmıştır. İnsan ilişkileri konusunda tartışırken, bu genel mutluluk kaynağı konusundan bahsetmenin önemli olduğunu düşündüm.

Dalai Lama ile önceden belirlenmiş bir görüşmeden önce, Tucson'da bir otelin terasında bir arkadaşımla oturuyor ve bir şeyler içiyorduk. Görüşmemizde tartışmaya niyetli olduğum romantizm ve evlilik konusundan bahsederken, bir ara arkadaşım ve ben bekar olmaktan dert yanmaya başladık. Biz konuşurken, turistik sezonunun tam ortasında tatil yapan ve görünüşe göre golf oynayan sağlıklı görünümlü, genç bir çift yanımızdaki masada oturmaktaydılar. Birkaç yıldır evli gibiydiler; artık balayında olmasalar bile hâlâ gençtiler ve kuşkusuz birbirlerini de seviyorlardı. Hoş bir şey olmalı diye düşündüm.

Oturmalarının üzerinden fazla uzun bir süre geçmemişti ki, tartışmaya başladılar.

"... sana geç kaldığımızı söylemiştim!" diye suçladı kadın. Sesi şaşırtıcı derecede kısıktı; ses telleri yıllardır sigara ve alkol ile yıpranmışlardı. "Şimdi yemek için çok az zamanımız var. Yemeğimin tadını bile çıkaramıyorum!"

Adam, daha sakin fakat her hecesi sıkıntı ve düşmanlıkla yüklü bir tonla, "...eğer hazırlanman bu kadar uzun sürmeseydi..." diye otomatik olarak karşı hücuma geçti.

Kadın, "Ben yarım saat önce hazırlanmıştım. Kağıtlarını okumayı bitirmek zorunda olan sendin..." diye bu iddiayı çürüttü.

Bu tartışma böyle devam etti. Hiç bitmedi. Tıpkı, Yunan drama yazarı Euripides'in dediği gibi, "Evlen, belki iyi gider. Fakat, eğer yürümezse o zaman evliler evlerinde cehennemi yaşarlar."

Çabucak kızışan bu tartışma, bekar olmak hakkındaki şikayetlerimize kesin bir nokta koydu. Arkadaşım gözlerini devirerek, Steinfeld'den bir cümleyi tekrarladı, "Ah, evet! En kısa sürede evlenmek istiyorum!"

Sadece bir kaç dakika önce, konuşmamıza Dalai Lama'nın evliliğin romantizmi ve neşeli yanları hakkındaki görüşlerini öğrenmeye çalışarak başlatma niyetindeydim. Onun yerine, oteldeki odasına girdiğimde neredeyse daha oturmadan, "Evliliklerde neden bu kadar çok kavga oluyor dersiniz?" diye sordum.

"Söz konusu kavgalar olduğunda, durum tabi ki çok karışıktır," diye açıkladı Dalai Lama. "İşin içine pek çok etken girebilir. *İlişkideki sorunları anlamaya kalktığımızda, ilk aşama bu ilişkinin esas doğası ve temeli üzerine düşünmeyi kapsar.*

"Kişi öncelikle, farklı ilişki türleri olduğunu bilmeli ve bunların arasındaki farkları anlamalıdır. Örneğin, evlilik kurumunu bir an için kenara bırakırsak, normal arkadaşlıklarda bile farklı ilişki türleri olduğunu görebiliriz. Bazı arkadaşlıklar zenginlik, güç ya da konum üzerine kurulmuştur. Bu durumlarda arkadaşlığınız, gücünüzü, zenginliğinizi ya da konumuzu koruduğunuz sürece devam eder. Bu temeller ortadan kalktığında, arkadaşlığınız da yok olmaya başlar. Zenginlik, güç ve konum yerine gerçek duyguların, bir yakınlık duygusunun olduğu arkadaşlıkların içinde paylaşım ve iletişim duygusu vardır. Bu tür bir arkadaşlığı, gerçek arkadaşlık olarak adlandırabilirim çünkü kişinin zenginliği, konumu ya da gücü artsa da azalsa da bundan etkilenmeyecektir. Gerçek arkadaşlığı destekleyen etken, sevgidir. Eğer bu yoksa gerçek bir arkadaşlık da yok demektir. Tabi ki, bunu daha önce de belirttik, fakat ilişkideki sorunlara baktığımızda durup, ilişkinin hangi temele dayandığını düşünmek genellikle çok yararlı olmaktadır.

"Aynı şekilde, eğer kişi eşi ile sorunlar yaşıyorsa o ilişkinin de hangi temele dayandığına bakmak çok yararlı olacaktır. Örneğin, ani bir cinsel çekime dayanan ilişkilere sık sık rastlarsınız. Yeni tanışan bir çift, birbirlerini sadece bir kaç kez gördükten sonra çılgınca aşık olup çok mutlu olabilirler," diyerek güldü, "fakat o anda alınan bir evlilik kararı çok yanlış olabilir. Tıpkı bir insanın ani bir öfke ya da nefret nedeniyle sağlıksız bir şekilde düşünmesi gibi, tutku ya da şehvet nedeniyle sağlıksız düşünmesi de mümkündür. Bazen, kişinin 'Kız arkadaşım ya da erkek arkadaşım gerçekte iyi ve nazik biri değil fakat gene de bana çekici geliyor,' diye düşündüğü durumlarla da karşılaşabilirsiniz. İlk başta görülen bu tür bir çekime dayanan bir ilişki çok güvenilmez, çok değişkendir, çünkü büyük oranda geçici durumlar üzerine kurulmuştur. Bu duygu çok kısa ömürlüdür, bir süre sonra, kaybolur gider," diyerek parmaklarını şaklattı. "Bu tür bir ilişkinin kötü gitmesi ve böyle bir temele dayanan bir evliliğin de batağa saplanması sürpriz olmamalıdır ... Fakat başka ne olmasını umabilirsiniz ki?"

"Evet, ben de bu konuda size katılıyorum," diye yanıt verdim. "Sanırım her ilişkide, hatta en ateşlilerinde bile ilk baştaki tutku zaman içinde sönmektedir. Bazı araştırmalar, ilişkilerinin temeli olarak ilk baştaki tutkuyu ve romantizmi görenlerin sonunda hayal kırıklığına uğradıklarını ya da boşandıklarını göstermiştir. Yanılmıyorsam Minnesota Üniversitesi'nden Ellen Berscheid, bu konuyu araştırmış ve ömrü sınırlı olan tutkulu bir aşka kanmanın ilişkiyi kötü bir kadere sürükleyebileceği sonucuna varmıştır. O ve arkadaşları, son yirmi yıl içinde boşanmalardaki inanılmaz artışın kısmen insanların hayatlarındaki olumlu ve yoğun duygusal deneyimlere - romantik aşklar gibi deneyimler - verdikleri önemin artmasıyla bağlantılı olduğunu düşünmektedirler. Fakat buradaki sorun, bu tür deneyimleri sürdürmenin zaman içinde biraz zor olmasıdır..."

"Bu çok doğru," dedi. "Böylece, ilişkilerdeki sorunlarla başa çıkmak için ilişkinin temel doğasını incelemenin ve anlamanın büyük önemi olduğunu görebilirsin.

"Bazı ilişkilerin temeli sadece cinsel çekim üzerine dayanırken, kişinin doğru bir zihinsel tutumla, erkek ya da kız arkadaşı fiziksel görünüm anlamında çok çekici olmasa bile gerçekte iyi, nazik, sevecen biri olduğunu anlayabildiği başka tür ilişkiler de vardır. Böyle bir bağ üzerine kurulu bir ilişki daha uzun sürelidir, çünkü iki kişi arasında çok insani ve kişisel seviyede gerçek bir iletişim vardır..."

Dalai Lama konu üzerinde derin derin düşünmek istercesine bir an için durdu, sonra ekledi: "Tabi ki, kişinin, cinsel çekimin bir parçasını oluşturduğu iyi ve sağlıklı bir ilişkisi olabilir. Öyleyse, cinsel çekim üzerine kurulu iki ana ilişki türü vardır. Biri sadece saf cinsel arzu üzerine kuruludur. Bu durumda, bağın arkasındaki itici güç ya da güdü sadece geçici tatmindir; anlık zevktir. Bu tür ilişkilerde, kişiler birbirlerine insanlar gibi değil daha çok nesneler gibi bağlıdırlar. Bu tür bir ilişki pek sağlam değildir. Eğer ilişki sadece cinsel arzu üzerine kuruluysa, içinde karşılıklı saygı yoksa, ilişki neredeyse bir fuhuşa dönüşür. Öncelikli olarak cinsel arzu üzerine kurulmuş olan bir ilişki, buzdan bir temel üzerine kurulmuş bir eve benzer, buz eridikçe bina da çöker.

"Gene cinsel çekim üzerine kurulu ikinci tür bir ilişki daha vardır, fakat bu sefer fiziksel çekicilik, ilişkiye hakim olan temel değildir. Bu ikinci tür ilişkide diğer kişinin iyi, nazik ve sevecen olduğunu düşünmenizden kaynaklanan bir değerini takdir etme vardır, diğer kişiye saygı duyar ve ona değer verirsiniz. Bu temel üzerine kurulu her ilişki daha uzun süreli ve güvenilirdir; daha uygundur. Böyle bir ilişki kurabilmek için de kişilerin gerçek anlamda birbirlerini tanımaları, birbirlerinin temel özelliklerini öğrenebilmeleri için yeterli zaman ayırmaları hayati derecede önemlidir.

"Bu nedenle, dostlarım bana evlilikleri hakkında sorular sorduğunda genellikle, birbirlerini ne kadar süredir tanıdıkların sorarım. Eğer birkaç ay derlerse, genellikle, 'Ooo, bu çok kısa bir süre,' derim. Eğer birbirlerini birkaç yıldır tanıyorlarsa bu daha iyidir. Artık sadece birbirlerinin yüzlerini ya da görünümlerini değil aynı zamanda doğalarının derinlerde kalmış yanlarını da tanımaktadırlar...."

"Mark Twain'in dediği gibi, 'hiçbir erkek ve hiçbir kadın, bir çeyrek yüzyıl evli kalana dek mükemmel bir aşkın ne olduğunu gerçekten bilemez...' "

Dalai Lama başını salladı ve devam etti, "Evet... Bence, pek çok sorun sadece birbirini tanımaya yeterli zaman ayrılmamasından dolayı ortaya çıkmaktadır. Bence, eğer kişi gerçekten tatmin edici bir ilişki kurmak istiyorsa, bunu yapmanın en iyi yolu, karşısındaki kişinin doğasını daha derinlemesine tanıması ve sadece yüzeysel özellikleri göz önüne almak yerine onunla bu seviyede ilişki kurmasıdır. Bu tür bir ilişkide gerçek bir sevecenlik için de bir yer vardır.

"Evliliklerinin, cinsel bir ilişkiden daha derin bir anlam taşıdığını, evliliğin, iki insanın hayatını birbirine bağlamak, hayatın iniş çıkışlarını ve belli bir içtenliği paylaşmak demek olduğunu iddia eden pek çok insan gördüm. Eğer bu iddia doğruysa ben de bir ilişkinin üzerine kurulması gereken doğru temelin bu olduğuna inanıyorum. Sağlam bir ilişki, iki kişi arasında bir sorumluluk ve bağlılık duygusunu içermelidir. Tabi ki bir çiftin arasınada fiziksel bir ilişkinin, uygun veya normal bir cinsel ilişkinin olması, kişinin zihnini sakinleştirici bir etki yaratan belli bir tatmin sağlayabilir. Fakat biyolojik anlamda konuşursak, cinsel bir ilişkinin esas amacı çoğalmadır. Ve bunu başarılı bir şekilde yapmak için, yaşamlarını sürdürmeleri ve güçlü bir şekilde gelişebilmeleri için çocuğunuza karşı bir bağlılık duygunuz olması gerekir. Yani, sorumluluk ve bağlılık kapasitesini geliştirmek çok önemlidir. Bu olmadan, ilişki sadece geçici bir tatmin verir. Sadece eğlence haline döner." Güldü. Gülüşü, insanın yapabileceklerinin sınırının genişliğinden duyulan hayranlık ile etkilenmiş gibiydi.

Romantizme Dayanan İlişkiler

Altmış yaşında ve hayatı boyunca bekar kalmış bir adamla cinsellik ve evlilikten konuşmak garip kaçıyordu. Bu konularda konuşmaktan çekiniyor gibi gözükmüyordu, fakat yorumlarında belli bir tarafsızlık vardı.

O akşam daha geç vakitte, konuşmamızı düşündüm: bahsetmediğimiz önemli bir ilişki tarzı daha vardı ve bu konu üzerine düşüncelerini öğrenmek için sabırsızlanıyordum. Ertesi gün konuyu açtım.

"Dün, ilişkiler ve yakın bir ilişkiyi ya da evliliği cinsellikten daha fazla şeyin üzerine kurmanın önemi hakkında konuştuk," diye başladım. "Fakat Batı kültüründe, sadece fiziksel cinsellik değil, tüm bir romantizm düşüncesi de - aşık olmak, bir insanın sevgilisine derin bir sevgi beslemesi düşüncesi - rol oynar; bu çok arzulanan bir durumdur. Filmlerde, edebiyatta ve popüler kültürde, bu türde romantik aşk yüceltilmektedir. Sizin bu konudaki görüşünüz nedir?"

Dalai lama hiç tereddüt etmeden şöyle dedi, "Hiç durmadan romantik bir aşkı aramanın ruhsal gelişimimizi nasıl etkilediğini bir kenara bırakırsak, geleneksel hayat tarzının bakış açısından bile bu romantik aşkın idealize edilmesi bir aşırılık olarak görülebilir. Bu ilişkilerin destekleyici ve gerçek bir sevgiye dayanmamaları ise başka bir konudur. Bu, olumlu bir şey olarak görülemez. İlişki, bir fantezinin, ulaşılmaz bir şeyin üzerine kurulmuştur ve bu nedenle de hayal kırıklığına neden olabilir. Bu esasa göre, olumlu bir şey olarak görülemez."

Dalai Lama'nın ses tonunda, bu konuda daha fazla söyleyecek bir şeyi olmadığını ifade eden bir kesinlik vardı. Toplumumuzun romantizme verdiği büyük önemi göz önüne alarak, romantik bir aşkın cazibesini çok hafife aldığını düşündüm. Dalai Lama'nın manastırda yetişmesi nedeniyle romantizmin sevincini tam olarak takdir edemediğini ve kendisine romantizmle ilgili konularda biraz daha soru sormanın, arabamın vites kutusundaki soruna göz atması için onu park yerine çağırmak kadar işe yarayacağını düşündüm. Biraz hayal kırıklığına uğramış olarak bir kaç dakika kadar notlarımı karıştırdım ve diğer konulara geçtim.

Romantizmi bu kadar çekici yapan nedir? Bu soruya yanıt arayan kişi, romantik, tutkulu aşkı simgeleyen Eros'un, aşırı derecede kendinden geçme halinin (esrimenin), kültürel, biyolojik ve psikolojik karışımların bir kokteyli olduğunu görür. Batı kültüründe, romantik aşk düşüncesi, son iki yüzyıl içinde, dünyaya bakış açımıza şekil veren bir hareket olan Romantizm'in etkisiyle gelişmiştir. Romantizm, bir önceki Aydınlanma Çağı'nın insan mantığına verdiği öneme bir başkaldırı olarak ortaya çıkmıştır. Bu yeni hareket, içtenliği, heyecanı ve tutkuyu yüceltmekteydi. Kişinin duygusal dünyasının, öznel deneyiminin önemini vurgulamakta ve hayal dünyası ya da fantezi dünyasına, olmayan bir dünyaya – idealize edilmiş bir geçmişe, ütopik bir geleceğe - eğilim göstermekteydi. Bu düşüncenin, sadece sanat ve edebiyat üzerinde değil aynı zamanda politikanın ve modern Batı kültürünün gelişiminin her aşamasında büyük etkisi olmuştur.

Romantizmin peşinde koşmamızın en büyük nedeni aşık olma hissidir. Bizi bu duyguyu aramaya yönlendiren güçler, kültürümüzden aldığımız romantik aşkı yüceltme eğiliminden çok daha fazlasıdır. Pek çok araştırmacı bu güçlerin doğuştan itibaren genlerimizde programlandığını düşünmektedirler. Değişmez olarak cinsel çekicilik ile birleştirilmiş olan aşık olma hissi, çiftleşme davranışının genetik olarak belirlenmiş içgüdüsel bir parçası olabilir. Evrimsel bakış açısından organizmanın bir numaralı görevi yaşamını sürdürmek, çoğalmak ve türünün yaşamını sürdürmesini garanti altına almaktır. Bu nedenle aşık olmaya programlanmışsak bu, türün menfaati içindir; aşık olmak, çiftleşip, çoğalma olasılığımızı kesinlikle artırır. Bu nedenle, bunun olmasına yardımcı olacak bir mekanizmaya sahibizdir; beynimiz, bazı uyarılara yanıt olarak öforik* bir duygu yaratan bazı kimyasal maddeler üretir ve salgılar, aşık olmayla ilgili olarak kendimizi son derece yüksek bir ruh durumunda hissederiz. Beynimiz bu kimyasallar içinde yüzdüğü için de bu duygu başka her şeyi unutturacak kadar bize hakim olur.

Bizi aşık olmaya iten psikolojik güçler, biyolojik güçler kadar zorlayıcıdırlar. Platon'un Sempozium'unda, Sokrates, cinsel aşkın kökeni hakkındaki Aristofanes mitinin hikayesini anlatır. Bu mite göre, dünyanın asıl sakinleri dört eli ve dört ayağı olan, önden ve arkadan bir daire çizen yuvarlak şekilli yaratıklarmış. Bu kendine güvenen, cinsiyetsiz varlıklar çok kibirliymişler ve sürekli olarak tanrılara saldırıp duruyorlarmış. Zeus, onları cezalandırmak için üzerlerine yıldırımlarını yollayıp ve onları ikiye ayırmış. Her bir yaratık iki yaratık haline gelmiş ve her yarı diğer yarı ile birleşmeyi arzulayıp durmuş.

Tutkulu, romantik aşka olan itkiyi simgeleyen Eros, diğer yarı ile birleşmek için duyulan arzu olarak görülebilir. Bu, evrensel ve bilinçsiz bir insani ihtiyaç gibi gözükmektedir. Bu duygu, diğer kişi ile birleşme, sınırların kalkması, sevilen kişi ile bir olma heyecanını içerir. Psikologlar bunu ego sınırlarının çökmesi diye adlandırmaktadırlar. Bazıları, bu sürecin kökeninin en eski deneyimlerimize dayandığını, bebekken yaşadığımız deneyimi tekrar yaratmak, çocuğun tamamen ailesine ya da kendine bakan kişiyle birleştiği dönemi tekrar yaşamak için bilinçsiz bir çaba olduğunu düşünmektedirler.

Deliller, yeni doğmuş bebeklerin, kendileri ve evrenin geri kalanı arasında bir ayrım görmediklerini göstermektedir. Kişisel bir kimlik anlayışları yoktur ya da en azından kimlikleri, anneyi, babayı ve çevrelerindeki her şeyi içermektedir. Kendilerinin nerede bittiklerini ve "diğerinin" nerede başladığını bilmemektedirler. Nesnenin devamlılığı diye bilinen şey onlarda yoktur: nesnelerin bağımsız bir varlıkları bulunmamaktadır; eğer bir nesne ile karşılıklı ilişkileri yoksa o nesne de yoktur. Örneğin elnide çıngırak tutan bir bebek bu çıngırağı kendisinin bir parçası olarak görmektedir, eğer çıngırak elinip alınıp saklanırsa artık var olmamaktadır.

Doğumda beyin, henüz tam olarak "dikenli tellerle sınırlandırılmamıştır"; fakat bebek büyüyüp beyni olgunlaştıkça bebeğin dünya ile olan karşılıklı ilişkisi daha karmaşık bir hale ge-

* kendini aşırı derecede zinde hissetme hali (ç.n.)

lir ve bebek giderek "diğeri"nin karşılığı olarak "ben"in olduğu bir kişisel kimlik duygusu kazanır. Tabi ki, kimliğin oluşumu çocuk, dünya ile ilişki içinde bulunduğu sürece çocuklukta ve ergenlikte de gelişmeye devam eder. İnsanların kim olduklarını hakkındaki anlayışları geniş ölçüde, hayatlarındaki önemli kişilerle bebeklikten beri yaşadıkları ilişkilerin ve genel olarak toplum içindeki rollerinin yansımalarının oluşturduğu içsel simgeler geliştirmelerinin bir sonucudur. Kişisel kimlik ve içsel psişik (intrapsişik) yapı giderek daha karmaşık bir hal alır.

Fakat bir parçamız, varoluşumuzun daha erken bir aşamasına, hiçbir yalıtım duygusunun, hiçbir ayrılık duygusunun olmadığı bir mutluluk durumuna dönmek istemektedir. Pek çok çağdaş psikolog, bu "bir olma" deneyiminin bi- linçaltımızla birleştiğini, yetişkin olduğumuzda da bilinçdışımıza ve fantezilerimize girdiğini düşünmektedir. Kişinin aşık olduğunda sevdiği kişiyle birleşmesinin, bebekken anne ile birleşmesinin bir yansıması olduğuna inanmaktadırlar. Bu da o sihirli duyguyu, her şeye gücünün yettiği, sanki her şeyin mümkün olduğu duygusunu yeniden yaratmaktadır. Böylesi bir duyguya direnmek çok zordur.

Romantik bir aşkın peşinde koşma isteğinin bu kadar güçlü olmasında hayret edilecek bir taraf yoktur. Öyleyse, sorun nedir ve neden Dalai Lama bu kadar kolayca, romantizm arayışının olumsuz bir şey olduğunu iddia etmektedir?

Bir ilişkiyi romantik bir aşk üzerine kurmanın, mutluluğun kaynağı olarak romantizme sığınmadan kaynaklanan bir sorun olduğunu düşündüm. Aklıma, eski bir hastam olan David geldi. Otuz dört yaşında bir peyzaj mimarı olan David, ofisime ilk geldiğinde ciddi bir klinik depresyonun klasik belirtilerini gösteriyordu. Depresyonunun, işle ilgili bazı küçük streslerden kaynaklandığını fakat çoğunlukla "öylesine geliverdiğini" söyledi. Kendisinin de onayladığı antidepresan bir tedavi uygulama olasılığı üzerine konuştuk ve üç tane standart antidepresan belirledik. İlaç tedavisi çok etkili oldu, üç hafta içinde akut belirtiler düzeldi ve Dave normal yaşantısına döndü. Hikayesini öğrendikçe, yaşadığı bu akut depresyona ek olarak, yıllardan beri kronik ve hafif depresyonun daha gizli bir şekli olan disthimiadan* dolayı acı çektiğini anlamak pek uzun sürmedi. Akut depresyonu iyileştikten sonra, hayat hikayesi üzerine konuşmaya başladık. Yıllardan beri çektiği bu disthimia ile ilgisi olabilecek psikolojik etkileri anlamamızda bize yardımcı olabilecek bir temel oluşturmaya çalıştık.

Sadece bir kaç görüşmeden sonra David, bir gün sevinçle ofise girdi. "Kendimi harika hissediyorum!" dedi. "Yıllardır kendimi bu kadar iyi hissetmemiştim!"

Bu harika haber karşısındaki ilk tepkim, ruhsal olarak bozguna uğranılan manik bir safhaya geçiş yapma olasılığını aramak oldu. Neyse ki, böyle bir şey olmadı.

Bana, "Aşık oldum!" dedi. "Ona, geçen hafta davet edildiğim bir yerde rastladım. O, şimdiye dek gördüğüm en güzel kız... Bu hafta neredeyse her akşam çıktık, bence biz ruh eşleriyiz; birbirimiz için yaratılmışız. Buna inanamıyorum! İki ya da üç yıldır kimseyle çıkmıyordum, artık kimseyle karşılaşmayacağımı düşünmeye başlamıştım ve birdenbire karşıma o çıktı."

David, o görüşmenin büyük kısmını, yeni kız arkadaşının dikkate değer erdemlerini saymaya ayırdı. "Bence, her açıdan birbirimize uyuyoruz. Sadece cinsel anlamda değil; aynı şeylere ilgi duyuyoruz, bu kadar benzer düşüncelerimizin olması doğrusu korkutucu. Tabi ki gerçekçiyim ve kimsenin mükemmel olmadığını biliyorum... örneğin önceki akşam biraz canımı sıktı çünkü, gittiğimiz kulüpteki adamlardan bazıları ile biraz flört ettiğini düşündüm... fakat her ikimiz de çok içmiştik ve o eğleniyordu. Daha sonradan bu konu üzerine tartıştık ve işe yaradı."

Sonraki hafta David, terapiden vazgeçtiğini bildirdi. "Hayatımdaki her şey o kadar iyi gidiyor ki, terapide neden bahsedeceğimizi bilemiyorum," diye açıkladı. "Depresyonum düzeldi, bir bebek gibi uyuyorum, işimi tekrar iyi yapmaya başladım ve gittikçe daha iyiye giden harika bir ilişkim var. Sanırım, görüşmelerimizden bir şeyler elde ettik, fakat artık

* obsesyon/takıntı ile birlikte süre giden asabiyet ve depresyon. karamsarlık, umudunu ve cesaretini tamamen yitirme hali (ç.n.)

üzerinde çalışacağımız hiç bir şey olmadığı halde terapi için para harcamayı anlamsız buluyorum."

Ona, kendisini bu kadar iyi hissetmesi nedeniyle çok mutlu olduğumu söyledim, fakat tanımlamaya başladığımız bazı ailevi olayların ondaki bu kronik disthimiaya neden olabileceğini de hatırlattım. Tüm bu süre zarfında, "direnme" ve "korunma" gibi bilindik psikiyatrik terimler zihnimde belirmeye başlamıştı.

İkna olmamıştı. "Evet, bunlar, ileride bir gün çaresine bakmak isteyeceğim şeyler olabilir," dedi, "fakat gerçekte bunun yalnızlık ile, bir şeyleri paylaşabileceğim özel birisinin olmaması ile çok büyük bir ilgisi olduğunu düşünüyorum ve şimdi onu buldum."

O gün, terapiye son verme isteğinde son derece kararlıydı. İlaç tedavisini izlemek için aile doktorunun takip etmesi gereken bazı düzenlemeler yaptık, bazı şeyleri gözden geçirip kapımın her zaman kendisine açık olduğundan emin olmasını sağlayarak görüşmeyi bitirdik.

Bir kaç ay sonra, David ofisime geldi.

"Sefil bir haldeyim," dedi kederli bir ses tonuyla. "Seni son gördüğümde, işler çok iyi gidiyordu. Gerçekten de ideal eşimi bulduğumu düşünüyordum. Evlilik konusunu bile ortaya atmıştım. Fakat ona ne kadar yakın olmak istesem o kadar uzaklaşıyor gibiydi. Sonunda benden ayrıldı. Bundan sonraki bir kaç hafta boyunca gerçekten depresyona girdim. Hatta sadece sesini duymak için onu arıyor ve telefonda bekliyordum; sadece arabasının orada olup olmadığını görmek için iş yerinin önünden geçiyordum. Bir ay kadar böyle davrandıktan sonra - bu çok komikti - en azından depresyon belirtilerimde düzelme başladı. Yani, iyi yemek yiyor ve uyuyorum, işimde hâlâ iyiyim ve gene çok fazla enerjim var, fakat hâlâ bir parçamın kayıp olduğu hissini duyuyorum. Sanki yeniden başa döndüm, kendimi yıllardır hissettiğim gibi hissediyorum..."

Yeniden terapiye başladık.

Romantizmin, bir mutluluk kaynağı olarak fazlasıyla arzu edildiği açıktır. Belki de Dalai Lama, bir ilişkinin temeli olarak romantizm duşüncesini reddetmekte ve romantizmi "bir fantezi... ulaşılmaz bir şey," çabalarımıza değmeyen bir şey olarak tanımlamakla hedeften pek de uzaklaşmamış olabilir. Belki de, daha yakından baktığımızda yaptığı şey, yıllar süren rahip eğitiminden etkilenmiş olumsuz bir yargılamadan çok romantizmin doğasını tarafsız bir şekilde tarif etmekti. Hatta, "romantizm" ve "romantik" kelimeleri için bir düzineden fazla tanımlamayı içeren tarafsız bir kaynak olan sözlük bile, "kurgusal bir hikaye, "abartma", "yalan", "gerçekten uzak ya da hayal ürünü", "işlevsel değil", "gerçekte bir temeli olmayan", "idealize edilmiş bir aşk yapma ya da flört etmenin özelliği ya da bu durumla meşgul olmak" gibi cümlelerle doludur. Batı uygarlığının ilerlediği yolun bir yerlerinde bir değişiklik olduğu açıktır. Bir olma duygusu, bir başkasıyla birleşme duygusu ile ilgili antik dönemin Eros kavramı, yeni bir anlam kazanmıştır. Romantizm, hilekârlığın ve aldatmanın sunduğu çiçeklerle suni bir özellik kazanmıştır, bu özellik Oscar Wilde'ın şöyle bir gözlemde bulunmasına neden olmuştur: "Kişi aşık olmaya önce kendisini aldatmayla başlar ve aşkı her zaman karşısındakini aldatmakla bitirir. Dünyanın romantizm dediği işte budur."

Mutluluğun önemli bir parçası olarak yakınlığın ve içtenliğin rolünü daha önceden ortaya koymuştuk. Bu konuda hiç şüphe yok. Fakat eğer kişi, bir ilişkide uzun süreli bir tatmin arıyorsa bu ilişkinin temeli sağlam olmalıdır. İşte bu nedenle Dalai Lama, kendimizi ters giden bir ilişkide bulduğumuzda, ilişkinin temelini oluşturan şeyleri incelemek konusunda bizi cesaretlendirmektedir. Cinsel çekicilik ya da yoğun bir aşık olma duygusu, başlangıçta iki insan arasında bir bağ kurabilir, onları birlikte olmaya itebilir, fakat başlangıçtaki bu bağlayıcı unsurların tıpkı iyi bir epoksi yapıştırıcı gibi, uzun süreli bir bağa dönüşmeden önce başka maddelerle karıştırılmaları gerekir. Diğer maddeleri tanımlama konusuna geldiğimizde, bir kez daha Dalai Lama'nın sağlam bir ilişki kurmak hakkındaki yaklaşımına, yani ilişkilerimizi sevgi, sevecenlik ve karşılıklı saygı temeli üzerine kurmaya döneriz. Bir ilişkiyi bu özellikler üzerine kurmak, sadece eşimizle ya da sevgilimizle değil aynı zamanda dostlarımızla, tanıdıklarımızla ya da yabancılarla - gerçekte her insanla - derin ve anlamlı bağlar kurmayı başarmamızı sağlayacaktır. İlişki kurmak için sınırsız olasılıkların ve fırsatların kapısını açacaktır.

7. Konu

SEVECENLİĞİN DEĞERİ VE YARARLARI

Sevecenliği Tanımlamak

Sohbetlerimiz ilerledikçe sevecenliğin geliştirilmesinin Dalai Lama'nın hayatında, sadece bir sıcaklık ve sevgi duygusu geliştirmekten, başkalarıyla olan ilişkilerimizi geliştirmekten daha fazla anlam ifade ettiğini gördüm. Gerçekte, Budizm öğretisini izleyen biri olarak sevecenliğin geliştirilmesinin, ruhsal yolun ayrılmaz bir parçası olduğu açıktı.

"Budizm'in sevecenliği, kişinin ruhsal gelişiminin önemli bir parçası olarak gördüğünü dikkate alarak, sevecenlik ile neyi kastettiğinizi daha açıkça anlatabilir misiniz?" diye sordum.

Dalai Lama şöyle yanıt verdi: "Sevecenlik kabaca, şiddetin, zarar vermenin ve saldıranlığın olmadığı zihinsel bir tutum olarak tanımlanabilir. Diğer insanların acılarından kurtulmaları için duyulan isteğe dayanan bir zihinsel tutumdur ve başkalarına karşı duyulan sorumluluk ve saygı ile ilgilidir.

"Sevecenlik kelimesinin Tibetçe'deki karşılığı olan *Tsewa* kelimesinin aynı zamanda, kişinin kendisi için iyi şeyler istemeyi içeren bir zihinsel durumda olmak gibi bir anlamı daha vardır. Sevecenliği geliştirmek için kişi, kendisinin acı çekmekten kurtulmasını istemekle başlayabilir ve sonra da kendisine karşı duyduğu bu doğal duyguyu alıp, geliştirebilir, artırabilir ve diğer insanları da içerecek ve kucaklayacak şekilde genişletebilir.

"Sanırım insanlar, sevecenlikten bahsederlerken genellikle, sevecenliği bağlılık ile karıştırmaktadırlar. Bu nedenle, sevecenlikten bahsederken öncelikle iki tür sevgi ya da sevecenlik arasında bir ayırım yapmak zorundayız. Sevecenliğin bir türü, bağımlılıkla, bir insanı kontrol etme ya da o kişinin de sizi sevmesi karşılığında onu sevme duygusuyla karıştırılmaktadır. Bu sıradan sevgi ya da sevecenlik türü, oldukça kısmi ve taraflıdır. Ve sadece bunun üzerine kurulmuş bir ilişki sağlam değildir. Böyle taraflı ve kişiyi bir dost olarak görmek ve tanımlamak üzerine kurulmuş olan bir ilişki belli bir duygusal bağımlılık ve yakınlık duygusuna neden olabilir. Fakat, durumda küçük bir değişiklik, diyelim ki bir anlaşmazlık olduğunda ya da arkadaşınız sizi kızdıracak bir şey yaptığında tüm görüşünüz değişir, "arkadaşım - dostum" kavramı artık ortadan kalkar. Duygusal bağımlılığın buharlaştığını görürsünüz ve bu sevgi ile ilgi duygunun yerini belki de nefret duygusu alabilir. Yani, bağımlılık üzerine kurulu bu tür bir ilişki nefretle yakından ilgili olabilir.

"Fakat, bu tür bir bağımlılığın olmadığı ikinci bir sevecenlik türü daha vardır. Bu, gerçek sevecenliktir. Bu tür bir sevecenlik, şu ya da bu kişi benim sevgilimdir şartına bağlı değildir. Gerçek sevecenlik daha çok, tüm insanların tıpkı benim gibi mutlu olmak ve acılarını yenmek için doğuştan gelen bir arzuları vardır mantığına dayalıdır. Tıpkı benim gibi, bu temel isteği yerine getirmek için doğal bir hakları vardır. Bu eşitliği ve ortaklığı tanımadan yola çıkarak, diğer insanlar için de bir ilgi ve yakınlık duygusu geliştirebilirsiniz. Bunu temel alarak, bir insanın dost ya da düşman olarak görünmesini hiç göz önüne almadan sevecenlik hissedebilirsiniz. Bu sevecenlik, sizin zihninizdeki izdüşümden çok diğer insanın temel haklarına dayanmaktadır. Bu temele göre sevgi ve sevecenliği vücuda getirebilirsiniz. Bu, gerçek sevecenliktir.

"Bu şekilde kişi, bu iki sevecenlik türü arasında nasıl ayırım yapabileceğini ve sevecenliği geliştirmenin günlük yaşamımız için son derece önemli olduğunu anlayabilir. Örneğin, evlilikte genellikle duygusal bir bağımlılık vardır. Fakat, sanırım, iki insan arasında karşılıklı saygıya dayanan gerçek bir sevecenlik de varsa bu evlilik uzun süre devam edebilir. Sevecenliğin olmadığı duygusal bağımlılık durumunda, evlilik daha zayıftır ve daha çok bitmeye eğilimlidir."

Farklı, daha evrensel ve geniş kapsamlı bir sevecenlik geliştirme düşüncesi, abartılı bir kural olarak görülen kişisel duygulardan bağımsızdır. Bunu kafamda tartarken, yüksek sesle düşünerek şöyle sordum: "Fakat, sevgi ya da sevecenlik öznel bir duygudur. Bu duygusal durum, aşk duygusu ya da sevecenlik, bağımlılıkla karıştırılsa da gerçek olsa da aynı olacaktır. Yani, eğer bir insan, aynı heyecanı veya duyguyu her iki şekilde de yaşamak istiyorsa bu ikisi arasındaki farkı anlamak neden bu kadar önemli olsun?"

Dalai Lama, kesin bir ses tonuyla yanıt verdi: "Bence öncelikle, gerçek bir sevgi ya da sevecenlik ile temeli bağımlılık olan sevgi arasında nitelik farkı vardır. İkisi aynı duygu değildir. Gerçek sevecenlik, çok daha güçlü, çok daha geniştir; çok derin bir niteliği vardır. Ayrıca, gerçek sevgi ve sevecenlik çok daha sarsılmaz, çok daha güvenilirdir. Örneğin, ağzında bir olta iğnesiyle kıvranan ve büyük bir acı çeken bir balık gördüğünüzde, hemen onun çektiği acıya dayanamayacağınızı düşünebilirsiniz. Bu düşünce, o hayvan ile özel bir bağınız olmasından kaynaklanmamaktadır; 'Ah, bu hayvan benim arkadaşım,' diye düşünmezsiniz. Bu durumda sevecenliğinizi, o canlının da hisleri olduğu, acı çekebileceği ve böylesi bir acı çekmemesi gerektiği gerçeğine dayandırmaktasınızdır. Arzu veya bağımlılık ile karıştırılmamış böyle bir sevecenlik çok daha sağlam ve çok daha kalıcıdır."

Sevecenlik konusunu daha derinlere girerek devam ettirdim. "Ağzında bir olta iğnesi olan ve büyük bir acı çeken bir balık görme örneğinizde, hayati bir noktayı ortaya koyuyorsunuz: o hayvanın çektiği acıya dayanamayacağınız düşüncesi, bu nokta ile ilişkilidir."

"Evet," dedi Dalai Lama. "Aslında sevecenliği bir anlamda başka bir insanın, başka bir canlının acı çektiğini görmeye dayanamama duygusu olarak tanımlayabiliriz. Bu duygunun olabilmesi için de kişinin öncelikle başkasının acısının ciddiyetini ya da yoğunluğunu anlayabilmesi gerekmektedir. Bence, bir insan, acı çekmeyi ve acı çekmenin çeşitli türlerini ne kadar iyi anlayabilirse, sevecenlik seviyesi de o kadar derin olacaktır."

Bunun üzerine şu soruyu sordum: "Evet, başkalarının çektikleri acı hakkındaki farkındalığımız ne kadar büyük olursa, sevecen olma kapasitemizin de o kadar artacağını kabul ediyorum. Tanımlamak gerekirse sevecenlik, bir insanın bir başka insanın acısını anlaması demektir. Birinin acısını paylaşmasıdır. Fakat daha basit bir sorun var: Kendimiz acı çekmek istemezken, neden bir başkasının acısını taşımak istiyoruz? Demek istediğim pek çoğumuz, acımızdan ve ıstırabımızdan kurtulmak için aşırı uçlara, hatta uyuşturucu ve benzeri şeyler kullanma noktasına kadar gidiyoruz. Öyleyse neden bilerek ve isteyerek bir başkasının acısını taşımaya kalkıyoruz?"

Dalai Lama hiç tereddütsüz şu yanıtı verdi: "Sanırım, kendi acınız ve başka insanların acılarını paylaştığınız sevecenlik ya da şefkat durumunda deneyimlediğiniz acı arasında belirgin bir farklılık vardır; bir nitelik farkı." Durdu ve sonra sanki o anda hiç çaba göstermeden benim duygularımı hedef alırcasına devam etti, "Kendi acını düşündüğünde, tam anlamıyla bir bunalma duygusu yaşarsın. Üzerinde bir ağırlık varmış, bir şeyin altında eziliyormuşsun gibi hisser; bir çaresizlik hissi duyarsın. Sanki her tarafın uyuşmuş gibi bir hissizlik vardır.

"Bir başkasının acısını taşımaya kalktığında, ilk başta belli ölçüde bir rahatsızlık, dayanması zor bir duygu hissedebilirsin. Fakat, sevecenlik olduğunda bu duygu çok daha farklı hissedilir; bir başkasının acısını daha yüksek bir amaç uğruna isteyerek ve bilerek kabullendiğin için temeldeki bu rahatsızlık duygusu çok yüksek seviyedeki bir uyanıklığa ve metanete dönüşmüştür. Bir bağlılık duygusu, başkalarına ulaşmak için bir istek, uyuşukluk yerine bir yenilenme hissi duyulur. Bu tıpkı bir atletin durumuna benzer. Atlet, sürekli devam eden ağır çalışmalar antrenmanlar, ter, zorlanma nedeniyle çok acı çekebilir. Bence bu çok acı verici ve tüketici bir deneyim olmalı. Fakat o, bunu acı verici deneyim olarak görmez. Atlet, bunu büyük bir başarı, sevinçle yaşadığı bir deneyim olarak görür. Fakat aynı kişi, antrenmanının bir parçası olmayan bir başka bedensel iş yapmak zorunda kaldığında, 'Neden bu korkunç sıkıntıya katlanmak zorundayım ki?' diye düşünebilir. Zihinsel tutum bu kadar büyük bir değişiklik gösterebilir."

Böylesine inanarak söylenen bu bir kaç söz beni, baskı altında bunalan briniden acıya, ıstıraba çözüm bulmanın, acıyı dönüştürmenin olası olduğuna inanan biri haline getirdi.

"Bu tür bir sevecenliği ortaya koymanın ilk adımının acıyı anlamak olduğunu söylediniz. Bir insandaki sevecenliği artırmak için kullanılan başka özel Budist uygulamalar var mı?"

"Evet. Örneğin Budizm'in Mahayana geleneğinde, sevecenliği geliştirmek için kullanılan iki esas teknik görmekteyiz. Bunlar, 'neden ve etkinin yedi noktası' ve 'kişinin başkaları ile değişimi ve eşitliği' yöntemleri diye bilinirler. 'Değişim ve eşitlik' tekniğini Shantideva'nın sekiz bölümünde, Bodhisatva'nın Yaşam Yolu'na Giden Kılavuz'da bulabilirsin," dedi ve saatine göz atarak vaktimizin azaldığını anladı. "Sanırım, sevecenlik üzerine bazı çalışmaları ya da meditasyonları, bu hafta halka açık olarak yapılacak konferanslarda uygulayacağız."

Sonrasında samimi bir şekilde gülümsedi ve konuşmanın sona erdiğini belirtti.

İnsan Hayatının Gerçek Değeri

Bir sonraki konuşmamızda sevecenlik konusunda tartışmaya devam ettik. "Sevecenliğin önemi hakkında, sevginin, sıcaklığın, dostluğun, mutlu olmak için kesinlikle gerekli koşullar olduğuna olan inancınız hakkında konuşuyorduk. Merak ettiğim bir şey var: Farzedelim ki, zengin bir iş adamı size gelip şöyle dedi: "Saygı değer Dalai Lama, insanın mutlu olması için samimiyetin ve sevecenliğin son derece önemli olduğunu söylediniz. Fakat tabiatım gereği pek sıcak ya da sevgi dolu bir insan değilim. Doğruyu söylemek gerekirse, kendimi özellikle sevecen ya da fedakar hissetmiyorum. Daha çok mantıklı, pratik zekalı ve belki de entelektüel biriyim ve bu tür duygular hissetmiyorum. Fakat, hayatımdan memnunum, hayatımın bu şekilde gidişinden mutluyum. Çok başarılı bir işim, dostlarım var ve karım ile çocuklarımın geçimini sağlıyorum, ayrıca onlarla iyi bir ilişkim olduğuna inanıyorum. Hayatımda bir şeyler eksikmiş gibi gelmiyor. Sevecenliği, alturizmi, sıcaklığı ve benzeri özellikleri geliştirmek kulağa hoş geliyor, fakat bunun önemi ne? Bunlar bana çok duygusal görünüyor..."

Dalai Lama, "Öncelikle," diye yanıt verdi. "Eğer bir insan böyle söylüyorsa, gene de bu kişinin derinlerde bir yerlerde mutlu olduğundan şüphe ederim. Sevecenliğin, insanın yaşamının devamlılığını ve gerçek değerini oluşturduğuna inanıyorum ve bu olmadan temel bir parça kayıptır. Bir başkasının duyguları için derin bir duyarlılık hissetmek sevgi ve sevecenliğin bir parçasıdır ve bu olmadan, örneğin bir erkeğin karısına bağlı olmada bazı sorunları olacaktır. Eğer bir insan, gerçekten de diğer insanın acısına ve duygularına aldırmayan bir tutum içindeyse bir milyarder, iyi bir eğitim görmüş biri olsa, ailesi ve çocukları ile sorunları olmasa ve çevresi arkadaşları, diğer zengin iş adamları, politikacılar ve ülkenin liderleri ile dolu olsa bile, bence tüm bunlara rağmen, tüm bu olumlu şeylerin etkisi sadece yüzeysel olacaktır.

"Fakat, sevecen olmadığı halde hayatında bir şeyler eksik olmadığı konusunda ısrar ediyorsa...onun sevecenliğin önemini anlamasını sağlamak biraz zor olacaktır..."

Dalai Lama, düşünmek için bir an konuşmaya ara verdi. Konuşmalarımız sırasında arada bir durması, yanlış zamanlanmış bir sessizliğe yol açmıyordu; daha çok bir çekicilik katmaktaydı, konuşmaya tekrar devam ettiğinde sözlerine daha büyük bir ağırlık ve anlam vermekteydi.

Sonunda, devam etti, "Gene de durum böyleyse, önemini işaret edeceğim bir kaç şey olurdu. Öncelikle, onun kendi yaşadığı şeyler üzerine düşünmesini önerebilirdim. Birisi ona sevecen ve sevgi dolu bir şekilde davrandığında bunun onu mutlu ettiğini görebilir. Bu deneyimden yola çıkarak, diğer insanların da kendilerine samimiyet ve sevecenlik gösterildiğinde iyi hissettiklerini anlayabilir. Bu nedenle, bu gerçeği bilmek, onu diğer insanların duygularına karşı daha saygılı, onlara sevecenlik ve sıcaklık göstermeye daha fazla önem veren biri haline getirebilir. Aynı zamanda, insanlara ne kadar sıcak davranırsa o kadar çok sıcaklık göreceğini keşfedebilir. Onun bunu anlamasının çok uzun süreceğini sanmıyorum. Sonuçta bu, karşılıklı güvenin ve dostluğun temeli haline gelir.

"Diyelim ki, bu adam her tür maddi olanağa sahiptir, hayatta başarılıdır, çevresi dostlarla doludur, parasal açıdan güvendedir, v.b. Bence, ailesinin ve çocuklarının ona bağlı olmaları, başarılı olduğu, çok paraları ve rahat bir hayatları olduğu için memnun olmaları hâlâ mümkündür. Sanırım, belli bir noktaya kadar, samimiyet ve sevgi olmadan da hayatında bir şeylerin eksik olduğu hissini yaşamaması akla uygundur. Fakat, eğer her şeyin yolunda gittiğini, sevecenliği geliştirmek için gerçek bir ihtiyacı olmadığını düşünüyorsa, bence bu görüş görmezden gelmekten ve dar görüşlülükten kaynaklanmaktadır. Diğer insanlar ona çok bağlıymış gibi görünseler bile, gerçekte olan, bu insanlarla arasındaki ilişkilerin onu başarılı, varlıklı bir kaynak olarak görmelerine dayanmasıdır. Onun zenginliğinden ve gücünden etkilenmiş olabilirler ve ona bir insan olarak bağlanmaktan çok bu duruma bağlanmışlardır. Bir anlamda, ondan bir sıcaklık ve sevgi almasalar bile memnun olabilirler; çünkü fazlasını ummuyorlardır. Fakat, serveti azaldığında, ilişkinin temeli de zayıflayacaktır. Sonrasında, samimiyetin olmamasının etkisini görecek ve acı çekmeye başlayacaktır.

"Eğer insanlarda sevecenlik varsa, buna doğallıkla güvenebilirler; ekonomik sorunları olsa ve servetleri azalsa da hâlâ dostları ile paylaşabilecekleri bir şeyler vardır. Dünya ekonomisi çok nazik bir denge üzerinde durmaktadır ve hayatta bir çok kayba katlanmak zorunda kalmaktayız, fakat sevecen bir tutum her zaman bizimle beraber olabilecek bir şeydir."

Kestane rengi elbise giymiş bir hizmetçi odaya girdi ve Dalai Lama devam ederken sessizce çay koydu. "Tabi ki, birine sevecenliğin önemini açıklamaya çalışırken bazı durumlarda, çok sert, bencil, sadece kendi çıkarını düşünen bir insanla karşılaşabilirsin. Hatta, kendilerini seven ya da kendilerine yakın olan birisinin duygularını anlama kapasitesi olmayan insanların da olması mümkündür. Fakat, bu tür insanlara kendi çıkarları için en iyisinin olduğunu söyleyerek sevecenlik ve sevginin önemini göstermek mümkündür. Sağlıklarının iyi olmasını, daha uzun bir hayat yaşamayı, huzur, mutluluk ve neşe duygularını tatmayı istemektedirler. Ve eğer bunları arzuluyorlarsa, bu şeylerin sevgi ve sevecenlik duyguları ile artırılabileceğinin bilimsel bir gerçek olduğunu duymuştum... Belki de bir doktor, bir psikiyatr olarak, bu bilimsel iddialar hakkında sen daha çok şey biliyorsundur?"

"Evet," diye onayladım. "Sevecen bir zihinsel durumun fiziksel ve ruhsal yararları hakkındaki iddiaları destekleyen bilimsel bulgular olduğunu sanıyorum."

Dalai Lama, "Öyleyse bir insanı bu gerçekler ve bilimsel araştırmalar hakkında eğitmek, insanları daha sevecen bir zihinsel tutum geliştirmek için kesinlikle cesaretlendirecektir..." diye yorum yaptı. "Fakat, bu bilimsel araştırmaların yanında, insanların anlayabileceği ve kendi günlük deneyimlerinden yola çıkarak değerlendirebilecekleri başka delillerin de olduğunu sanıyorum. Örneğin, sevecenliğin eksikliğinin kişiyi acımasızlığa götürdüğüne işaret edebilirsin. Acımasız insanların, genellikle içlerinde derinlerde bir yerlerde mutsuzluk ve memnuniyetsizlikten dolayı acı çektiklerini gösteren pek çok örnek vardır; tıpkı Stalin ve Hitler gibi. Bu tür insanlar, sürekli olarak bir güvensizlik ve korku hissi nedeniyle acı çekerler. Hatta bence uyudukları sırada bile bu korku hissi kaybolmamaktadır... Bazı insanlar için tüm bunları anlamak çok zor olabilir, fakat daha sevecen bir kişide bulabileceğin, özgürlük, teslim etme duygusu - bu sayede uyurken rahatlama ve olayları kendi haline bırakma - gibi şeylerin bu insanlarda eksik olduğunu söyleyebilirsin. Acımasız kişiler asla bu deneyime sahip değildirler. Bir şey onları sürekli olarak pençelerine almıştır; onları tutan bir şey vardır ve bu kendi haline bırakma, özgür olma duygusunu hissedememektedirler."

Bir an durdu ve düşünceli bir şekilde kafasını kaşıdı, sonra devam etti, "Sadece tahminde bulunuyorum, eğer bu acımasız insanlardan birine, 'Ne zaman daha mutluydunuz, çocukluğunuz sırasında mı, anneniz size ilgi gösterdiğinde ve ailenizle daha yakın olduğunuz sırada mı yoksa, şimdi güç, nüfuz ve konum sahibiyken mi?' diye sorduğunuzda sanırım, gençliklerinin daha güzel olduğunu söyleyeceklerdir. Herhalde, Stalin bile çocukken annesi tarafından seviliyordu."

"Konu Stalin'den açılmışken, sanırım, sevecenlik olmadan yaşamanın sonuçları hakkında söylediklerinize mükemmel bir örnek verdiniz. Stalin'in karakterinin iki ana özelliğinin acımasızlığı ve şüpheciliği olduğu gayet iyi bilinir. Gerçekte, acımasızlığı bir erdem olarak görüyordu ve adını, Djugaşvili'den 'çelik adam' anlamına gelen Stalin'e çevirmişti. Yaşı ilerledikçe de daha acımasız, daha şüpheci olmuştu. Şüpheciliği o derece büyük boyutlardaydı ki, efsaneleşmişti. Diğer insanlara karşı duyduğu korku ve şüphe, ülkesindeki çeşitli halklara karşı geniş kapsamlı temizlik ve seferberlik hareketlerine yol açmış ve bunun sonucunda da milyonlarca insan hapse düşmüş ve sürgüne gönderilmişti. Fakat, o hâlâ her yerde düşmanlar görmeye devam etmişti. Ölümünden kısa bir süre önce, Nikita Kruşçev'e şöyle demişti: 'Kimseye güvenmiyorum, hatta kendime bile.' Sonunda en sadık adamlarına bile düşman olmuştu. Daha acımasız ve daha güçlü oldukça daha da mutsuz olmuştu. Bir arkadaşı, sonunda elinde kalan tek insani özelliğin mutsuzluğu olduğunu söylemiştir. Kızı Svetlana, onun, yalnızlığı ve içindeki boşluktan dolayı nasıl eziyet çektiğini ve insanların gerçekten içten veya açık kalpli olamayacağına inanma noktasına kadar gittiğini anlatmıştır.

"Her neyse, Stalin gibi insanları ve neden o korkunç şeyleri yaptıklarını anlamanın çok zor olduğunu biliyorum. Fakat konuştuğumuz noktalardan biri, acımasızlık konusunda bu kadar uç noktalara giden insanların bile geriye dönüp baktıklarında, annelerinin onlara sevgi göstermesi gibi çocukluklarının güzel anılarını nostaljiyle hatırlamalarıdır. Fakat, iyi bir çocukluk geçirmeyen ya da sevgi dolu anneleri olmayan pek çok insan ne olacak? Cinsel tacize uğrayan insanlar? Sevecenlik konusundan bahsediyoruz. İnsanların sevecen olma becerilerini geliştirmek amacıyla, onların kendilerine sıcaklık ve sevgi veren ebeveynler ya da kişiler tarafından yetiştirilmeleri gerektiğini düşünmüyor musunuz?"

"Evet, sanırım bu önemli." Durdu, düşünürken tespihini parmaklarının arasında beceriyle çeviriyordu. "Hayatlarının ta başından beri çok acı çeken ve sevgi eksikliği duyan bazı insanlar vardır; bu nedenle hayatlarının sonraki dönemlerinde bu sert ve acımasız insanların sanki hiç insani duyguları, sevecenlik ve sevgi duyma kapasiteleri yokmuş gibi görünür..." Dalai Lama tekrar ara verdi ve bana bir kaç dakika boyunca soru hakkında ciddi biçimde kafa yoruyormuş gibi göründü. Çayına uzandığı sırada bile, omuzlarının hatları derin düşünceler içinde olduğunu gösteriyordu. Hemen devam etmek için bir istek göstermiyordu; biz de sessizlik içinde çayımızı içtik. Sonunda, bir çözüm bulamadığını belirtmek istercesine omuzlarını silkti.

"Empatiyi artıracak ve sevecenliği geliştirecek tekniklerin, böylesine zorlu geçmişleri olan insanlara yardımcı olamayacağını mı düşünüyorsunuz?"

"Her zaman için kişinin, kendi şartlarına bağlı olarak, çeşitli yöntem ve teknikleri çalışmaktan elde edebileceği değişik yararlar vardır," diye açıkladı. "Hatta, bazı durumlarda bu teknikler hiç etkili olmayabilir..."

Aydınlatmaya çalışarak, sözünü kestim. "Sevecenliği artırmak için bahsettiğiniz özel tekniklerin...?"

"Önce konuştuğumuz şeylere bir bakalım. Öncelikle öğrenme yoluyla sevecen olmanın değerini tamamen anlamaktan konuştuk; bu, kişiye bir ikna olma ve kararlılık duygusu verir. Sonra, kendinizi bir başkasının bulunduğu durumda görmek için hayal gücünüzü, yaratıcılığınızı kullanmak gibi empatiyi artıracak yöntemleri uygulamayı tartıştık. Ve bu hafta, halka açık konuşmalarda da, sevecenlik duygusunu güçlendiren *Tong-Len* gibi bazı çalışmalardan bahsedeceğiz. Fakat sanırım, *Tong-Len* çalışması gibi tekniklerin, en azından insanların bir kısmına olabildiğince fazla yardımda bulunmak için geliştirildiğini hatırlamak önemlidir. Gene de bu tekniklerin her insana yardımcı olması beklenemez.

"Fakat, eğer sevecenliği geliştirecek çeşitli yöntemler söz konusuysa önemli olan, insanların sevecen olma kapasitelerini geliştirmek için ciddi bir çaba göstermeleridir. Sevecen olma kapasitelerini geliştirebilmeleri pek çok değişik etkene bağlıdır, bunların ne olduğunu kim bilebilir ki? Fakat daha iyi, daha sevecen olmak ve dünyayı daha iyi bir yer haline getirmek için tüm güçlerini kullanırlarsa, günün sonunda, 'En azından elimden geleni yaptım!' diyebilirler."

Sevecenliğin Yararları

Son yıllarda, sevecen olmanın ve alturizmin, bedensel ve ruhsal sağlığımız üzerinde olumlu bir etkisi olduğu düşüncesini destekleyen pek çok araştırma yapılmıştır. Örneğin, Harvard Üniversitesi'nde psikolog olan David McCellan'ın yaptığı bir deneyde, bir grup öğrenciye, Kalküta'da hasta ve yoksul insanlar arasında çalışan Rahibe Teresa'nın filmi gösterilmiştir. Öğrenciler, filmin kendilerinde şefkat duyguları uyandırdığını belirtmişlerdir. Bundan sonra, öğrencilerin tükürüğü incelenmiş ve solunum sistemindeki enfeksiyonlara karşı savaşmaya yardımcı olan immunoglobulin-A'da artış olduğu görülmüştür. Michigan Üniversitesi Araştırma Merkezi'nden James House'ın yaptığı bir başka araştırmada, araştırmacılar, düzenli olarak gönüllü işler yapmanın, başkalarıyla sıcak ve sevecen ilişkilerde bulunmanın, ortalama ömrü ve olasılıkla tüm canlılığı artırdığı bulmuşlardır. Zihin-beden ilişkisi alanında çalışan başka bir çok araştırmacı benzer bulgular elde etmişler, zihnin olumlu durumlarının bedensel sağlığımızı iyileştirdiğini belgelemişlerdir.

Bedensel sağlığa yaptığı yararlı etkilere ek olarak, sevecen ve ilgili olmanın, ruh sağlığının iyi olmasına yardımcı olduğu açıktır. Araştırmalar, başkalarına yardımcı olmaya çalışmanın, kişiyi mutlu olmaya, zihninin daha sakin olmasına ve daha az depresyona sevk ettiğini göstermiştir. Harvard mezunları arasında yapılan otuz yıllık bir araştırmada George Vaillant, alturistik bir hayat tarzı yaşamanın, iyi bir akıl sağlığının kritik derecede önemli bir unsuru olduğu sonucuna varmıştır. Başkalarına yardımcı olmak için düzenli ve gönüllü olarak etkinliklere katılan bir kaç bin insan üzerinde Allan Lucks tarafından yürütülen bir araştırmada, bu gönüllülerin yüzde doksandan fazlasının bu etkinliklerde bir samimiyet duygusu, daha enerjik olma ve bir tür öforia ile kendini belli eden "coşkunluk" hali hissettikleri ortaya konmuştur. Bu tür ilgi dolu davranışların sadece duygusal açıdan besleyici bir ilişki sağlamakla kalmayıp aynı zamanda, yardımcı olan kişide görülen sakinliğin, stres kaynaklı fiziksel rahatsızlıklara da çare olduğu bulunmuştur.

Bilimsel gerçekler, Dalai Lama'nın sevecenliğin gerçek ve işlevsel değeriyle ilgili düşüncelerini açıkça desteklese bile aslında kişinin bu görüşün doğruluğunun onaylaması için deney ve araştırmalara ihtiyacı yoktur. Kendi hayatımızdaki ilgi, sevecenlik ve kişisel mutluluğun çevremizdeki insanların hayatları ile olan yakın bağlarını görebiliriz. İlk kez bir kaç yıl önce tanıdığım, altmış yaşında bir müteahhit olan Joseph bu konuda iyi bir örnek olabilir. Joseph, otuz yıldır, Arizona'da hiç bitmeyecekmiş gibi görünen inşaat patlamasından yararlanarak, mültimilyoner olmuştu. 1980'lerin sonunda Arizona tarihindeki en büyük emlakçı haline geldi. Fakat Joseph, her şeyini kaybetti, iflas etti. Parasal sorunları evliliğinde gerilime neden oldu ve yirmi beş yıllık evlilikten sonra boşandı. Kuşkusuz, Joseph tüm bunları pek de iyi karşılamadı. Aşırı içmeye başladı. Neyse ki, AA'nın yardımıyla içkiyi bırakmayı başardı. AA programının bir parçası olarak programın sponsorluğunu yaptı ve başka alkoliklere içkiden kurtulmalarında yardımcı oldu. Bir sponsor olmaktan hoşnut olduğunu, başkalarına yardım edip onlara ulaşmaktan zevk aldığını farketti ve başka organizasyonlarda da gönüllü olarak çalışmaya başladı. İş alanındaki bilgisini ekonomik açıdan zor durumda olan insanlara yardım etmek için kullandı. Joseph, şu anki hayatından bahsederken şöyle demişti: "Artık, yeniden kurulmuş çok küçük bir işim var. Mütevazı bir gelir getiriyor ve asla eskisi kadar zengin olamayacağımı anlamış bulunuyorum. Komik olan ise, buna rağmen o kadar parayı tekrar istememem. Zamanımı farklı gruplar için gönüllü olarak çalışarak geçirmeyi, insanlarla doğrudan çalışıp onlara elimden geldiğince en iyi şekilde yardım etmeyi tercih ediyorum. Bu günlerde, çok para kazandığım dönemde bir ay boyunca aldığımdan daha fazla tadı tek bir günden alabiliyorum. Hayatımda hiç olmadığım kadar mutluyum!"

Sevecenlik İçin meditasyon

Dalai Lama, konuşmalarımız sırasında söz verdiği gibi, Arizona'daki konferanslarından birini bir meditasyonla bitirdi. Bu, basit bir çalışmaydı. Fakat, güçlü ve zarif bir şekilde, sevecenlik hakkında daha önce söylediği şeyleri özetleyip berraklaştırmış, dolaysız ve tam hedefe ulaşan beş dakikalık bir çalışmaya dönüştürmüştü.

"Sevecenliği geliştirmeye, öncelikle acı çekmeyi istemediğinizi ve mutlu olmaya hakkınız olduğunu bilerek başlarsınız. Bu, kendi yaşadığınız deneyiminizle de doğrulanabilir veya değerlendirilebilir. Sonra, diğer insanların da tıpkı sizin gibi, acı çekmeyi istemediklerini ve mutlu olmaya hakları olduğunu kabul edersiniz. Bu, sevecenliği geliştirmeye başlamanızın temelini oluşturur.

"Öyleyse...hadi bugün, sevecenlik için meditasyon yapalım. İşe, şiddetli bir ıstırap çeken, acı içinde olan ya da çok kötü durumdaki bir insanı gözünüzün önüne getirmekle başlayın. Meditasyonun ilk üç dakikasında, bu kişinin acısı üzerinde daha analitik bir şekilde düşünün; onun çektiği bu yoğun acı ve düştüğü zavallı durum hakkında düşünün. Bir kaç dakika boyunca bu kişinin çektiği ıstırap hakkında düşündükten sonra, 'bu insan benim yaşadığım acıyı, neşeyi, mutluluğu ve ıstırabı yaşama kapasitesine sahiptir,' diye düşünerek bu durumla kendiniz arasında bağlantı kurmaya çalışın. Sonra, durum karşısında gösterdiğiniz doğal tepkinin açığa çıkmasına izin verin: bu, kişiye karşı duyulan doğal bir sevecenlik duygusudur. Şu sonuca varmaya çalışın: bu insanın acısından kurtulmasını ne kadar çok istediğinizi düşünün. Ve bu insana acısından kurtulması için yardım etmeye karar verin. Sonunda, zihninizi, bu sonuç ya da çözüm üzerine yerleştirin ve bu meditasyonun son bir kaç dakikasında, zihninizi sadece, sevecen ya da sevgi dolu bir duruma getirmeye çalışın."

Dalai Lama bunları söylerken, bacaklarını çaprazlayarak meditasyon duruşu aldı, izleyicilerle birlikte meditasyon yaparken tamamen hareketsiz kaldı. Tam bir sessizlik hakimdi. Fakat, o sabah toplantıda herkesle birlikte oturmakta son derece heyecanlandırıcı bir şey vardı. En sert kişinin bile, çevresi bin beş yüz kişiyle sarılıyken ve her birinin zihninde sevecenlik düşüncesi varken yerinden kıpırdamayacağını düşündüm. Birkaç dakika sonra, Dalai Lama alçak sesle bir Tibet şarkısı söylemeye başladı Sesi derin ve melodikti, insanın içine nazikçe işlemekte, yatıştırıcı ve rahatlatıcı tonlara inmekteydi.

III. Bölüm

ACIYI DÖNÜŞTÜRMEK

8. Konu

ACIYI CESARETLE KARŞILAMAK

Budha'nın döneminde, Kisagotami adında bir kadın, tek evladının ölümünden dolayı acı çekiyordu. Bunu kabullenemiyor ve çocuğuna hayatını tekrar verecek bir ilaç arayarak ondan ona koşuyordu. Ona, Budha'nın böyle bir ilaca sahip olduğu söylendi.

Kisagotami, Budha'ya gitti, saygılarını sundu ve "Çocuğumu hayata döndürebilecek bir ilaç hazırlayabilir misiniz?" diye sordu.

Budha, "Böyle bir ilaç biliyorum," diye yanıt verdi. "Fakat bunu yapabilmek için bazı maddelere ihtiyacım var."

Biraz rahatlayan kadın, "Hangi maddelere ihtiyacınız var?" diye sordu.

"Bana bir avuç hardal tohumu getir," dedi Budha.

Kadın, bunu bulacağına söz verdi; fakat tam ayrılırken Budha, "Hardal tohumunun, hiçbir çocuğun, eşin, ebeveynin ya da hizmetçinin ölmediği, ölümün hiç bilinmediği bir evden alınması gerekli," diye de ekledi.

Kadın kabul etti ve hardal tohumunu aramak için evden eve dolaşmaya başladı. Gittiği her evde insanlar ona tohumu vermeyi kabul ettiler; fakat kadın evde daha önce kimsenin ölüp ölmediğini sorduğunda, ölümün ziyaret etmediği hiçbir ev olmadığını gördü. Birinde ev sahibinin kızı, bir başkasında hizmetçi, diğerlerinde eş ya da aileden biri ölmüştü. Kisagotami, ölüm nedeniyle acı çekmekten kurtulmuş hiçbir ev bulamadı. Bu acıyı çekenin yalnız kendisi olmadığını görerek, çocuğunun cansız bedenini bıraktı ve tekrar Budha'ya gitti. Budha ona büyük bir sevecenlikle, şöyle dedi: "Oğlunu kaybeden tek kişinin sen olduğunu sanıyordun; ölüm yasası tüm canlılar için geçerli olduğu sürece ölümsüzlük diye bir şey yoktur."

Kisagotami'nin arayışı ona, hiç kimsenin acı çekmeden ve kayıplara uğramadan yaşamayacağını öğretmişti. Bu korkunç talihsizliğe sadece kendisi uğramamıştı. Bu içgörü, kayıptan doyan ve engellenemez acıyı yok edemese de hayatın bu acı gerçeğine karşı mücadele etmekten doğan ıstırabı azaltır.

Her ne kadar acı ve ıstırap evrensel olsalar da bu, onları kolaylıkla kabul edebileceğimiz anlamına gelmez. İnsanlar, acıyı deneyimlemekten kaçınmak için çok çeşitli stratejiler bulmuşlardır. Bazen, ilaçlar gibi dış yardımcıları başvururuz; duygusal acımızı uyuşturucu ya da alkolle öldürmeye ve tedavi etmeye çalışırız. Bir içsel mekanizmamız da sorunlarla karşılaştığımızda aşırı duygusal acı ve kedere karşı bir tampon görevi gören ve genellikle bilinçsizce kullandığımız psikolojik savunmalardır. Bazen, bu korunma mekanizmaları çok ilkel olabilir, örneğin bir sorunun olduğunu kabul etmeyi reddetmek kadar basit olabilir. Kimi zaman da bir sorunumuz olduğunu belli belirsiz de olsa bilmemize rağmen bunu düşünmekten uzak durmak için zihnimizi milyonlarca başka şeyle meşgul edebilir ya da avutabiliriz. Ya da yansıtmayı kullanabiliriz; bir sorunumuz olduğunu kabul edemediğimiz için, bu sorunu bilinçsizce başkalarına yansıtır ve kendi acımız nedeniyle onları suçlarız: "Evet, ben zavallıyım. Fakat sorunu olan ben değilim; sorunu olan bir başkası. Eğer lanet olasıca patronum sürekli olarak benimle uğraşmasa (ya da arkadaşım beni görmezden gelmese ya da ...) daha iyi olurdum."

Acı çekmekten sadece geçici olarak kaçınılabilir. Fakat iyileşmemiş bir rahatsızlık gibi (veya belki de ilaçlarla sadece belirtileri gizleyecek kadar yüzeysel olarak düzelmiş fakat asıl sebebi iyileşmemiş bir rahatsızlık gibi) değişmez bir şekilde azar ve kötüleşir. Uyuşturucu ve alkolle ulaşılan coşku, kesinlikle bir süre için de olsa acımızı hafifletir, fakat sürekli kullanıldıklarında, bedenimize verdikleri fiziksel zarar ve hayatımıza verdikleri sosyal zarar, bizi bu maddeleri baş tacı yapmaya yönelten tatminsizlikten ve şiddetli acıdan daha büyük acılara neden olabilir. İnkâr etme ve bastırma gibi içsel psikolojik savunmalar biraz daha uzun bir süre bu acıyı örtebilir ve bizi acı çekmekten koruyabilir, fakat gene de acıyı yok etmez.

Randall, bir yıldan kısa bir süre önce babasını kanserden kaybetmişti. Babasıyla çok yakın olduğu için bu kayıp karşısında yıkılmamasına herkes şaşırmıştı. "Elbette çok üzgünüm," diye açıkladı kuru bir ses tonuyla. "Fakat gerçekten iyiyim. Onu özlüyorum, ama hayat devam ediyor. Ayrıca ne olursa olsun, şimdi dikkatimi ona duyduğum özleme veremem; cenaze işlerini halletmem ve annem için eve göz kulak olmam gerekiyor... Fakat iyi olacağım," diyerek herkesi rahatlatıyordu. Bir yıl sonra, babasının ölüm yıldönümünden kısa bir süre sonra Randall ciddi bir depresyona düştü. Beni görmeye geldiğinde şöyle bir açıklama yaptı: "Bu depresyona neyin neden olduğunu anlayamıyorum. Her şey iyi gidiyor gibi görünüyor. Bunun nedeni babamın ölümü olamaz; öleli bir yıldan fazla oluyor ve ben onun ölümünü kabul ettim." Terapi sonucunda, güçlü olabilmek için duygularını sıkı sıkıya kontrol altına almaya çalışırken aslında bu kayıp ve keder duygusuyla asla başa çıkamadığı ortaya çıktı. Bu duygular büyüdükçe büyümüş ve sonunda başa çıkmak zorunda olduğu büyük bir depresyon olarak kendini belli etmişti.

Randall'ın durumunda, babasını kaybetmekten dolayı duyduğu acıya dikkatimizi yönelttikçe depresyonu hızla düzelmeye başladı ve sonunda acısıyla yüzleşmeyi, onu yaşamayı başardı. Gene de bazen, sorunlarımızla yüzleşmekten kaçınmak için kullandığımız bilinçsiz stratejiler daha derinlere yerleşmiştir; kişiliğimizin bir parçası olacak kadar kökleşmiş mekanizmalar haline gelmişlerdir ve bunlardan kurtulmak zordur. Pek çoğumuzun, sorunlarını başkalarına yansıtarak onları suçlayan - gerçekte kendi suçu olan şeyler için başkalarını suçlayan - ve böylece sorunlarından kaçan bir arkadaşımız, tanıdığımız ya da akrabamız vardır. Bunun sorunları ortadan kaldırmanın etkili bir yöntemi olmadığı kesindir. Bu nedenle de bu kişiler böyle davranmaya devam ettikçe hayat boyu mutsuz olmaya mahkumdurlar.

Dalai Lama, insanın çektiği acıya olan yaklaşımını ayrıntılı olarak açıklamıştı: Bu yaklaşım, acıdan kurtulmanın mümkün olduğuna inanmayı içermekle beraber acıyı insanın varoluşunun doğal bir gerçeği olarak kabul etmekle ve sorunlarımızı cesaretle karşılamakla işe başlamaktadır.

Günlük hayatımızda sorunlar ortaya çıkmaya hazır bir halde beklemektedirler. Hayatımızdaki en büyük sorunlar, yaşlanmak, hastalık ve ölüm gibi kaçınılmaz bir şekilde cesaretle karşılamamız gereken sorunlardır. Sorunlardan kaçmamız veya sadece onları düşünmemek, geçici bir ferahlama sağlayabilir fakat bence daha iyi bir yaklaşım vardır: Eğer doğrudan acınızla yüzleşirseniz, sorunun derinliğini ve doğasını anlamada daha iyi bir konumda olursunuz. Savaşta, düşmanınızın konumunu ve savaşma kapasitesini görmezden geldiğiniz sürece, tümüyle hazırlıksız ve korkudan eyleme geçemez durumda kalırsınız. Bununla beraber, rakibinizin savaşma kapasitesini, ne tür silahlara sahip olduğunu v.b. şeyleri bilirseniz, savaşa girdiğinizde çok daha iyi bir konumda olursunuz. Aynı şekilde, sorunlarınızdan kaçmak yerine onlarla yüzleşirseniz, onlarla başa çıkmak için daha iyi bir konumda bulunursunuz."

Kişinin sorunlarına bu şekilde yaklaşmasının mantıklı olduğu açıktı, fakat konuyu biraz daha açmak için, "Doğru, ama sorununuzla doğrudan yüzleşirseniz ve çözümü olmadığını görürseniz ne olacak?" diye sordum.

Savaşçı bir ruhla "Bence gene de cesaretle karşılamak daha iyidir," diye yanıt verdi. "Örneğin yaşlanmak, ölüm gibi şeyleri kötü, istenmeyen şeyler olarak kabul edebilir ve onları unutmaya çalışabilirsiniz. Fakat bunlar önünde sonunda gelecekler-dir. Eğer bunları düşünmekten kaçınırsanız, bu durumlardan birinin gerçekleşeceği gün geldiğinde, yaşayacağınız deneyim tıpkı dayanılmaz bir zihinsel rahatsızlığa neden olan bir şok gibi olacaktır. Fakat yaşlanmak, ölüm ve diğer belalar hakkında düşünmek için yeterince zaman ayırırsanız, bu sorunlardan ve bu tür acılardan haberiniz olacağı ve meydana geleceklerini önceden sezeceğiniz için meydana geldiklerinde zihniniz daha sağlam olacaktır.

"İşte bu nedenle, karşılaşabileceğiniz acılara kendinizi alıştırmanın ve önceden kendinizi hazırlamanın yararlı olabileceğine inanıyorum. Tekrar savaş benzetmesini kullanırsak, acı çekmek üzerine düşünmenin savaş eğitimi gibi olduğunu söyleyebiliriz. Savaş, silahlar, bombalama v.b. şeyleri hiç duymamış insanlar bir savaşa girdiklerinde kendilerinden geçebilirler. Fakat askeri talimler sayesinde zihninizi bunun olabileceğine alıştırabilirsiniz; böylece bir savaş çıktığında bu durum sizin için çok zorlayıcı olmaz."

"Pekala, karşılaşabileceğimiz acılara kendimizi alıştırmanın, korku ve endişelerimizi azaltmada belli bir değeri olduğunu anlayabiliyorum, fakat gene de bazı ikilemlerin bize, acı çekmek dışında başka bir yol tanımadığı durumlar da olabilir. Böyle durumlarda endişelenmekten nasıl kaçınabiliriz?"

"Ne tür ikilemler mesela?"

Düşünmek için durdum. "Diyelim ki, bir kadın hamiledir ve bir amniyosentez ya da sonogram uyguladılar ve çocuğun belirgin bir kusuru olduğunu farkettiler. Çocuğun bedensel ya da zihinsel açıdan ciddi biçimde özürlü olacağını keşfettiler. Kadının bu durumdan dolayı endişe duyacağı açıktır çünkü ne olacağını bilmemektedir. Bu durumda kürtaj olarak çocuğu bir ömür boyu acı çekmekten kurtarmayı seçebilir ve sonra da büyük bir kayıp ve acı duyabilir, belki suçluluk duygusu gibi duygular da buna eklenebilir. Ya da doğaya müdahele etmemeyi ve çocuğu doğurmayı seçebilir. Fakat sonrasında hayat boyunca kendisi ve çocuk için zorluk ve acıyla karşı karşıya kalabilir."

Ben konuşurken, Dalai Lama dikkatle dinledi. Hevesli bir sesle şöyle yanıt verdi: "Bu sorunlara ister Batılı ister Budist bakış açısına göre yaklaşın, bu tür ikilemler çok zordur; çok zor. Doğuştan özürlü olacak bir cenini kürtajla almak kararına gelirsek: uzun vadede ne olacağını kimse bilemez. Çocuk, sakat olarak doğsa bile, belki de uzun vadede bu, anne, aile ya da çocuğun kendisi için daha iyi olacaktır. Fakat, uzun vadeli sonuçları hesaba kattığımızda, çocuğu aldırmanın daha iyi olması da mümkündür; belki böylesi uzun vadede daha iyidir. Fakat buna kim karar verebilir ki? Bu çok zor. Budist görüş açısına göre bile böylesi bir yargılama, bizim mantık yürütme becerimizin üzerindedir." Durdu ve sonra ekledi: "Bence, kişilerin bu tür zor durumlar karşısında ne yapacaklarında geçmişleri ve inanışları bir rol oynamaktadır..."

Sessizce oturduk.

Sonunda başını sallayarak şöyle dedi: "Katlanmak zorunda olduğunuz bu tür acılar üzerinde düşünerek, zihinsel açıdan belli bir dereceye kadar bu tür şeylere önceden hazırlanabilirsiniz; kendinize hayatta bu tür ikilemler ile karşılaşabileceğiniz gerçeğini hatırlatabilirsiniz. Böylece kendinizi zihinsel olarak acılara hazırlayabilirsiniz. Fakat bunun, bu durumu hafifletmeyeceğini unutmamalısınız. Tavrınız zihinsel olarak bu acıyla başa çıkmanızda yardımcı olabilir, korkunuzu azaltabilir, fakat sorunu hafifletmez. Örneğin, özürlü bir çocuğunuz olduğunda önceden bu konuda ne kadar çok düşünmüş olursanız olun, gene de bununla başa çıkabilmek için bir yol bulmalısınız. Yani durumunuz hâlâ çok zordur."

Bunu söylerken sesinde bir hüzün notası vardı; notadan da fazla, belki bir akort. Fakat alttaki melodi, umutsuz birine ait değildi. Dalai Lama yeniden, bir dakika boyunca konuşmadan durdu, sanki tüm ayrıntılarıyla dünyaya bakıyormuşçasına pencereden dışarıyı gözledi, sonra devam etti: "Acı çekmenin hayatın bir parçası olduğu gerçeğinden hiç bir kaçış yoktur. Tabi ki, acılarımızdan ve sorunlarımızdan hoşlanmamak gibi doğal bir eğilimimiz vardır. Fakat, sanırım, insanlar genellikle, varlığımızın asıl doğasının acıyla oluşturulduğunu görmemektedirler..." Dalai Lama birdenbire gülmeye başladı, "Demek istiyorum ki, doğumgünlerinizde insanlar genellikle 'İyi ki doğdun' derler, aslında doğum gününüz acılarınızın da doğduğu gündür. Fakat kimse, 'İyi ki doğdun; Mutlu Acı Çekme Günleri!' demez diye şaka yaptı.

"Bu acıyı günlük hayatınızın bir parçası olarak kabul etmeye, normalde hoşnutsuzluğa ve zihinsel mutsuzluğa sebep olan etkenleri inceleyerek başlayabilirsiniz. Genel olarak konuşmak gerekirse; örneğin siz ya da bir yakınınız bir övgü aldığında, ün, servet ya da diğer güzel şeyler kazandığında mutlu olursunuz. Bu şeyleri elde edemediğinizde ya da bunları rakibiniz elde ettiğinde mutsuz, rahatsız olursunuz. Genellikle normal günlük hayatınıza baktığınızda, acıya, ıstıraba ve tatminsizliğe neden olan pek çok etken ve koşul varken, size neşe ve mutluluk veren koşulların buna oranla az olduğunu görürsünüz. Bu, hoşumuza gitse de gitmese de katlanmamız gereken bir şeydir. Bu, hayatımızın bir gerçeği olduğu için de acı çekmeye karşı takındığımız tavrın da değişmesi gerekmektedir. Acı çekmeye karşı olan tutumumuz çok önemlidir çünkü acı verici bir olay meydana geldiğinde onunla nasıl başa çıkacağımızı belirler. Genel olarak tutumumuz, acımızdan ve ıstırabımızdan nefret etmek ve buna karşı tahammülsüz olmaktan oluşmaktadır. Eğer acı çekmeye karşı olan tutumuzu dönüştürebilirsek, acıya karşı daha dayanıklı olmamızı sağlayan bir tutum benimsersek, bu tutum mutsuzluk, tatminsizlik ve hoşnutsuzluk karşısında bize çok yardımcı olacaktır.

"Kişisel olarak fikrim, acıya tahammül etmeye yardımcı olacak en güçlü ve en etkili çalışma, acı çekmenin *Samsara*'nın*, aydınlanmamış varoluşun, temel doğası olduğunu görmek ve anlamaktır.

"Fiziksel bir acı çektiğinizde ya da başka bir sorunla karşılaştığınızda, tabi ki o sırada 'Ah! Bu acı bir felaket!' diye düşünürsünüz. Acı karşısında, 'Ah! Bunu yaşamamalıydım!' diye düşünerek acıyı reddetmeye çalışırsınız. Fakat o sırada, duruma bir başka açıdan bakarsanız ve bu bedenin..." sözlerinin etkisini artırmak için koluna bir tokat attı, "acının gerçek temeli olduğunu anlarsanız, o zaman reddetme duygusu azalır, bu acıyı haketmediğiniz, sizin bir kurban olduğunuz duygusu kaybolup gider. Bir kez bu gerçeği anlayıp kabul ettiğinizde, acıyı da çok doğal bir şey olarak yaşarsınız.

"Örnek olarak Tibet halkının katlandığı acıyla nasıl başa çıktığını ele alabiliriz; duruma tek bir noktadan bakarsanız et-

* Samsara (Sanskritçe), yaşam, ölüm ve yeniden doğumdan oluşan sonsuz çevrim ile tanımlanan bir varoluş durumudur. Bu terim, aynı zamanda, acı çekmeyle tanımlanan sıradan günlük hayatımız için de kullanılır. Bütün canlılar, zihinlerindeki olumsuz eğilimlerin tümünden kurtulana ve bir Özgürlük aşamasına ulaşana kadar, geçmiş eylemler ve olumsuz "aldatıcı" zihinsel durumların neden olduğu karmik etkilerin desteklediği bu aşamada kalırlar (ç.n.).

kilenebilir ve "Nasıl böyle bir şey olabilir?" diye merak edebilirsiniz. Fakat başka bir açıdan bakıldığında Tibet'in, Samsara'nın tam ortasında olduğu gerçeği üzerinde düşünebilirsiniz," güldü, "tıpkı bu gezegen ve tüm galaksi gibi." Tekrar güldü.

"Herneyse, sanırım, hayatı bütün olarak nasıl gördüğünüz, acı karşısındaki tutumunuzda da bir rol oynamaktadır. Örneğin temel görüşünüz, acı çekmenin ne pahasına olursa olsun kaçınılması gereken kötü bir şey olduğu ve bir anlamda bir güçsüzlük işareti olduğu ise bu görüş, zor durumlarla karşılaştığımızda, psikolojik anlamda bir sinirlilik ve tahammülsüzlük, bir bunalma duygusu yaratacaktır. Diğer yandan temelde, acı çekmenin varoluşunuzun doğal bir parçası olduğunu kabul etemeniz kuşkusuz sizi hayatın sıkıntılarına karşı daha tahammüllü yapacaktır. Ve acılarınız karşısında belli derecede bir tahammül göstermezseniz hayatınız perişan bir hale gelir; bu durumu tıpkı kötü bir gece geçirmeye benzetebiliriz. Böyle bir gece insana, sanki sonsuzmuş veya hiç bitmeyecekmiş gibi gelir."

"Varoluşun temelini oluşturan şeyin acı çekmenin oluşturduğunu ve bunun temelinde de tatminsizliğin olduğunu söylemeniz doğrusu bana çok karamsar ve gerçekten cesaret kırıcı bir bakış gibi göründü," diye belirttim.

Dalai Lama hemen açıklamaya başladı: "Varoluşun tatminsiz doğasından bahsettiğimde, kişinin bunun tamamen Budist bakış açısı olduğunu anlaması gerekir. Bu düşünceler kendine özgü bir çerçeve içinde anlaşılmalıdır. Bu çerçevenin iskeletini Budist yol oluşturmaktadır. Acı çekmek hakkındaki bu görüş, kendine özgü çerçevesi içinde görülmedikçe, bu tür bir yaklaşımın biraz karamsar ve olumsuz kabul edilmesi tehlikesi olduğunu ve hatta yanlış anlaşılma olasılığının bulunduğunu kabul ediyorum. Bu nedenle, acı çekme olgusu karşısında temel Budist tutumun ne olduğunu anlamak önemlidir. Budha'nın öğretilerine baktığımızda, öğrettiği ilk şeyin Dört Soylu Gerçek ilkesi olduğunu ve bunların ilkinin Acı Çekme Gerçeği olduğunu görüyoruz. Burada, insanın varoluşunun acı dolu doğası fazlasıyla vurgulanmıştır.

"Akılda tutulması gereken, acı çekmek üzerine düşünmenin böylesine önemli olmasının nedeninin başka bir çıkış olasılığı, başka bir seçenek olmasından kaynaklanmasıdır. *Acıdan kurtulmak mümkündür.* Acı çekmenin nedenleri ortadan kaldırıldığında, Özgürlük aşamasına, acının olmadığı bir aşamaya ulaşmak mümkündür. Budist düşünceye göre, acının asıl nedenleri, cehalet, şiddetli arzu ve nefrettir. Bunlar, 'zihnin üç zehri' diye adlandırılır. Budist anlayış çerçevesinde kullanıldığında bu terim, özel bir çağrışım yapmaktadır. Örneğin, 'görmezden gelmek' her zaman kullanıldığı anlamda bilgi eksikliği demek değildir, daha çok kendinin ve olayın gerçek doğasını temel olarak yanlış algılamak demektir. Gerçekliğin esas doğasına bakan bir içgörü oluşturarak, şiddetli arzu ve nefret gibi aldatıcı zihinsel durumları ortadan kaldırarak kişi, tamamen saflaştırılmış, acıdan kurtulmuş bir zihin elde edebilir. Budist anlayışta, kişinin sıradan günlük varoluşunun acı çekmeyle tanımlandığı gerçeği üzerine düşünmesi, çektiği acıların asıl nedenlerini ortadan kaldıracak çalışmalara girmesini sağlayacaktır. Diğer türlü, acıdan kurtulmak için bir ümit ya da olasılık yoksa, çekilen acı hakkındaki en basit düşünceler bile hastalıklı hale gelir ki, bu da epey olumsuz bir durumdur."

Dediğim gibi, "acı çeken doğamız" üzerine düşünmenin, hayatın kaçınılmaz kederlerini kabul etmekte bir rol oynayabileceğini ve hatta günlük sorunlarımıza doğru bir açıdan bakmakta değerli bir yöntem olduğunu anlamaya başlamıştım. Acı çekmenin daha geniş bir çerçevede, daha büyük bir ruhsal yolun parçası olarak görülebileceğini de kavrayabiliyordum; özellikle de zihni arındırmanın ve sonunda hiçbir acının olmadığı bir aşamaya ulaşmanın mümkün olduğunu bilen Budist görüş açısına göre. Fakat bu büyük felsefi düşünceleri bir kenara bırakarak, Dalai Lama'nın daha kişisel bir seviyede acı çekmeyle nasıl başa çıktığını, örneğin sevdiği birini kaybetmeye nasıl dayandığını öğrenmek istedim.

Dhramsala'yı yıllar önceki ilk ziyaretimde, Dalai Lama'nın ağabeyi Lobsang Samden'i tanımıştım. Ondan çok hoşlanmıştım, bir kaç yıl önce aniden öldğüğünü duyduğumda ise çok üzülmüştüm. Dalai Lama ile ağabeyinin birbirlerine çok yakın olduklarını bildiğimden, "Ağabeyiniz Lobsang'ın ölümünün size çok zor geldiğini tahmin ediyorum..." dedim.

"Evet."

"Bununla nasıl başa çıktığınızı merak ediyordum."

"Tabi ki, onun öldüğünü öğrendiğimde çok, çok üzüldüm," dedi sakince.

"Peki bu üzüntüyle nasıl başa çıktınız? Demek istediğim bunu yenmek için size özellikle yardımcı olan bir şey var mıydı?"

"Bilmiyorum," dedi düşünceli bir şekilde. "Bir kaç hafta boyunca büyük bir keder duydum, fakat bu duygu giderek azaldı. Gene de biraz pişmanlık duyuyorum..."

"Pişmanlık mı?"

"Evet. O öldüğü sırada uzaklardaydım ve eğer yanında olsaydım belki ona yardımcı olmak için yapabileceğim bir şey olurdu. Bu nedenle biraz pişmanlık duyuyorum."

Hayatı boyunca, acı çekmenin kaçınılmaz bir şey olduğunu düşünmesi, ağabeyinin kaybını kabul etmesinde Dalai Lama'ya yardımcı olmuştu fakat bu durum, acı karşısında ümitsiz bir şekilde ve başka çıkar yol göremeyip teslim olan duygusuz ve soğuk bir insan da yaratmamıştı; sesindeki keder, son derece duygusal bir insanı ortaya koymaktaydı. Aynı zamanda, bu konuda kendine acımaktan ya da şikayet etmekten tamamen arınmış olan açık kalpliliği ve dürüstlüğü, kaybını tam anlamıyla kabul etmiş bir insan olduğunu kuşku götürmez bir şekilde ifade ediyordu.

O gün, sohbetimiz akşam üzerine dek sürdü. Tahta kepenklerin aralarından içeri süzülen altın renkli hançerler, gittikçe loşlaşmakta olan odanın içinde yavaşça ilerliyorlardı. Odanın içini melankolik bir atmosferin doldurduğunu hissettim; konuşmamızın sonuna geldiğimizi biliyordum. Gene de, bu kayıp hakkında onu daha ayrıntılı bir şekilde sorgulamayı ümit ediyordum, sadece acı çekmeyi kabullenmek dışında sevilen birinin ölümü karşısında başka önerileri olup olmadığını öğrenmek istiyordum.

Tam bu konuyu açacakken, dikkati biraz dağılmış gibi geldi, gözlerinde yorgunluk okunuyordu. Kısa bir süre sonra sekreteri sessizce odaya girdi ve bana o bakışlarından birini attı: yıllar süren çalışmalarla bilenmiş olan bu bakışlar gitme zamanın geldiğini belirtiyordu.

"Evet...," dedi Dalai Lama özür dileyen bir sesle, "Belki de burada durmalıyız...ben, biraz yorgunum."

Sonraki gün, özel görüşmelerimizde bu konuya dönme fırsatı bulamadan, halka yaptığı konuşmalarda bu konu açıldı. Acı çektiği açıkça belli olan bir izleyici, Dalai Lama'ya, "Sizin için çok önemli birinin, örneğin çocuğunuzun kaybıyla başa çıkabilmek için herhangi bir öneriniz var mı?"' diye sordu.

Dalai Lama nazik ve sevecen bir tonla yanıt verdi, "Bu, bir derecede kişinin inançlarıyla ilgilidir. Eğer bir insan yeniden doğmaya inanıyorsa, o zaman, kederi ve acıyı azaltmanın bir yolu olduğuna inanıyorum. Sevdikleri kişinin tekrar doğacağının düşünüp teselli bulabilirler.

"Yeniden doğuma inanmayan insanlar için, gene de sevdiği birini kaybetmeyle başa çıkmanın bazı basit yolları olduğunu sanıyorum. Öncelikle, çok fazla üzülmenin, bu kayıp ve kederin kendilerini aşırı derecede etkilemesine ve bunda fazlasıyla ısrar etmenin sadece kendilerini yıpratacağını ve zarar vereceğini, sağlıklarını bozmakla kalmayıp aynı zamanda bu tavırlarının ölen kişi için de hiçbir yararı olmayacağını düşünebilirler.

"Kendimden örnek verirsem, çok sevgili özel eğitmenimi, annemi ve ayrıca ağabeyimi kaybettim. Öldüklerinde tabi ki çok, çok üzüldüm. Sonra, bu kadar üzülmenin bir yararı olmadığını düşünmeye başladım, eğer bu insanları gerçekten seviyorsam, onların yapmak istedikleri işleri sakin bir zihinle tamamlamalıydım. Ben de bunun için elimden gelenin en iyisini yaptım. Çok sevdiğiniz birini kaybetmeniz durumunda, doğru yaklaşımın bu olduğuna inanıyorum. Bir insanın anısını canlı tutmanın, onu anmanın en iyi yolu, o kişinin yapmak istediklerini devam ettirmektir.

"Tabi ki başlangıçta acı ve keder, kayıp karşısında verilen doğal insani tepkilerdir. Fakat, bu harap olma ve üzüntü duygusunun kalıcı olmasına izin verirseniz, bir tehlike var demektir; bir tür kendi içine kapanmaya yol açabilir. Dikkatin sadece kendinize yöneldiği bir durum meydana gelir. Bu durumda kaybınızdan fazlasıyla etkilenerek bunu yaşayan kişinin sadece kendiniz olduğunu sanırsınız. Depresyon su yüzüne çıkar. Fakat gerçekte, aynı deneyimden geçen başkaları da vardır. Kendinizi fazlasıyla üzülüyorken bulursanız, benzeri ya da daha kötü trajediler yaşayan insanlar olduğunu düşünmek yardımcı olabilir. Bunu anladığınızda, artık kendinizi yalıtılmış gibi, başınıza böyle bir şey gelmesi için özellikle seçilmiş gibi hissetmezsiniz. Bu, size teselli sağlayabilir."

Her ne kadar, tüm insanlar acı çekse de, sık sık bazı Doğu toplumlarında acı karşısında daha büyük bir kabullenme ve tahammül olduğunu düşünmüşümdür. Bunun bir nedeni inançları olabilir, fakat belki de bunun nedeni Hindistan gibi yoksul ülkelerde acının, refah içindeki ülkelere göre daha fazla görülmesidir. Açlık, yoksulluk, hastalık ve ölüm açık bir şekilde gözler önündedir. Bir insan yaşlandığında ya da hastalandığında dışlanmaz, sağlık uzmanları tarafından bakılmak için bakım evlerine gönderilmez; toplumun içinde kalır ve aileleri tarafından bakılırlar. Hayatın gerçekleri ile her gün temas halinde yaşamak, hayatın özünün acı çekmek ve bunun varoluşun bir parçası olduğunun inkar edilmesine kolay kolay izin vermez.

Batı toplumlarında, kötü yaşam koşulları nedeniyle acı çekme durumunun sınırlandırılmasında başarılı olundukça, acıyı yenme becerisi de kaybolmuş gibidir. Sosyal bilimcilerin yaptıkları araştırmalar, modern Batı toplumundaki pek çok kişinin dünyanın aslında yaşanacak güzel bir yer olduğuna, hayatın çoğunlukla adil olduğuna ve başlarına iyi şeylerin gelmesini hakkeden iyi insanlar olduklarına inanma eğilimi gösterdiklerini vurgulamaktadır. Bu inanış, daha mutlu ve daha sağlıklı bir yaşam sürmekte önemli bir rol oynayabilir. Fakat acının kaçınılmaz bir şekilde ortaya çıkışı bu inancın ayağını kaydırıp, mutlu ve sağlıklı yaşamaya devam etmeyi zorlaştırabilir. Bu çerçeve içinde, göreceli olarak hafif bir travma bile kişinin, dünyanın adil ve güzel bir yer olduğu hakkındaki inancını kaybetmesinde çok büyük bir psikolojik etkide bulunabilir. Sonuç olarak, acının şiddeti artar.

Teknolojinin ilerlemesiyle çoğu Batı toplumunda genel fiziksel rahatlık seviyesinin artığına da hiç kuşku yoktur. İşte tam bu noktada bakış açısında önemli bir değişikliğin yapılması gerekmektedir; acı daha az görülmeye başladıkça, insan doğasının bir parçası olarak da görülmemeye başlanır; daha çok, anormal bir durum, bir şeylerin son derece kötü gittiğinin bir işareti, sistemdeki bir arıza, mutlu olma hakkımıza bir tecavüz olarak kabul edilir!

Bu tür düşünceler gizli tehlikeler taşır. Eğer acı çekmenin doğal olmadığını ve yaşamamamız gereken bir şey olduğunu düşünüyorsak, çektiğimiz acı için suçlayacak birilerini aramak da çok büyük bir gayret gerektirmez. "Eğer mutsuzsam, öyleyse birinin ya da bir şeyin 'kurbanı' olmalıyım": bu, tüm Batı'daki ortak düşüncedir. Bizi aldatan şey, hükümet, eğitim sistemi, tacizde bulunan ebeveynler, ihmalkar bir aile, karşı cins ya da ilgisiz bir eştir. Ya da suçlamayı kendimize yöneltebiliriz: yanlışlık bende, ben bir hastalığın, belki de kusurlu genlerin kurbanıyım. Fakat, suçlamaya ve kurban rolü oynamaya devam etmenin riskli yanı, acımızı daimi hale getirmek ve sürekli olarak öfke, hayal kırıklığı ve gücenme duygularıyla yaşamaktır.

Tabi ki acıdan kurtulma isteği, her insanın en doğal hedefidir; mutlu olma isteğimizin doğal sonucudur. Bu nedenle, mutsuzluğumuzun nedenlerini ortaya çıkarmamız ve her düzeyde - küresel, toplumsal, ailesel ve kişisel - çözüm arayarak sorunlarımızı halletmek için yapabileceğimiz her şeyi yapmamız son derece yerindedir. Fakat, acı çekmeyi doğal olmayan, bizi korkutan, kaçındığımız ve reddettiğimiz anormal bir durum olarak gördüğümüz sürece, acının nedenlerini asla kökünden söküp atamaz ve daha mutlu yaşamaya başlayamayız.

9. Konu

KENDİ KENDİNE YARATILAN ACI

Siyah, sade bir Armani takım giymiş, orta yaşlı adam, ofisime yaptığı ilk ziyaretinde, kibar fakat kayıtsız bir tavırla karşıma oturdu ve kendisini bana getirenin ne olduğunu anlatmaya başladı. Yumuşak, kontrollü, ölçülü bir sesle konuşuyordu. Bilindik soruları sıralamaya başladım: şikayetleri, yaşı, geçmişi, medeni durumu, ...

"O orospu!" diye bağırdı aniden, sesi öfke ve hırsla doluydu. "Lanet olasıca karım! Artık, ESKİ-karım. Arkamdan işler çevirdi! Hem de onun için yaptığım onca şeyden sonra. O küçük... o küçük... SÜRTÜK!" Sesi daha yüksek, daha öfkeli ve daha kin dolu çıkmaya başlamıştı, sonraki yirmi dakika boyunca eski karısı hakkında şikayet üzerine şikayette bulundu.

Zamanımız dolmak üzereydi. Henüz ısındığını ve daha saatlerce böyle devam edebileceğini anlayarak ona öğüt vermeye kalktım. "Evet, çoğu insan evliliklerinin bitmesi nedeniyle sorunlar yaşar. Daha sonraki konuşmalarımızda mutlaka bu konu üzerinde durmamız gerekiyor," dedim yatıştırıcı bir sesle. "Bu arada, ne kadar zaman önce boşanmıştınız?"

"Geçen Mayısta on yedi sene oldu."

Bir önceki bölümde, acı çekmeyi insanın varoluşunun doğal bir gerçeği olarak kabul etmenin öneminden bahsetmiştik. Bazı acılardan kaçış olmamasına rağmen bazılarını da kendimiz yaratırız. Acıyı hayatın doğal bir parçası olarak kabul etmeyi reddetmenin, kişiyi kendisini sürekli bir kurban olarak görmesine ve sorunları nedeniyle başkalarını suçlamaya götürmesini buna örnek olarak gösterebiliriz.

Fakat, çektiğimiz acıları başka yollarla da artırırız. Sık sık, bize acı veren şeyi zihnimizde tekrar, tekrar çevirerek, uğradığımız haksızlığı büyüterek acımızı sürekli kılar, onu canlı tutarız. Belki de bunun durumu değiştireceği - ki bu asla olmaz - hakkındaki bilinçsiz bir istekle, acı dolu anılarımızı tekrar yaşayıp dururuz. Tabi ki, sürekli olarak kendi üzüntümüzden bahsetmemiz bazen kısıtlı bir amaca hizmet edebilir; hayatımıza bir dram havası ve belli bir heyecan getirebilir ya da başka insanların dikkat ve ilgilerini çekebilir. Fakat, dayanmak zorunda kaldığımız mutsuzluk karşılığında bu çok düşük bir bedeldir.

Çektiğimiz acıyı nasıl artırdığımızdan bahsederken, Dalai Lama şöyle bir açıklama getirdi: "Duyduğumuz zihinsel huzursuzluk ve acıya pek çok yolla katkıda bulunmaktayız. Her ne kadar, zihinsel ve duygusal dertlerin olması doğal olsa da, bu olumsuz duyguları bu kadar kötü hale getiren de genellikle bizim bu duruma katkıda bulunmamızdır. Örneğin birine karşı öfke ya da nefret duyduğumuzda, bu duyguyla fazla uğraşmazsak, duygunun yoğun bir şekilde hissedilecek kadar büyümesi de daha küçük bir olasılık olacaktır. Bize yapılan haksızlıkları, bize nasıl adil olmayan bir şekilde davranıldığını düşünürsek ve bunları tekrar tekrar kafamızdan geçirip kurmaya devam edersek, nefreti de beslemiş oluruz. Bu tutum, nefreti çok güçlü ve yoğun bir hale getirir. Aynısı bizim için özel bir insana karşı ilgi duyduğumuzda da geçerlidir; onun ne kadar güzel olduğunu düşünerek bu ilgiyi besleyebiliriz, bu kişide gördüğümüz belirgin nitelikleri düşünmeye devam edersek bu ilgi daha da yoğun bir hale gelir. Bu, düzenli alışkanlıklar ve düşünme yoluyla duygularımızı nasıl daha yoğun ve güçlü hale getirdiğimizi göstermektedir.

"Ayrıca fazlasıyla duygusal davranıp, çok küçük şeylere aşırı tepki vererek ve bazen de bazı şeylere alınarak çektiğimiz acı ve kederi artırmaktayız. Küçük şeyleri çok ciddiye alıp, ölçüsünü kaçıracak kadar abartırken hayatımızda derin etkileri ve uzun vadeli sonuçları olan gerçekten önemli şeylere karşı kayıtsız kalmaya eğilimli hale geliriz.

"Yani, acı çekip çekmememizin büyük ölçüde belli bir duruma karşı nasıl tepki verdiğinizle bağlantılı olduğunu düşünüyorum. Örneğin, diyelim ki birisinin senin arkandan çok kötü konuştuğunu öğrendin. Eğer arkandan kötü konuşulması gibi bir olumsuzluğa, kırgınlık ya da öfke ile yaklaşırsan kendi zihinsel huzurunu da mahvetmiş olursun. Öte yandan, olumsuz bir şekilde tepki vermekten uzak durursan iftiranın, tıpkı kulaklarını yalayıp geçen sessiz bir rüzgar gibi geçip gitmesine izin verirsen, kendini bu kırgınlık ve ıstırap duygusundan da korumuş olursun. Her ne kadar zor durumlardan kaçınmak her zaman mümkün olmasa da, bu duruma verdiğin tepkiye bağlı olarak çektiğin acıyı azaltabilirsin."

Ayrıca fazlasıyla duygusal davranıp, çok küçük şeylere aşırı tepki vererek ve bazen de bazı şeylere alınarak, çektiğimiz acı ve kederi artırırız..." Bu sözlerle Dalai Lama, her gün yaşadığımız fakat sonunda büyük bir acı kaynağı haline dönüşen pek çok kızgınlığın kökenini de işaret etmekteydi. Bazen terapistler bu süreci, acılarımızı kişiselleştirmek olarak adlandırmaktadırlar; bu durum meydana gelen her şeyi bizde yarattığı etkisi ile yorumlayarak ya da yanlış yorumlayarak görüş açımızın psikolojik alanını daraltma eğilimi olarak açıklanabilir.

Bir akşam, bir meslektaşımla yemekteydim. Bulunduğumuz restoranda servis çok yavaştı ve oturduğumuz andan beri meslektaşım şikayet etmekteydi: "Şuna bak! Garsonlar ne kadar yavaşlar! Nerede kaldılar? Bence, bizi bilerek görmezden geliyor!"

İkimizin de yetişmesi gereken bir işi olmamasına rağmen, meslektaşımın yavaş giden servis hakkındaki yakınmaları yemek sırasında giderek arttı ve yemek, sofranın düzenlenişi ve hoşuna gitmeyen her şey hakkında bir şikayetler nakaratına dönüştü. Yemeğin sonunda, garson bize bedava tatlı sundu ve "Bu akşamki servisin yavaşlığı nedeniyle özür dilerim; fakat eleman eksiğimiz vardı. Aşçılarımızdan birinin bir yakını ölmüş o nedenle bu akşam çalışmıyor ve komilerden biri de son dakikada hasta olduğunu bildirdi. Umarım bu size rahatsızlık vermemiştir..." diye açıklama yaptı.

Garson uzaklaşırken meslektaşım bıyık altından, "Gene de buraya bir daha gelmeyeceğim," diye mırıldandı.

Bu, her sıkıcı durumu sanki özellikle bize karşı yapılmış gibi düşünüp kişiselleştirerek hayatımızı nasıl daha da çekilmez hale getirdiğimizin küçük bir örneğidir. Bu durumda elde edilen tek şey, kötü geçen bir yemek, sinir dolu bir saatti. Fakat bu tür bir düşünce tarzı, yaşamla bağlantılı olarak geniş kapsamlı bir davranış kalıbı olmaya başlar, ailemiz, arkadaşlarımız ya da genel olarak toplumun yaptığı her yorumu kapsayacak kadar genişlerse, mutsuzluğumuzun belirgin bir kaynağı haline gelebilir.

Bu tür dar kapsamlı düşünmenin sınırlarının nerelere kadar uzandığını tarif ederken Jacques Luceyran işin iç yüzünü gösteren bir gözlemde bulunmuştur. Sekiz yaşından beri kör olan Lusseyran, II. Dünya Savaşı'nda direnişçi gruplardan birinin kurucusudur. Almanlar tarafından yakalanır ve Buchenwald toplama kampına gönderilir. Lusseyran, sonradan kampta yaşadıklarını şöyle anlatmaktadır: "...Mutsuzluk, hepimizi etkisi altına almıştı çünkü kendimizi dünyanın merkezinde görüyorduk, dayanılmaz derecede acı çekenlerin yalnızca kendimiz olduğuna inanıyorduk. Mutsuzluk, kişinin kendisini hep kendi bedeni içine, kendi beynine hapsedilmiş hissetmesidir."

"Fakat Bu Haksızlık"

Günlük hayatımızda, kaçınılmaz olarak ortaya sorunlar çıkar. Fakat sorunlar, kendiliklerinden acıya neden olmazlar. Eğer sorunlarımıza doğrudan yönelir ve enerjimizi bir çözüm bulmaya yoğunlaştırırsak, sorun bir meydan okumaya dönüşebilir. Bu karışımın içine sorunumuzun bir "adaletsizlik" olduğu düşüncesini karıştırırsak, zihinsel huzursuzluk ve duygusal acı yaratmada güçlü bir yakıt haline gelen bir maddeyi de eklemiş oluruz. Bu durumda, sadece bir yerine iki soruna sahip olmakla kalmaz aynı zamanda bu "haksızlık" duygusundan rahatsız olur, yıpranır ve gerçek sorunu halletmek için gerekli olan enerjimizi yitiririz.

Bir sabah Dalai Lama'ya bu konuyu açmak için şöyle bir soru sordum: "Sorunlar meydana geldiğinde sık sık bize işkence eden, haksızlığa uğradığımız duygusu ile nasıl başa çıkabiliriz?"

Dalai Lama yanıt verdi: "Bir insanın çektiği acının bir haksızlık olduğu duygusu ile başa çıkması için kullanabileceği pek çok yol olabilir. Acıyı insanın varoluşunun doğal bir parçası olarak kabul etmenin öneminden bahsetmiştim. Sanırım Tibetliler, bu zor durumların gerçekliğini kabul etmede daha başarılı olmaktadırlar; çünkü 'Belki de bunun nedeni geçmişteki Karmamdır,' demektedirler. Bu durumu, şimdiki ya da geçmişteki yaşamlarında yaptıkları olumsuz eylemlere bağlalmaktadırlar. Hindistan'daki bir yerleşimde, çok zor durumda olan bazı aileler gördüm; çok kötü koşullar altında yaşamaktalar ve bunun da ötesinde her iki gözü de kör ve bazen de geri zekalı çocukları olanlar vardır. Ve her nasılsa bu zavallı kadınlar bu çocuklara bakmanın bir yolunu bulmakta ve sadece 'Bunun nedeni onların Karması; bu onların kaderi,' demektedirler.

"Karma'dan bahsetmişken; bazen Karma doktrininin yanlış anlaşılması nedeniyle kişinin her şey için karmayı sorumlu tutma ve kendi eylemlerinin sorumluluğunu üstlenmek yerine kendini bu sorumluluktan kurtarmak için karmayı kullanma eğiliminde olduğunu anlamak da önemlidir. Kişi kolaylıkla, 'Bu benim geçmiş, olumsuz karmamla ilgili bir şey, ne yapabilirim ki? Başka çarem yok', diyebilir. Bu, karmanın tamamen yanlış anlaşılmasıdır; çünkü her ne kadar kişinin bu yaşamında deneyimledikleri geçmiş yaşamlarındaki eylemlerinin bir sonucu olsa da bu, kişinin başka bir seçeneği olmadığı ya da olumlu bir değişiklik yapmak için sorumluluk üstlenmesine gerek olmadığı anlamına gelmez. Bu durum, hayatın her alanında geçerlidir. Kişi edilgen halde kalmamalı ve her şeyin Karma'nın bir sonucu olduğu kavramına dayanarak inisiyatifi kendi eline almamak için özür bulmaya çalışmamalıdır; çünkü karmanın gerçek anlamını doğru bir şekilde anladığında onun eylem olduğunun farkına varacaktır. Karma çok etken bir süreçtir ve karmadan ya da eylemden bahsettiğimizde, geçmişte bir fail tarafından ki, bu durumda bu fail biziz, yapılan gerçek bir eylemdir. Yani nasıl bir geleceğe sahip olacağımızın sırrı, büyük ölçüde şimdiki zamanda, kendi ellerimizde yatmaktadır. Şu anda üstlendiğimiz sorumluluğun türü ile belirlenmektedir.

"Yani karma, edilgen, durgun bir güç olarak değil etken bir süreç olarak anlaşılmalıdır. Bu da kişinin, Karmik sürecin gidişatını belirlemede önemli bir rolü olduğunu göstermektedir. Örneğin, yemek ihtiyacımızı gidermek gibi basit bir işi yapmak ya da basit bir amaca ulaşmak için bile tarafımızdan yapılması gereken bir eyleme ihtiyaç vardır. Yiyecek aramalı, sonra da onu yemeliyiz; bu da en basit işin bile bir eylem yoluyla yapıldığını, en basit hedefe bile bir eylem tarafından ulaşıldığını gösterir..."

"Haksızlık duygusunu, bunun karmanın bir sonucu olduğunu kabul ederek azaltmak belki Budist'ler için etkili olmuştur," diyerek araya girdim. "Fakat, Karma doktrinine inanmayanlar ne olacak? Örneğin pek çok Batılı..."

"Bir Yaratıcıya, Tanrı düşüncesine inanan insanlar, Tanrı'nın yarattığı şeyin ya da planının bir parçası olduklarını düşünerek bu zor durumları kabul edebilirler. Çok olumsuz görünen bir durumda bile Tanrı'nın her şeyi yapmaya gücünün yeteceğini, merhametli olduğunu ve bu durumun arkasında onların farkedemediği bir anlam, bir neden olduğunu düşünebilirler. Sanırım bu tür bir inanış, acı çektikleri dönem boyunca kendilerine destek olabilir ve yardım edebilir."

"Peki, ne Karma doktrinine ne de Yaratıcı bir Tanrı düşüncesine inanmayanlar ne yapabilir?"

Dalai Lama, birkaç saniye düşündükten sonra, "İnançsız biri için..." dedi. "...belki de pratik, bilimsel bir yaklaşım yardımcı olabilir. Sanırım, bilim adamları bir soruna tarafsız bir gözle bakmanın, durumu duygusallığı fazla işe katmadan incelemenin çok önemli olduğunu kabul ederler. Bu tür bir yaklaşımla, soruna şu şekilde bakabilirsiniz: 'Eğer sorunla savaşmanın bir yolu varsa, o zaman, sonunda başın belaya girse bile savaş!' " Güldü. "Eğer kazanmanın bir yolunu bulamıyorsan, sadece unut gitsin.

"Zor ya da sorunlu bir durumu tarafsız bir gözle inceleme son derece önemlidir; çünkü genellikle bu tür bir yaklaşımla sahne arkasında rol oynayan başka etkenler olduğunu farkedersiniz. Örneğin iş yerinde patronunuzun size haksız bir davranışta bulunduğunu düşünüyorsanız, bunda rol oynayan başka etkenler olabilir; başka bir şeye sinirlenmiş veya o sabah karısıyla tartışmış olabilir ve bu davranışı kişisel bir şey, sizinle doğrudan ilgili bir şey olmayabilir. Tabi ki, yine bu sorunla karşılaşmak zorunda kalırsınız; fakat en azından bu yaklaşım sayesinde bu durum daha fazla canınızı sıkmaz."

"Kişinin tarafsız olarak durumu değerlendirdiği bu türde bilimsel bir yaklaşımın, sorunu çözebilecek yollar bulmasına yardımcı olması mümkün müdür? Bu zor durum karşısında hissettiği haksızlığa uğramışlık duygusunun azalmasına yardımcı olabilir mi?"

Hevesle, "Evet!" diye yanıt verdi. "Kesinlikle bir farklılık yaratacaktır. Genelde, belli bir durumu tarafsız ve dürüst bir şekilde değerlendirirsek olayların gelişmesinden büyük ölçüde bizim de sorumlu olduğumuzu anlarız.

"Örneğin pek çok insan, Saddam Hüseyin'e karşı yapılan Körfez Savaşı'nı lanetledi. Çeşitli fırsatlarla ben de bunun adil olmadığını ifade ettim. Bu şartlar altında, Saddam Hüseyin için gerçekten üzüldüm. Tabi ki, o bir diktatördür ve hakkında pek çok olumsuz şey söylenebilir. Duruma kabaca bakarak tüm suçu onun üzerine yıkmak çok kolaydır: o bir diktatör, totaliter rejimi savunan biri ve hatta gözlerinde biraz korkutucu bir bakış var!" güldü. "Fakat ordusu olmadan zarar verme kapasitesi de sınırlı olacaktır ve askeri donanım olmadan da bu güçlü ordu işe yaramaz. Tüm bu askeri donanım kendiliğinden, havadan gelmedi! Bunu biraz olsun göz önüne alırsak, işin içinde pek çok ülke olduğunu görürüz.

"Yani," diye devam etti Dalai Lama, "genellikle eğilimimiz, sorunlarımız nedeniyle başkalarını veya dış etkenleri suçlamaktır. Dahası, tek bir neden bulmaya ve sonra da kendimizi sorumluluktan muaf tutmaya çalışırız. İşin içine yoğun duyguların girmesi durumunda olayların dışarıdan görünüşleri ile gerçekte nasıl oldukları arasında bir fark var gibi görünmektedir. Bu durumda, eğer daha fazla düşünür ve durumu dikkatle değerlendirirsen, Saddam Hüseyin'in sorunun kaynağının bir parçası, etkenlerden biri olduğunu görürsün; fakat başka destekleyici koşullar da vardır. Bunu anladığında, tek nedenin o olduğu şeklindeki tutumun kendiliğinden değişir ve durumun gerçekte nasıl olduğu ortaya çıkar.

"Bu yöntem, olaylara bütüncül bir şekilde bakmayı, durumla ilgili pek çok olgu olduğunu anlamayı içerir. Örneğin, Çin'le aramızdaki sorunu ele alalım; bizim de bu durumun olmasında payımız vardır. Sanırım, bizim neslimiz bu duruma katkıda bulunmuş olabilir fakat önceki nesiller kesinlikle çok kayıtsızdı; en azından bir kaç nesil öncesi. Biz Tibetlilerin, bu trajik durumun meydana gelmesine katkıda bulunduğumuzu düşünüyorum. Her şey için Çin'i suçlamak adil olmaz. Olayın pek çok aşaması vardır. Tabi ki, her ne kadar bu durumun oluşmasında katkımız olsa da bu, tek suçlunun biz olduğumuz anlamına gelmez. Örneğin, Tibetliler asla Çin baskısına boyun eğmediler ve sonçta da direniş devam etti. Çin yeni bir politika geliştirerek çok sayıda Çinli'yi Tibet'e yerleştirdiler; Tibetliler etkisiz kaldı, yerlerinden sürüldü ve özgürlük hareketi etkili olamadı. Bu durumda, Tibet direnişinin, Çin'in uyguladığı politika nedeniyle suçlu olduğunu ya da bunun sorumlusu olduğunu söyleyemeyiz."

"Bir durumun oluşmasına sizin de katkınız olduğu konusuna gelirsek, sizin hatanızın olmadığı açık olan, sizinle hiçbir ilgisi olmayan, örneğin birinin bilerek size yalan söylemesi gibi göreli olarak önemsiz günlük olaylar karşısında ne yapmalıyız?" diye sordum.

"Tabi ki, birisi bana karşı dürüst olmadığı zaman ilk başka bir hayal kırıklığına uğrarım fakat o zaman bile durumu değerlendirirken, onu benden bir şey saklamaya iten şeyin, kötü bir düşüncenin sonucu olmadığını farkedebilirim. Bu tür olaylar nedeniyle bir hayal kırıklığı yaşadığımda o kişiye başka bir açıdan bakmayı denerim; belki de bana tam olarak güvenmemektedir çünkü onun sırrını saklayamayacağımı düşünmektedir. Tabiatım gereği oldukça açık sözlü olmayı tercih ediyorum; bu nedenle de bu kişi benim sırrını saklayacak doğru insan olmadığıma, çoğu insanın isteyebileceği gibi sırları saklayamayacağıma karar vermiş olabilir. Diğer bir deyişle, kişiliğimin doğası nedeniyle, o kişinin bana olan güvenini hakketmiyorumdur. Olaya bu şekilde bakınca, bu duruma kendi hatamın yol açtığını kabul edebilirim."

Bu mantık yürütme - bir başkasının yalan söylemesine kendinizin neden olduğunuzu düşünmek - Dalai Lama tarafından yapılmış bile olsa biraz abartılı görünmüştü. Fakat konuşurken sesinde hissedilen gerçek samimiyet bunun sıkıntılarla başa çıkmak için kendi hayatına uyguladığı bir teknik olduğunu düşündürüyordu. Tabi ki bu tekniği kendi hayatımıza uygulayarak, sorunlu bir durumda kendi hatamızı bulmamız her zaman mümkün olmayabilir. Fakat bunda başarılı olsak da olmasak da, sorunun çıkmasında kendi katkımızı bulmak için gösterdiğimiz dürüst çaba bile dikkatimizde belli bir değişikliğin olmasına imkan tanıyacaktır, bu da kendimiz ve dünya hakkındaki pek çok hoşnutsuzluğumuzun kaynağı olan ve bizi yıpratan haksızlığa uğradığımız inancına yol açan dar düşünce kalıbını kırmamıza yarayacaktır.

Suçluluk

Mükemmel olmayan bir dünyanın ürünleri olduğumuz için hiçbirimiz mükemmel değiliz. Hepimiz yanlış şeyler yapmışızdır. Pişman olduğumuz şeyler vardır; yapmış olduğumuz ya da yapmak zorunda kaldığımız şeyler... Yaptığımız yanlışları gerçek bir pişmanlık ile kabullenmek, bizi hayatta doğru yolda tutmaya yarayabilir, imkan olduğunda hatalarımızı düzeltmek ve gelecekte doğru şeyler yapmak için bizi cesaretlendirebilir. Fakat, geçmişteki suçlarımızı sürekli olarak kendimizi suçlayarak ve kendimizden nefret ederek aklımızda tutmamız ve böylece pişmanlığımızın abartılı bir suçluluk duygusuna dönüşmesine izin vermemiz, kendimizi amansızca cezalandırmamız ve kendimize acı çektirmemizden başka bir amaca hizmet etmez.

Ağabeyinin ölümünden kısaca bahsettiğimiz bir konuşmamızda, Dalai Lama'nın bu ölümden belli bir pişmanlıkla bahsettiğini hatırlıyordum. Bu pişmanlık duygusu ve olası suçluluk duygusu ile nasıl başa çıktığını merak ettiğim için daha sonraki bir konuşmamızda aynı konuya döndüm: "Lobsang'ın ölümünden bahsederken biraz pişmanlık duyduğunuzdan da söz etmiştiniz. Hayatınızda pişmanlık duyduğunuz başka olaylar var mı?"

"Ah, evet. Örneğin, bir münzevi olarak yaşayan yaşlı bir keşiş vardı. Bir şeyler öğrenmek amacıyla beni görmeye gelirdi, halbuki ben aslında onun benden daha bilgili olduğunu ve sadece formalite icabı beni görmeye geldiğini düşünürdüm. Her neyse, bir gün bana geldi ve üst düzey bir ezoterik çalışma hakkında sorular sordu. Dikkatsizce bunun zor bir çalışma olduğunu ve belki de bu çalışmanın daha genç birisi tarafından yapılmasının daha iyi olacağını, geleneksel olarak bunun çok gençken başlanan bir çalışma olduğunu söyledim. Daha sonra, keşişin, daha genç bir bedende dünyaya gelmek ve bu çalışmayı daha etkili bir şekilde yapabilmek amacıyla kendini öldürdüğünü öğrendim..."

Bu hikaye beni çok şaşırtmıştı. "Bu korkunç! Bunu duymak sizin için çok kötü olmalı..."

Dalai Lama üzgün bir şekilde başını salladı.

"Bu pişmanlık duygusu ile nasıl başa çıktınız? Bundan nasıl kurtuldunuz?"

Dalai Lama yanıt vermeden önce uzun bir süre sessizce düşündü. "Bundan kurtulamadım. Hâlâ içimde." Tekrar durdu, sonra ekledi, "Fakat, bu pişmanlık duygusu hâlâ devam etse de, beni yıkacak kadar şiddetli bir hale gelmedi. Bu duygunun beni yıkmasına, amacı olmayan bir ümitsizlik ve depresyon kaynağı olmasına ya da elimden gelen en iyi şekilde hayatıma devam etme kararımla arama girmesine izin vermemin hiç kimseye yararı olmazdı."

O anda, bir insanın hayatın trajedilerini cesaretle karşılamasının ve derin bir pişmanlık duysa bile aşırı bir suçluluk veya kendini küçük görmeye kapılmadan duygusal tepki vermesinin mümkün olduğunu bir kez daha gördüm. Bir insanın kendisini tüm sınırları, zaafları ve yanlış yargılarıyla kabul etmesinin mümkün olduğunu, kötü bir durumun neden meydana geldiğini anlamasının ve duygusal fakat aşırıya kaçmayacak şekilde tepki vermesinin mümkün olduğunu görmek beni gene etkilemişti. Dalai Lama, bu olaydan dolayı gerçekten pişmanlık duyuyordu fakat bu pişmanlığı asalet ve zarafetle taşıyordu. Bu pişmanlığı taşırken de, bunun kendisini yenmesine izin vermiyor, bunun yerine ilerlemeyi ve elinden geldiğince diğer insanlara yardım etmeyi seçiyordu.

Bazen, insanın, kendisini yıpratan bir suçluluk duygusuna teslim olmadan yaşamayı becermesinin kısmen de olsa geldiği kültüre bağlı bir şey olup olmadığını merak ederim. Dalai Lama ile pişmanlık hakkında yaptığım konuşmayı Tibetli bir araştırmacı arkadaşıma anlatırken, aslında Tibet dilinde İngilizce'deki "suçluluk" kelimesinin tam bir karşılığı olmadığını, "vicdan azabı", "tövbe" ya da "pişmanlık" anlamına gelen kelimelerin ise "gelecekteki olayları düzeltmek" anlamında kullanıldıklarını söylemişti. Bu kültürel unsur ne olursa olsun, her birimizin, alışılageldik düşünme tarzlarımıza meydan okuyarak ve Dalai Lama'nın tanımladığı ilkelere dayanan değişik bir mantık geliştirerek, gereksiz bir acıdan başka bir şeye neden olmayan suçluluk duygusuna kendimizi kaptırmadan yaşamayı öğrenebileceğimize inanıyorum.

Değişime Direnmek

Suçluluk, kendimizi düzeltilemez bir hata yaptığımıza ikna ettiğimiz zaman ortaya çıkar. Herhangi bir sorunun kalıcı olduğunu düşündüğümüzde suçluluk bize işkence etmeye başlar. Değişmez bir şey olmadığı için acılar da yatışır; sorun devam etmez. Bu, değişimin olumlu yanıdır; olumsuz yanı ise, hayatın her alanında değişime direnç göstermemizdir. Acıdan kurtulmanın ilk adımı, en önde gelen nedenlerden birini incelemektir: değişime direnç göstermek.

Dalai Lama, hayatın hiç durmadan değişen doğasını tanımlamak için şöyle bir açıklamada bulundu: "Çekilen acının nedenlerini ya da kökenlerini araştırmak son derece önemlidir. Kişi, bu sürece varoluşumuzun sürekli olmayan, geçici doğasını kabullenerek başlamalıdır. Her şey, her durum ve olay dinamiktir, her an değişmektedir; hiçbir şey durağan kalmaz. İnsanın kan dolaşımını göz önüne getirmek bu düşünceyi destekleyebilir: kan sürekli olarak dolaşır, hareket halindedir; asla hareketsiz kalmaz. Olayın bu anlık değişen doğası, tıpkı bir iç mekanizma gibidir. Her olayın doğasının her an değişmekte olması bizeher şeyin sürekli olma veya aynı kalma becerisinden yoksun olduğunu göstermektedir. Tüm şeyler bir değişime uğradığı için de, hiçbir şey aynı koşullarda varlığını sürdüremez, aynı kalmak hiçbir şeyin gücü dahilinde değildir. Bu nedenle, her şey diğer etkenlerin gücü ya da etkisi altındadır. Yani, herhangi bir andan ne kadar zevk aldığınız ya da hoşnut olduğunuz farketmez, o an sonsuza dek sürmez. Bu, Budizm'de 'değişimden dolayı duyulan acı' diye bilinen acı türünün temelini oluşturur."

Geçicilik kavramı, Budist düşüncede merkezi bir rol oynar; geçiciliğin kabul edilmesi pek çok şeyin anahtarı olan bir uygulamadır. Geçiciliğin kabul edilmesi, Budist yolda yaşamsal derecede önemli iki ana işleve hizmet eder. Bilindik seviyede ya da günlük anlamda, Budist yolun izdeşleri kendi geçicilikleri üzerinde derin düşünceye dalarlar; hayatın kırılgan bir yol olduğu ve ne zaman öleceğimizi asla bilmediğimiz gerçeği üzerinde düşünürler. Bu düşünce, insanın varolmasının ne kadar değerli bir şey olduğunu anlaması ve ruhsal bir Özgürlük aşamasına ulaşmanın, acı çekmekten kurtulmanın ve yeniden doğumun sonsuz döngüsünden kurtulmanın mümkün olduğuna inanma ile birleştiğinde, izdeşin, kendisini ruhsal Özgürlüğe ulaştıracak çalışmaları uygulayarak zamanını en iyi şekilde kullanma yolundaki kararını da güçlendirecektir. Daha derin bir seviyede, geçiciliğin daha incelikli durumları, her olayın kalıcı olmayan doğası üzerinde düşünmek, izdeşin gerçeğin asıl doğasını anlamaya uğraşmasının ve bu anlayış sayesinde de acımızın esas kaynağı olan cehaleti gidermesinin başlangıcı olur.

Hiçbir şeyin kalıcı olmadığı üzerine düşünceye dalmanın Budist anlayışta çok büyük bir öneme sahip olması akla şu soruyu getirmektedir: hiçbir şeyin kalıcı olmadığını düşünmenin ve anlamanın Budist olmayanların günlük hayatlarına işlevsel bir katkısı var mıdır? Eğer "kalıcı olmama" kavramına, "değişmek" açısından bakarsak, yanıt kesinlikle evet olacaktır. Dahası, kişi ister hayata Budist ister Batılı bakış açısından baksın, *hayatın değişim olduğu gerçeği değişmez.* Bu gerçeği reddettiğimiz ve hayattaki doğal değişikliklere direndiğimiz ölçüde de acı çekmeye devam ederiz.

Değişimi kabul etmek, kendi yarattığımız acıyı hafifletmekte önemli bir etken olabilir. Örneğin, genellikle, geçmişimizi düşünmekten vazgeçmeyi reddettiğimiz için acı çekmeye kendimiz neden oluruz. Kendi imajımızı, bir zamanlar nasıl göründüğümüz ya da bir zamanlar yapabildiklerimiz ve şimdi yapamadıklarımıza bağlı olarak belirlersek, yaşımız ilerledikçe daha mutlu olacağımız hakkında bahse girmesek daha iyi olur. Bazen, hayata ne kadar çok sarılmaya çalışırsak, hayat da o kadar garip ve çarpık bir hale gelir.

Değişimin kaçınılmaz olduğunu genel bir ilke olarak kabul etmek, pek çok sorunla başa çıkmada bize yardımcı olurken, normal hayattaki değişiklikler hakkında özellikle bir şeyler öğrenerek daha etken bir rol almak da günlük hayatta daha fazla gerginliğe yol açabilir, bu da başka bir çok soruna neden olur.

Hayattaki değişiklikleri bilmenin değerini gösteren bir örnek verebilirim: yeni anne olan bir hanım, bir keresinde sabahın ikisinde acil servise gittiğini anlatmıştı.

Pediatrist ona, "Sorun nedir?" diye sorar.

Kadın, çılgınca, "BEBEĞİM! BİR SORUN VAR!" diye bağırmaktadır. "Sanırım nefes alamıyor! Sürekli olarak, tekrar tekrar dilini dışarı çıkarıp duruyor...sanki bir şeyleri dışarı atmak istiyor, fakat ağzında hiçbir şey yok..."

Bir kaç soru ve kısa bir inceleme sonrası, doktor onu rahatlatır. "Endişe edilecek hiçbir şey yok. Bebek büyüdükçe, bedenini ve bedeninin yapabileceklerini gittikçe daha fazla tanımaya başlar. Bebeğiniz sadece dilini keşfediyor."

Otuz bir yaşında bir gazeteci olan Margaret, ilişkilerdeki değişimi anlamanın ve kabul etmenin önemi hakkında güzel bir örnek oluşturmaktadır. Kısa süre önce boşanmış olması nedeniyle asabiyet çektiğinden şikayet ederek bana gelmişti.

"Biriyle konuşmak için bir kaç seans yapmanın iyi bir fikir olduğunu düşündüm," diye açıklama yaptı, "geçmişi bir kenara bırakmak ve yeniden bekâr yaşama geçiş yapmak için bana yardımcı olabilir. Doğruyu söylemek gerekirse, bu konuda biraz endişeliyim..."

Ondan, boşanmasının ayrıntılarını anlatmasını istedim.

"Sanırım dostça olduğunu söylemek gerekir. Büyük kavgalar ya da buna benzer şeyler olmadı. Eski eşimle benim iyi birer işimiz vardı, yani parayla ilgili bir sorunumuz yoktu. Bir oğlumuz var fakat o da boşanma durumuna alıştı gibi ve vesayet anlaşmamız da iyi işliyor..."

"Demek istediğim, boşanmaya neyin sebep olduğunu söyleyebilir misiniz?"

"Şeyy... Sanırım artık birbirimize aşık değildik," diyerek iç çekti. "Aramızdaki romantizm giderek azalmıştı; evliliğimizin ilk dönemlerindeki içtenliğimiz artık yoktu. Her ikimiz de işimizle meşguldük ve oğlumuz da akıntıya kapılmış gidiyordu. Evlilik danışmanıyla bir kaç görüşme yapmayı denedik fakat bir yardımı olmadı. İlişkimiz gerçek bir aşk, gerçek bir evlilik gibi değildi. Her neyse, karşılıklı olarak, boşanmanın en iyisi olacağını kabul ettik; artık aramızda olması gereken bir şeyler eksikti."

Sorunun hatlarını çizmek için iki görüşme yaptıktan sonra, kısa süreli bir psikoterapi uygulamaya, özellikle endişesini azaltması ve son dönemde hayatında olan değişikliklere uyum sağlaması üzerinde yoğunlaşmaya karar verdik. Akıllı ve duygusal anlamda uyumlu bir insandı, kısa süreli terapiye iyi yanıt verdi ve tekrar bekâr yaşamaya kolayca geçiş yaptı.

Margaret ve kocası, açıkça birbirleriyle ilgi duymalarına rağmen, tutku derecelerindeki değişikliği evliliğin bitmesi gerektiği şeklinde yorumlamışlardı. Sık sık hepimiz, birbirimize karşı duyduğumuz tutkunun azalmasını, ilişkide ölümcül bir sorun olduğunun bir işareti olarak yorumlarız. Çoğunlukla da, ilişkimizdeki ilk değişiklik belirtisi bir panik duygusu, bir şeylerin çok kötü gittiği duygusu yaratır. Belki doğru kişiyle beraber değilizdir. Eşimiz, aşık olduğumuz kişi değildir. Anlaşmazlıklar baş gösterir; belki de canımız seks istemektedir fakat eşimiz yorgundur, belki gitmek istediğimiz bir film vardır fakat bu film eşimizi hiç ilgilendirmemektedir ya da hep işi vardır. Daha önce görmediğimiz farklılıkları görebiliriz. Böylece, ilişkinin bitmesi gerektiği sonucuna varırız; farklı yönlere doğru gittiğimiz gerçeğinden kurtuluş yoktur. Artık koşullar aynı değildir; belki de en iyisi boşanmaktır.

Peki, biz ne yaparız? İlişkiler konusunda uzman kişiler, tutku ve romantizm alevi sönmeye başladığında ne yapmamız gerektiğini söyleyen düzinelerce kitap yayınlamaktadırlar. Romantizm ateşini tekrar tutuşturmak için düşünülmüş sayısız öneri getirmektedirler: programınızı yeniden düzenleyerek romantizmin öne çıktığı zamanlar ayarlayın, romantik akşam yemekleri ya da hafta sonu gezileri düzenleyin, eşinize iltifat edin, nasıl anlamlı bir konuşma yapılacağını öğrenin. Bazen bu öneriler işe yarar, bazen de yaramazlar.

Fakat, bir ilişkinin bittiğini telâffuz etmeden önce yapabileceğimiz en yararlı şeylerden biri, bir değişiklik olduğunu farkettiğimizde durup, durumu değerlendirmek ve kendimizi ilişkilerdeki değişikliklerin normalde hangi kalıplar içinde oldukları hakkında olabildiğince fazla bilgi ile donatmaktır.

Hayatımız kesintisiz devam ettiği için, bebeklikten çocukluğa, yetişkinliğe ve yaşlılığa doğru ilerleriz. Kişisel gelişimdeki bu değişiklikleri doğal bir süreç olarak kabul ederiz. Fakat, ilişki dinamik, canlı bir sistemdir, canlı bir çevre içinde birbiriyle ilişkide bulunan iki organizmadan oluşur. İlişkinin canlı bir sistem olarak çeşitli aşamalardan geçmesi aynı derecede doğal ve doğrudur. Her ilişkide farklı yakınlık boyutları vardır: fiziksel, duygusal ve entelektüel. Fiziksel ilişki, duyguları, düşünceleri paylaşmak ve düşünce alış verişinde bulunmak, sevdiğimiz kişi ile ilişki kurmanın en doğal yollarıdır. Denge için iniş ve çıkışlar olması normaldir: bazen fiziksel yakınlık azalsa bile duygusal yakınlık artabilir; bazen kelimeleri paylaşmayı değil sadece sarılmayı isteriz. Eğer bu konuya karşı duyarlı olursak, ilişkide tutkunun olduğu ilk dönemlerden hoşlanabiliriz ve bu tutku azaldığında bile endişe ya da öfke duymak yerine, kendimizi eski durum kadar hatta belki daha fazla tatmin edici yeni bir içtenlik durumuna açabiliriz. Beraber olduğumuz kişiyi bir dost olarak memnun edebilir, sağlam bir sevginin, daha derin bir bağın tadını çıkarabiliriz.

Desmond Morris, *İçten Davranış* adlı kitabında insandaki yakınlık ihtiyacındameydana gelen normal değişiklikleri tanımlamaktadır. Her birimizin şu üç aşamadan geçtiğini söylemektedir: "Bana sımsıkı sarıl," "Beni yere indir," ve "Beni yalnız bırak." Bu çevrim, hayatın ilk yıllarında çocuk, bebekliğin karakteristik "bana sımsıkı sarıl" aşamasından, dünyayı ilk kez keşfettiği, emeklediği, yürüdüğü ve annesinden belli bir bağımsızlık ve özerklik kazandığı "beni yere indir" aşamasına geçtiğinde belirginleşir. Bu, normal gelişimin ve büyümenin bir parçasıdır. Bu aşamalar sadece tek bir yönde ilerlemez; çeşitli aşamalarda çocuk, yalnızlık duygusu çok büyük olduğunda belli bir endişe yaşayabilir ve sonrasında avutulmak ve yakınlık duygusunu tekrar hissetmek için annesine dönebilir. Ergenlikte, çocuk bir kimlik oluşturma mücadelesinde olduğu için "beni yalnız bırak," aşaması hakimdir. Bu durum, aileler için zor ya da acılı bile olsa, pek çok uzman bunu çocukluktan ergenliğe geçişte normal ve gerekli bir dönem olarak görmektedir. Bu dönemde, bazı aşamalar bir arada yer alabilir. Ergenleşen çocuk evde ailesine "beni yalnız bırakın" diye bağırırken, akranları arasında "bana sımsıkı sarıl" ihtiyacı daha güçlü olabilir.

Yetişkinlerin ilişkilerinde de aynı değişimler meydana gelir. İçtenlik seviyesi değişir, büyük bir içtenliğin yerini büyük bir mesafe alabilir. Bu da normal büyüme ve gelişme çevriminin bir parçasıdır. Kişi olarak büyümek ve gelişmek amacıyla tüm potansiyelimizi ortaya çıkarmak için, bir özerklik kazanma duygusuyla kendi içimize dönmek zorunda olduğumuz zamanlarda yakınlık ve birleşme ihtiyacımızı dengelememiz gerekir.

Bunu anladığımızda, eşimizden ayrı bir yöne gittiğimizi ilk farkettiğimizde, dalgaların kıyıdan uzaklaştığını seyrederken hissettiğimizden daha fazla korku veya panik duymaz ve bu duygularla tepki vermeyiz. Tabi ki, bazen artan duygusal mesafe bir ilişkide ciddi sorunların olduğuna işaret edebilir (örneğin gizli kalmış ve geriye yansıtılmamış bir öfke) ve hatta ayrılmalar meydana gelebilir. Böyle durumlarda terapi gibi yollar çok yardımcı olabilir. Fakat akılda tutulması gereken asıl nokta, artan bir mesafenin *otomatik* olarak bir felaket diye tanımlanmamasıdır. Bu, ilişkiyi eski içtenliğin tekrar yakalandığı ve hatta daha fazla içtenliğin kurulduğu yeni bir şekle sokan döngünün bir parçası olabilir.

Değişimin, başkaları ile olan ilişkilerimizin doğal bir parçası olduğunu kabul etmek ve bilmek, ilişkilerimizde hayati derecede önemli bir rol oynayabilir. İlişkimizde bir şeylerin kaybolduğunu düşünüp büyük bir hayal kırıklığı yaşadığımız durumlarda bile çok büyük bir değişimin meydana geldiğini görebiliriz. Bu değişim dönemleri, gerçek bir aşk gelişmeye ve çiçek vermeye başladığında önemli olabilir. İlişkimiz artık yoğun bir tutku üzerine, diğer kişiyi mükemmelliğin vücuda gelmiş hali olarak görmenin ya da diğer kişi ile tek bir bedende birleşildiği duygusu üzerine oturmuyor olabilir. Fakat bunun karşılığında, onu gerçekten tanıyabileceğimiz bir konumda bulunuruz; onu olduğu gibi tanıyabilir, belki hataları ve zayıflıkları ile farklı olsa da bizim gibi bir insan olduğunu görebiliriz. Sadece bu noktada karşımızdaki kişinin gelişmesi için gerçek bir katkıda bulunabiliriz ki, bu da gerçek bir sevgi eylemidir.

Belki de Margaret'in evliliği, ilişkide değişimin doğal olduğunun kabul edilmesiyle, tutku ve romantizmden başka etkenler üzerine kurulmuş yeni bir ilişkinin yaratılmasıyla kurtarılabilirdi.

Neyse ki, bu hikaye burada bitmemişti. Margaret'le yaptığım son görüşmeden iki yıl sonra, kendisine bir alış veriş merkezinde rastladım (eski bir hastama sosyal bir ortamda rastlamak, çoğu terapist gibi beni de biraz beceriksiz yapar).

"Nasılsın?" diye sordum.

"İşler daha iyi gidemezdi!" diye sevinçle bağırdı. "Geçen ay, eski kocamla tekrar evlendim."

"Gerçekten mi?"

"Evet. Evliliğimiz harika gidiyor. Oğlumuzun veraseti nedeniyle birbirimizi görmeye devam ediyorduk. Her neyse, ilk başta biraz zordu ... fakat boşandıktan sonra her nasılsa üzerimizdeki baskı kalktı. Artık hiçbir beklentimiz yoktu. Birbirimizden gerçekten hoşlandığımızı ve birbirimizi gerçekten sevdiğimizi farkettik. İşler hâlâ ilk evlendiğimiz zamanlardaki gibi değil fakat bunun önemi yok; beraber olmaktan gerçekten mutluyuz. Yaptığımız şeyin doğru olduğuna inanıyorum."

10. Konu

BAKIŞ AÇISINI DEĞİŞTİRMEK

Bir zamanlar, Yunanlı bir filozofun bir öğrencisi varmış; bu filozof öğrencisine üç yıl boyunca, kendisine kötü davranan herkese para vermesini emretmiş. Üç senelik süre sona erdiğinde öğrencisine, 'Şimdi Atina'ya gidebilir ve Bilgeliğin ne olduğunu öğrenebilirsin," demiş. Öğrenci Atina'ya girerken, kapıda oturan ve içeri girip çıkan herkese hakaret eden bilge bir adama rastlamış. Bilge adam, öğrenciye de hakaret etmiş, öğrenci ise katıla katıla gülmeye başlamış. "Sana hakaret ettiğimde neden güldün?" diye sormuş. "Çünkü," demiş öğrenci, "ben üç yıl boyunca bunun için para ödedim ve sen bana hiçbir karşılık beklemeden hakaret ettin." "Şehre gir," demiş bilge, "hepsi senin..."

Dördüncü yüzyılda, Çöl Pirleri (hayat boyu kendini adama ve dua için çöllere çekilen bir grup münzevi) acı ve zorluk çekmenin değerini göstermek için bu hikayeyi anlatmışlardır. Zor olan, sadece "Bilgelik şehrinin" kapılarının öğrenciye açılması değildi. Zorluk, öğrencinin güç bir durumla etkin bir şekilde başa çıkabilmesine olanak tanıyan şeyi, *bakış açısında değişiklik yapabilme*, durumunu bir başka açıdan görebilme becerisini geliştirmesiydi.

Bakış açısını değiştirme becerisi, hayattaki günlük sorunları halledebilmemiz için bize yardımcı olan en güçlü ve etkili araçlardan biri olabilir. Dalai Lama bunu şöyle açıklamaktadır:

"Olaylara farklı açılardan bakmak çok yararlı olabilir. Bunu uygulayabilmek, zihinsel bir huzur geliştirmek için belli deneyimler, belli trajediler kullanılabilir. Kişi, her olayın, her durumun farklı yönleri olduğunu anlamalıdır. Her şeyin göreli bir doğası vardır. Örneğin benim durumumu ele alırsak, ülkemi kaybettim. Bir bakış açısına göre, bu çok trajik bir durumdur; ve hâlâ kötü şeyler olmaya devam etmektedir. Ülkemizde pek çok yıkım olmuştur ki, bu çok olumsuz bir durumdur. Fakat aynı olaya daha farklı yaklaştığımda bir mülteci olarak başka bir bakış açısına sahip olduğumu anlıyorum. Bir mülteci, formalitelere, törenlere, protokole gerek duymaz. Her şey yolunda gidiyorsa, statükoya uygunsa, pek çok durumda sadece akıntıya uyar gidersiniz; taklit edersiniz. Fakat ümitsiz durumlardan geçiyorsanız, 'gibi yapmak' için zaman yoktur. Bu açıdan, bu trajik deneyim benim için çok yararlı oldu. Ayrıca bir mülteci olmak, yeni insanlarla tanışmak için pek çok fırsat yarattı. Farklı dinsel geleneklerden gelen, farklı hayat tarzları olan, ülkemde kalsaydım tanıyamayacağım insanlarla tanıştım. Bu anlamda, yaşadığım deneyim benim için çok, çok yararlı olmuştur.

"Sorunlar baş gösterdiğinde, genellikle sorunlara bakış açımız daralmaktadır. Tüm dikkatimiz, bu sorun hakkında endişelenmeye yönelir ve bu tür zorlukların sadece bizim başımıza geldiğini düşünürüz. Bu durum kişiyi, sorunu daha da zorlaştıran bir tür kendini yıpratmaya götürmektedir. Böyle bir durumda da olayları daha geniş bir açıdan görmenin kesinlikle daha yardımcı olacağını düşünüyorum. Örneğin, benzeri ve hatta daha kötü deneyimler yaşayan başka pek çok insan olduğu bilinmelidir. Bakış açısını değiştirmek, bazı hastalıklar ya da acı söz konusu olduğunda da yardımcı olabilir. Tabi ki acıyla dolu olduğumuzda zihni sakinleştirmek için her zamanki meditasyonlarımızı yapmak genellikle çok zor olmaktadır. Fakat, kıyaslamalar yapabilirseniz, durumunuzu farklı bir bakış açısından görebilirseniz, bu yaklaşım bir şekilde yararlı olabilir. Gözünüzü sadece belli bir olaya dikerseniz, o olay gittikçe daha büyük görünmeye başlar. Eğer bir sorunun üzerinde çok fazla yoğunlaşırsanız, varolan sorun denetimden çıkmış gibi görünür. Fakat, bu olayı daha büyük başka bir olayla karşılaştırırsanız, aynı soruna belli bir mesafeden bakarsanız, daha küçük ve daha az bunaltıcı görünür."

Dalai Lama ile yaptığım görüşmeden kısa bir süre önce, eskiden çalıştığım kliniğin yöneticisi ile karşılaşmıştım. Kliniğinde çalıştığım dönem boyunca, aramızda pek çok tartışma geçmişti çünkü hastalara uygulanacak tedaviye maddi çıkarlar doğrultusunda karar verdiğini düşünüyordum. Kendisini uzun bir süredir görmüyordum, fakat konuştukça eski tartışmalarımızın hepsi tekrar su yüzüne çıktı; içimde öfke ve nefretin yükseldiğini hissedebiliyordum. O gün daha sonra Dalai Lama ile görüştüğümde biraz yatışmış olsam da zihnimde bu konuyu kapatamamıştım.

"Diyelim ki biri sizi kızdırdı," diye başladım. "İncitilmeye karşı doğal ve anlık tepkiniz öfkelenmektir. Fakat çoğu durumda, asıl önemli olan incitildiğiniz sırada öfkelenmek değildir. Daha sonra o olay hakkında düşünebilir ve her düşünüşünüzde tekrar tekrar öfkelenebilirsiniz. Bu tür bir durumla nasıl başa çıkmayı önerirsiniz? "

Dalai Lama düşünceli bir şekilde başını salladı ve bana baktı. Bu konuyu sadece akademik nedenlerle açmadığımı anlayıp anlamadığını merak etmiştim.

"Eğer farklı bir açıdan bakarsan," dedi, "sende bu öfkeye neden olan kişinin kesinlikle başka olumlu yanları, olumlu özellikleri olduğunu görürsün. Kendi görüş açından bile olsa dikkatli baktığında, seni sinirlendiren durumun aynı zamanda sana bazı fırsatlar sunduğunu, başka türlü mümkün olmayacak olanaklar sağladığını da farkedersin. Biraz çabayla, tek bir olayı pek çok farklı açıdan görebilirsin. Bu, yardımcı olacaktır."

"Fakat, ya bir insanın olumlu yanlarını görmeye çalışıp da hiçbir olumlu yanını bulamazsanız ne olacak?"

"Sanırım burada, başa çıkabilmek için biraz çaba göstermeniz gereken bir durumla karşı karşıyayız. O duruma gerçekten farklı bir bakış açısı bulmak için biraz zaman ayırın. Ama, yüzeysel bir şekilde değil. Çok kesin ve doğrudan bir şekilde. Tüm mantık yürütme gücünüzü kullanmanız ve duruma olabildiğince tarafsız bakmanız gerekir. Örneğin, birine gerçekten öfkelendiğinizde, onun tamamen olumsuz özelliklere sahip biri olduğunu düşünmeye eğilim gösterdiğinizi göz önüne alabilirsiniz. Tıpkı, birisini son derece çekici bulduğunuzda tamamen olumlu özelliklere sahip biri olduğunu düşünmeniz gibi. Fakat bu anlayış, gerçeğe uygun değildir. Eğer çok harika biri olduğunu düşündüğünüz bir dost, bir şekilde bilerek size zarar verirse, birdenbire onun yüzde yüz olumlu özelliklere sahip biri olmadığını farkedersiniz. Benzer şekilde, düşmanınız, nefret ettiğiniz kişi, samimi olarak sizden özür diler ve size karşı iyi davranmaya devam ederse, onun yüzde yüz kötü bir insan olarak görmemeye başlarsınız. Yani, birine öfkelendiğinizde bile, o kişinin bazı olumlu özellikleri olduğunu düşünebilirsiniz. Gerçekte kimse yüzde yüz kötü değildir. Yeterince uğraşırsanız karşınızdaki insanın bazı iyi özelliklere sahip olduğunu görebilirsiniz. Birisini tamamen kötü olarak görme eğilimi, o kişinin gerçek doğasından çok, bizim o kişi hakkındaki görüşümüzden kaynaklanmaktadır.

"Aynı şekilde, birini başlangıçta yüzde yüz olumsuz değerlendirmenin de bazı olumlu yanları olabilir. Fakat, sanırım, kötü bir durumda olumlu bir yan bulmak bile genellikle tek başına yeterli olmamaktadır. Bu düşünceyi kuvvetlendirmeniz, duygularınız değişene dek bu olumlu yanı pek çok kereler kendinize hatırlatmanız gerekir. *Genel olarak konuşursak zor bir duruma düştüğünüzde, belli bir düşünceyi sadece bir ya da iki kez uygulayarak tutumunuzu değiştirmeniz mümkün değildir. Bu daha çok, öğrenme, eğitim ve zorluklarla başa çıkmanıza olanak tanıyan değişik bakış açılarına alışma sürecidir."*

Dalai Lama bir an düşündü ve genel faydacı tavrına bağlı kalarak ekledi: "Gene de tüm çabalarınıza rağmen, bir insanın yaptıklarında hiçbir olumlu yan bulamıyorsanız, o zaman yapılacak en iyi şey sadece bunu unutmak olabilir."

Daha sonra o akşam, Dalai Lama'nın sözlerinden etkilenmiş olarak, klinik yöneticisinde bazı "olumlu yanlar" bulmaya, onun yüzde yüz kötü olmadığını görmeye çalıştım. Zor değildi. Örneğin, onun iyi bir baba olduğunu biliyordum; çocuklarını en iyi şekilde yetiştirmeye çalışıyordu. Onunla aramda geçen tartışmaların işime yaradığını da itiraf etmeliyim; o klinikten ayrılma kararı almamda etken oldular, bu da daha tatmin edici bir iş bulmamı sağladı. Her ne kadar bu düşünceler bu adamdan hoşlanmama neden olmasa da, hiç şüphesiz birazcık çabayla nefret duygularımın keskinliğini alıp götürdü. Dalai Lama, kısa süre sonra, daha da önemli bir ders verdi: bir insan, düşmanına karşı olan tutumunu nasıl değiştirebilir ve onu nasıl bağrına basabilir?

Düşmanımıza Karşı Yeni Bir Bakış Açısı Kazanmak

Dalai Lama'nın, düşmanımıza karşı tutumuzu değiştirmek için öncelikle uyguladığı yöntem, bize zarar verenlere karşı alışılageldik tepkimizi sistemli ve mantıklı bir şekilde incelemeyi içermektedir.

"Rakiplerimize karşı karakteristik tutumuzu incelemekle işe başlayalım. Genel olarak konuşursak, tabi ki düşmanlarımızın iyiliğini istemeyiz. Fakat, düşmanınız sizin yaptıklarınızdan nedeniyle mutsuz olsa bile, bunda sevinmenizi gerektirecek ne vardır? Bu konuda dikkatlice düşünün; bundan daha alçakça ne olabilir? Böylesi bir düşmanlık duygusunun ağırlığını taşımak kişide hastalık yaratır. Gerçekten bunun olmasını ister misiniz?

"Düşmanımızdan intikam aldığımızda, şiddet dolu bir çevrim başlamış olur. Misillemede bulunursanız karşınızdaki kişi bunu kabul etmeyecek, o da size misillemede bulunmaya kalkacaktır ve sonra siz de aynısını yapacaksınız; bu böyle devam edip gidecektir. Bu durum özellikle de toplumsal seviyede meydana geldiğinde nesilden nesile aktarılarak devam edecektir. Sonuçta her iki taraf da acı çeker. Böylece hayatın tüm amacı bozulur. Bunu, bir başka gruba karşı nefret tohumlarının ekilip geliştirildiği mülteci kamplarında görebilirsiniz. Üstelik bu deneyim, çocukluk döneminde yaşanmaktadır. Gerçekten de çok korkunç bir durum. Öfke ya da nefret, tıpkı bir balık oltası gibidir. Bizim de bu oltanın çengeline takılmaktan kaçınmamız çok önemlidir.

"Bazı insanlar, güçlü bir nefret duygusunun bir milletin çıkarları için iyi olduğunu düşünmektedirler. Ben bunun çok olumsuz bir şey olduğunu düşünüyorum. Bu, tam bir dar görüşlülüktür. Bu tarz bir düşünceye karşı koymak, şiddet karşıtı ve anlayış dolu bir ruha sahip olmanın temelidir."

Dalai Lama, kişinin düşmanına karşı takındığı alışılageldik tavra meydan okuyarak, düşmanı farklı bir şekilde görmek ve kişinin hayatında devrim yaratabilecek bir bakış açısına sahip olmak için bir yol sunmaktadır :

"Budizm'de genel olarak, rakiplerimize ya da düşmanlarımıza karşı olan tavrımız konusunda çok büyük bir dikkat sarfedilir. Çünkü nefret, sevecenliğin ve mutluluğun geliştirilmesindeki en büyük engeldir. Eğer düşmanınıza karşı sabırlı ve hoşgörülü davranabilirseniz, diğer her şey de çok kolaylaşır ve herkese karşı doğal bir şekilde sevecen olmaya başlarsınız.

"Ruhsal yolda ilerleyen bir izdeş için, düşman hayati derecede önemli bir rol oynar. Anladığım kadarıyla, sevecenlik ruhsal hayatın esasıdır. Sevgi dolu ve sevecen olma konusunda tam anlamıyla başarı kazanma yolunda sabırlı ve hoşgörülü olmak vazgeçilmez derecede önemlidir. Nasıl nefretten daha kötü bir keder yoksa, sabır kadar da büyük bir tahammül yoktur. Bu nedenle, bir insan düşmanına karşı nefret beslemek yerine bu karşılaşmayı kendi sabır ve hoşgörüsünü geliştirmek için bir fırsat olarak kullanmak yolunda elinden gelen tüm çabayı harcamalıdır.

"Gerçekte, bir düşman, sabır duygusunun geliştirilmesi için gerekli bir unsurdur. Bir düşmana sahip olmadan, sabrın ve hoşgörünün geliştirilmesi mümkün değildir. Dostlarımız düzenli olarak bizi sınayıp sabrın geliştirilmesi için fırsat yaratmazlar; sadece düşmanlarımız bunu yapar. Bu noktadan baktığımızda, düşmanlarımızı en büyük öğretmenlerimiz olarak kabul edebilir ve bize sabır duygusunu geliştirmek için eşsiz bir fırsat sunduklarından onlara saygı duyabiliriz.

"Dünyada pek çok insan vardır, fakat bu kadar insana

oranla çatışma yaşadığımız çok az insan bulunur, bize gerçekten sorun yaratan insanlarsa çok daha azdır. Sabrınızı ve hoşgörünüzü geliştirmek için böylesi bir şansla karşılaştığınızda, büyük bir minnettarlıkla hareket etmelisiniz. Bu, nadiren yakalanan bir şanstır. Tıpkı evinizde hiç beklemediğiniz bir hazine bulmak gibidir. Bu değerli fırsatı size sağladığı için mutlu olmalı ve düşmanınıza minnet duymalısınız. Çünkü, olumsuz duyguları önlemede çok önemli noktalar olan sabır ve hoşgörüyü geliştirmekte başarılı olmuşsanız, bunun nedeni hem kendi çabalarınız hem de düşmanınızın sağladığı fırsattır.

"Kişinin şöyle düşünmesi de çok normaldir : 'Neden düşmanıma saygı göstermeli ya da gelişimime katkısı olduğunu kabul etmeliymişim ki? Düşmanımın, sabırlı olmayı öğrenmem için bana bir fırsat vermek, bana yardımcı olmak gibi bir niyeti yoktur ki. Aslında bana yardımcı olmayı bir yana bırak, kasıtlı olarak bana zarar vermek niyetinde. Bu nedenle ondan nefret etmemde hiç bir sakınca yok. O, kesinlikle saygıya layık biri değil!' Gerçekte ise düşmanın eylemini benzersiz yapan şey, düşmanımızın zihninin nefret dolu olması, canımızı yakma niyetinin olmasıdır. Sorun sadece canımızın yanması olsaydı, o zaman doktorlardan da nefret eder ve onları düşman olarak kabul ederdik, çünkü doktorlar da bazen ameliyat gibi acı verici yöntemler uygulamaktadırlar. Yine de bu eylemleri zararlı ya da bize karşı yapılan düşmanca hareketler olarak kabul etmeyiz; çünkü bunlar doktorun bize yardım etme niyetiyle yaptıklarının birer parçasıdırlar. Bu nedenle, düşmanı benzersiz yapan şey de, bize zarar verme isteği ve sabırlı olmayı öğrenmemiz için bize bu değerli fırsatı vermesidir."

Dalai Lama'nın, kişinin kendi gelişimi için bir fırsat gibi kabul ederek düşmanlarına hürmet göstermesi konusunda yaptığı öneriyi başlangıçta hazmetmek zor olabilir. Fakat durum, bir insanın bedenini ağırlık çalışmalarıyla şekillendirmeye ve güçlendirmeye çalışmasına benzemektedir. Tabi ki ağırlık kaldırmak başlangıçta zahmetlidir, çünkü ağırlıklar zorlayıcıdır. Ağırlık çalışan kişi zorlanır, terler, mücadele eder. Halbuki, bu dirence karşı verdiğimiz mücadele sonunda güçleniriz. İyi bir ağırlık çalışma malzemesi verdiği anlık zevk nedeniyle değil, sonuçta elde edilen yararlar nedeniyle takdir edilir.

Belki de Dalai Lama'nın, Düşmanın "nadir" ve "değerli" olduğunu iddia etmesi, gerçekte uzun mantık yürütmelerden daha fazla bir anlama sahiptir. Diğer insanlarla aralarındaki sorunları anlatan hastalarımı dinlediğimde bu durum gayet açıkça ortaya çıkmaktadır: sorunların derinine inildiğinde çoğu insan, en azından kişisel seviyede, bir bölük dolusu düşman ve muhalife karşı mücadele etmemektedir. Genellikle kavgalar bir kaç kişiyle sınırlıdır: belki iş yerindeki şefi ya da yardımcısı, eski eşi, kardeşi... Bu noktadan bakıldığında, Düşman, gerçekten de nadirdir; kaynağımız sınırlıdır. Sonuçta gerçek bir gelişme, içgörü ve başarılı bir psikoterapatik neticenin alınmasına neden olan şey, düşman ile mücadele etme, onunla aramızdaki kavgayı çözüme ulaştırma sürecidir; yani, onunla başa çıkmanın değişik yollarını öğrenmek, incelemek, aramaktır.

Hayatımız boyunca hiçbir düşmanla ya da bu türden bir engelle karşılaşmasaydık, ta beşikten mezara dek tanıştığımız herkes bizi şımartsa, bizi desteklese, elleriyle beslese (hem de hazmetmesi kolay, hafif karışımlı yiyecekler vererek), neşeli oyunlarla ve şarlatanlıklarla bizi eğlendirse neler olurdu hayal etsenize. Eğer bebeklikten itibaren bir sepette taşınsak (daha sonra da belki bir tahtırevanda), hiçbir meydan okumayla karşılaşmasak, asla sınanmasak, kısacası herkes bize sanki bir bebekmişiz gibi davransa... Bu, başlangıçta kulağa hoş gelebilir. Hayatımızın ilk birkaç ayı boyunca uygun olabilir. Fakat bu şartlar devam ederse, sonuçta sadece jelatinden bir kütle, gerçek bir canavar haline geliriz, bir süt danasının zihinsel ve duygusal düzeyine sahip oluruz. Bizi biz yapan, hayatta verdiğimiz mücadelelerdir. Bizi sınayan, bize büyümek için gerekli direnci sağlayan da düşmanlarımızdır.

Böyle Bir Tutum İşlevsel Midir?

Sorunlarımıza mantıklı bir şekilde yaklaşmak ve başımızdaki belaları ya da düşmanlarımızı farklı bir açıdan görmeyi öğrenmek kesinlikle yararlı bir arayış gibi görünmektedir, fakat bunun temel tavrımızı ne ölçüde değiştireceğini de merak ediyordum. Bir röportajda, Dalai Lama'nın günlük ruhsal çalışmalarından birinin, on birinci yüzyılda Langri Thangpa isimli Tibetli bir ermiş tarafından yazılmış Zihni Eğitmek Üzerine Sekiz Mısra isimli bir duayı okumak olduğunu gördüğümü hatırlıyorum. Bir kısmı şu şekilde tercüme edilebilir:

Bir insanla ilişkiye geçtiğimde, kalbimin derinliklerinde kendimi tüm insanların içinde en aşağısı ve onu da en yücesi olarak görebilsem!...
Günahkar tabiatlı, şiddet dolu günahlar ve elemlerin altında ezilmiş varlıklar gördüğümde, bu nadir kişileri sanki değerli bir hazine bulmuş gibi kucaklayabilsem!...
İnsanlar, kıskançlık nedeniyle beni incittiklerinde, iftira edip, benzeri şeyler yaparak kötü davrandıklarında, uğradığım bozgundan dolayı acı çekebilsem ve zaferi onlara sunabilsem!...
Büyük bir umutla bağlandığım kişi beni çok kötü kırdığında, onu en yüce Gurum olarak kucaklayabilsem!
Kısacası, doğrudan ve dolaylı olarak, tüm varlıklara yararlı olabilsem ve onları mutlu edebilsem, tüm varlıkların uğradıkları zararı ve çektikleri acıları kendi üzerimde toplayabilsem!...

Bunu okuduktan sonra, Dalai Lama'ya şöyle bir soru sordum: "Bu duayı çok sık tekrarladığınızı biliyorum, fakat bu duanın gerçekten günümüzde de geçerliliğini koruduğunu düşünüyor musunuz? Demek istediğim, bu dua manastırda yaşayan bir keşiş tarafından yazılmıştı; orada olabilecek en kötü şey birinin sizin hakkınızda dedikodu çıkarması, yalan söylemesi ya da bir yumruk ya da tokat yemektir. Bu durumda 'zaferi başkalarına sunmak' kolay olmalı; fakat günümüz toplumunda birisinin canının yanması ya da kötü muameleye uğraması, tecavüz, cinayet, işkence görmek v.b. anlamlara gelebilir. Bu noktada, bu duadaki tavır gerçekte pek uygulanabilir görünmüyor." Kendimi çok beğeniyordum, kesinlikle doğru olduğunu düşündüğüm hatta inandığım bir gözlemde bulunmuştum.

Dalai Lama, bir kaç saniye kadar sessiz kaldı, kaşları düşünürken çatılmıştı, sonra şöyle dedi: "Bu söylediklerinizde önemli noktalar olabilir." Sonra bu tavırda bazı değişikliklerin yapılmasının ve kişinin kendinin ya da başkalarının zarar görmesini önlemek için saldırgan davranışlara karşı tedbir almasının gerektiği durumlar hakkında tartışmaya koyuldu.

O akşam, konuşmamız hakkında düşündüm. Özellikle iki nokta öne çıktı. Öncelikle onun, kendi inanışları ve çalışmalarına yeni bir gözle bakmaya hazır olmasından son derece etkilenmiştim. Bu durumda, yıllarca tekrar edilmesinden dolayı kuşkusuz kendi varoluşu ile kaynaşmış bir duayı tekrardan değerlendirmeye bir isteklilik göstermekteydi. İkinci nokta ise daha az ilham vericiydi. Kendi kibirim bana galip gelmişti! Bana sanki, günümüz dünyasının katı gerçekleriyle uyuşmadığı için bu duanın pek de uygun olmadığını öneriyormuşum gibi gelmişti. Fakat kiminle konuştuğumu hatırlamam için bir süre geçmesi gerekmişti; tarihteki en acımasız işgallerden birinin sonucunda tüm ülkesini kaybeden bir insanla konuşuyordum. Tüm bir milletin özgürlük umutlarını ve düşlerini üzerine yüklediği ve neredeyse kırk yıldır sürgünde yaşayan bir insanla konuşuyordum. Derin bir kişisel sorumluluk duygusu olan, Tibet halkının Çinliler tarafından öldürüldüğüne, tecavüz edildiğine, işkenceden geçirildiğine ve aşağılandığına dair hikayelerini anlatan ve hiç bitmeyen bir mülteci akınını sevecenlikle dinleyen bir adamla konuşuyordum. Pek çok kereler, genellikle sadece onu bir kez görebilmek için yürüyerek Himalayalar'ı aşan (bu, iki gün süren bir yolculuktur) insanlarca anlatılan bu hikayeleri dinlerken yüzündeki sonsuz dikkati ve acıyı gördüm.

Bu hikayeler sadece fiziksel şiddeti içermemektedir. Genellikle Tibet halkının ruhunu yok etmeye yönelik olayları aktarmaktadırlar. Bir keresinde, Tibetli bir mülteci bana, Tibet'te büyüyen bir çocuğun gitmek zorunda olduğu Çin okulunu anlatmıştı. Sabahları, Başkan Mao'nun, "küçük kırmızı kitabının" öğrenilmesine ve onun doktrinine, öğleden sonraları ise çeşitli ev ödevlerinin aktarılmasına ayrılmıştı. "Ev ödevleri" genellikle, Tibet halkının içinde derinlemesine kökleşmiş olan Budist ruhu söküp atma amacına yönelikti. Örneğin, Budizm'in öldürmeyi yasakladığını, her canlının değerli ve duyguları olan bir varlık olduğu inanışını bilen bir öğretmen, öğrencilerinden bir canlıyı öldürmelerini ve sonraki gün bunu okula getirmelerini istemiş. Öğrenciler getirdikleri canlıya göre not almışlar, her hayvanın belli bir not değeri varmış: sinek bir, solucan iki, fare beş, kedi on puan değerindeymiş ve bu böyle artıp gitmiş. (Bu hikayeyi bir arkadaşıma anlattığımda, iğrenerek başını salladı ve "Öğrenciler bu lanet olası öğretmeni öldürseler kaç puan alacaklardı acaba, merak ettim!" diye bir şaka yaptı.)

Zihni Eğitmek için Sekiz Mısra duasının okunması gibi ruhsal çalışmalar sayesinde Dalai Lama, bu durumun gerçekliği ile uzlaşmayı başarabilmiş ve kırk yıldır Tibet'in özgürlüğü ve insan hakları için etkin bir şekilde çalışmaya devam edebilmiştir. Aynı zamanda, Çinlilere karşı alçak gönüllü ve sevecen bir tavrı koruyarak tüm dünyada milyonlarca insana ilham vermiştir. Bense kalkıp da bu duanın günümüz dünyasının gerçeklerine uygun olmadığını söyledim. Bu konuşma ne zaman aklıma gelse utançla dolarım.

Yeni Bakış Açıları Keşfetmek

Yaşadığım bir olay, Dalai Lama'nın, düşmana bakış açımızı değiştirmek hakkındaki yöntemini uygulamamı sağladı. Bu kitabın hazırlanması sırasında Dalai Lama'nın, Doğu Kıyısında verdiği bazı konferanslara katıldım. Dönüşte, Phoenix'e aktarmasız bir uçuşta yer ayırttım. Her zamanki gibi yerimi koridor tarafında ayırtmıştım. Ruhsal bir öğretinin verildiği bir toplantıdan çıkmış olmama rağmen, uçağa binerken huysuz bir ruh hali içindeydim. Sonra, bana yanlışlıkla ortada bir yer ayrıldığını farkettim. Devasa boyutlara sahip ve kocaman kolunu benim tarafımdaki kolluğa koymak gibi can sıkıcı bir alışkanlığı olan bir adam ile benim koridor tarafındaki koltuğumu gasbettiğini düşündüğüm için görür görmez kendisinden hoşlanmadığım orta yaşlı bir kadın arasında sandviç olmuştum. Bu kadında canımı gerçekten sıkan bir şey vardı; emin değilim, belki sesi biraz fazla tizdi, belki de tavırları biraz fazla aristokrattı. Kalkıştan hemen sonra önünde oturan adamla sürekli olarak konuşmaya başladı. Adamın, onun kocası olduğu ortaya çıktı ve ben de "nazikçe" adamla yerlerimizi değiştirmeyi önerdim. Fakat kabul etmediler; her ikisi de koridor tarafında yer istemişlerdi. Canım daha da sıkıldı. Bu kadının yanında beş koca saat boyunca oturma ihtimali dayanılmaz görünüyordu.

Henüz tanımadığım bir kadına karşı çok fazla tepki verdiğimi anlayarak, bunun "transferans" olduğuna karar verdim - bilinç altında bana çocukluğumda kalan birini hatırlatıyor olmalıydı - bu duygunun kaynağı anneme ya da başka bir şeye karşı çözümlenmemiş, eskiden kalma nefret duyguları olabilirdi. Bulmak için kafa patlattıysam da aklıma hiçbir aday gelmedi; bu kadın, bana geçmişimden kimseyi hatırlatmıyordu.

Birden, bunun sabrımı geliştirmek için mükemmel bir fırsat olduğunu farkettim. Koridor tarafındaki düşmanımı, bana sabrı ve hoşgörüyü öğretmek için yanıma oturmuş bir velinimet olarak görme tekniğini uygulamaya başladım. Bunun bir ders olması gerektiğini anladım - yine de, söz konusu düşmanlar olduğunda bundan daha nazik olamazsınız - bu kadını daha yeni tanımıştım ve gerçekte bana zarar verecek hiçbir şey yapmamıştı. Yirmi dakika kadar sonra bu tutumdan vazgeçtim; beni hâlâ öfkelendirmekteydi! Uçuşun geri kalanını sinir içinde geçirmeye katlandım. Surat asarken, koltuğumun kolluğuna sinsice tecavüz etmiş olan eline baktım. Bu kadındaki her şeyden nefret ediyordum. Baş parmağının tırnağına gözümü dikmiş dalgın dalgın bakarken birden şunu farkettim: bu tırnaktan nefret ediyor muyum? Hayır. Bu, sadece bir tırnaktı. Kayda değmez. Sonra, gözlerine baktım ve kendi kendime sordum:

bu gözlerden gerçekten nefret ediyor muyum? Evet, ediyorum. (tabi ki, saf bir nefret anlamında değil). Daha yakından baktım. Gözbebeğinden nefret ediyor muyum? Hayır. Korneadan, iristen ya da göz akından nefret ediyor muyum? Hayır. Öyleyse bu gözden gerçekten nefret ediyor muyum? Etmediğimi itiraf etmeliyim. Önemli bir şey yakaladığımı hissediyordum. Sonra, ellerinin boğumuna, parmağına, çenesine, dirseğine geçtim. Biraz şaşırarak bu kadına ait olup da nefret etmediğim parçalar olduğunu farkettim. Genelin yerine ayrıntılar ve parçalar üzerinde yoğunlaşarak, incelikli ve zekice bir içsel değişime, bir yumuşamaya olanak tanımıştım. Bakış açımdaki bu değişiklik, önyargılarımda bu kadını sadece bir başka insan gibi görmeme yetecek kadar gedik açmıştı. Bunu hissetmeye başladığımda, birdenbire bana döndü ve konuşmaya başladı. Ne hakkında konuştuğumuzu hatırlamıyorum, daha çok havadan sudan konuşmuştuk, fakat uçuşun sonunda öfkem ve rahatsızlığım eriyip gitmişti. Tahmin edileceği gibi, en iyi arkadaşım olmadı fakat artık Koridor Tarafındaki Koltuğuma El Koyan Şeytan da değildi; sadece bir başka insandı, tıpkı benim gibi hayat yolunda elinden geldiğince iyi bir şekilde ilerleyen biriydi.

Esnek Bir Zihin

Bakış açısını değiştirme becerisi, kişinin sorunlarını "farklı açılardan" görme kapasitesi, *esnek bir zihinle* beslenir. Esnek bir zihnin nihai yararı, tam anlamıyla canlı ve insan olabilmek için tüm hayatı kucaklamamızı sağlamasıdır. Dalai Lama bir akşam üzeri Tucson'da verdiği bir konferansın ardından, oteldeki odasına dönüyordu. Odasına doğru ağır ağır yürürken, koyu mor renkli yağmur bulutları tüm göğü kapladı, akşam üzeri ışığının tamamını emdiler ve Katalina Dağları'nın tıpkı bir kabartma gibi görünmesini sağladılar; tüm manzara mor tonlarda engin bir resim paletine dönüşmüştü. Bu görüntünün insan üzerindeki etkisi muhteşemdi. Sıcak hava, çöl bitkilerinin rayihaları, adaçayı kokusu ile doluydu. Rutubetli, yerinde duramayan bir meltem, azgın Sonora fırtınasının habercisiydi. Dalai Lama durdu. Bir kaç saniye sessizce ufku gözledi, sonunda bu görüntünün güzelliğine hayran olarak manzarayı hafızasına kazıdı. Yürümeye devam etti, fakat bir kaç adım sonra tekrar durdu ve küçük bir bitki üzerindeki minik lavanta tomurcuğunu incelemek için eğildi. Nazikçe dokundu; bitkinin olağanüstü şeklini dikkatle inceledi ve ismini sordu. Zihninin işlemesindeki rahatlığa hayran olmuştum. Farkındalığı kolayca bir manzara görüntüsünden tek bir tomurcuk üzerinde yoğunlaşıvermişti, en küçük ayrıntıyı olduğu kadar çevrenin tamamını aynı anda değerlendirebilmekteydi. Bu, hayatın tüm yüzlerini ve tüm renklerini içine alabilme kapasitesini göstermekteydi.

Aynı zihin esnekliğini her birimiz geliştirebiliriz. Doğrudan doğruya bakış açımızı genişletmek ve bilerek yeni görüş noktaları bulmak için gösterdiğimiz çaba sayesinde kısmen de olsa bunu başarabiliriz. Sonuç, kişisel olarak yaşadığımız durumlarla beraber tüm çevrenin aynı anda farkına varılmasıdır. Bu çifte görünüm yani, "Büyük Dünyanın" ve kendi " Küçük Dünyamızın" aynı anda görülmesi, hayatta önemli olanı önemsiz olandan ayırmamızda bize yardımcı olur.

Örneğin benim durumumda, konuşmalarımız boyunca sınırlı bakış açımın dışına çıkmaya başlayabilmem için Dalai Lama'nın beni nazikçe dürtmesi gerekmişti. Tabiatım gereği ve aldığım eğitimden dolayı, sorunlara, zihinde meydana gelen psikolojik süreçlerden oluşan kişisel dinamiklerimi göz önüne alarak yaklaşma eğilimindeydim. Olayların sosyolojik ya da politik yönleri beni pek ilgilendirmezdi. Dalai Lama ile yaptığımız bir konuşma sırasında ona, daha geniş bir bakış açısına sahip olmayı başarmanın önemini sordum. Buluşmamızdan önce birkaç bardak kahve içtiğim için çok canlı bir şekilde konuşuyordum ve bakış açısını değiştirmekten, sadece kişinin farklı bir görüşe uyum sağlamak için verdiği bilinçli karara dayanan içsel bir süreç, tek başına yürütülen bir arayış olarak bahsetmekteydim.

Dalai Lama, bu heyecanlı söylevimin tam ortasında, sözümü keserek, "Daha geniş bir bakış açısına uyum sağlamaktan bahsettiğinizde işin içine diğer insanlarla birlik içinde çalışmak da girer. Örneğin çevre ya da modern ekonomik yapı gibi küresel özellikte krizler söz konusuysa, bu durum, pek çok insanın sorumluluk duygusu ve kesin bir kararlılıkla birlikte ve uyum içinde çaba göstermelerini akla getirir. Bu, bireysel ya da kişisel bir meseleden daha geniş kapsamlıdır,"diye hatırlattı.

Ben dikkatimizi *bireysellik* konusunda yoğunlaştırmaya çalışırken onun konuyu dünyaya sürüklemesine canım sıkılmıştı (kişinin bakış açısını genişletme konusunda kabul etmekte zorlandığım bu tavırdan da hoşlanmamıştım).

"Fakat bu hafta," diye ısrar ettim, "konuşmalarımızda ve halka hitaben yaptığınız konuşmalarda, içsel dönüşüm yoluyla kendi içimizde değişim yaratmanın öneminden çok bahsettiniz. Örneğin sevecen olmanın, içten bir yüreğe sahip olmanın, öfkeyi ve nefreti yenmenin, sabrı ve hoşgörüyü geliştirmenin öneminden bahsettiniz..."

"Evet tabi ki değişim bireyin içinden gelmelidir. Fakat, küresel sorunlara çözümler ararken, bu sorunlara bireyin bakış açısından olduğu kadar toplumsal seviyede de yaklaşmayı başarmanız gerekir. Esnek olmak, daha geniş bir bakış açısına sahip olmak ve bunun gibi şeyler söz konusu olduğunda, sorunlara bireysel, toplumsal ve küresel seviyelerden yaklaşma becerisi gerekmektedir.

"Örneğin geçen akşam üniversitedeki konuşmamda, sabır ve hoşgörünün geliştirilerek öfke ve nefretin azaltılmasının gerekliliğinden bahsetmiştim. Nefreti en aza indirmek tıpkı içsel olarak silahsızlanmak gibidir. Fakat, bu konuşmada belirttiğim gibi, bu içsel silahsızlanma dış dünyada da bir silahsızlanmaya gidilmesi ile birlikte olmalıdır. Bunun çok, çok önemli olduğunu düşünüyorum. Neyse ki, Sovyet imparatorluğu çöktükten sonra, en azından şu an için, nükleer bir yıkım tehlikesi kalmamıştır. Bunun çok uygun bir zaman olduğunu, iyi bir başlangıç olduğunu düşünüyorum; bu fırsatı kaçırmamalıyız! Şimdi, barışı gerçek anlamda güçlendirmeliyiz. Ancak gerçek barış, sadece şiddetin ya da savaşın olmaması değildir. Savaşın olmaması silahlarla da sağlanabilir; tıpkı nükleer silahların caydırıcılığının bunda rol oynaması gibi. Fakat savaşın olmaması, gerçek ve uzun süreli bir barış demek değildir. Silahlar karşılıklı güvenin gelişmesindeki en büyük engeller olduğuna göre, bence bu silahlardan nasıl kurtulunacağını bulmanın zamanı gelmiştir. Bu çok önemlidir. Tabi ki bunu bir gecede başaramayız. Sanırım, adım adım gitmek gerçekçi olacaktır. Fakat ne olursa olsun, nihai hedefimizi çok açıkça belirlemeliyiz: tüm dünya militarizmden kurtulmalıdır. Yani, bir anlamda içsel barışımızı geliştirmeye çalışırken aynı zamanda dış dünyadaki silahsızlanma ve barış için çalışmak, küçük de olsa buna bir katkıda bulunmak da çok önemlidir. Bu, bizim sorumluluğumuzdur."

Esnek Düşünmenin Önemi

Esnek bir zihin ve bakış açısını değiştirmek arasında karşılıklı bir ilişki vardır. Esnek bir zihin, sorunlarımıza farklı açılardan yaklaşmamıza yardımcı olur ve sorunlarımızı farklı açılardan tarafsız olarak incelemeye çalışmak da bir tür esneklik olarak görülebilir. Günümüz dünyasında, esnek bir düşünce yapısını geliştirme gayreti, sadece işsiz entellektüllerin yaptığı kendine dönük bir çalışma değildir; bir hayatta kalma sorunudur. Evrimselleşmede bile, en esnek olan, çevresel değişikliklere en fazla uyum sağlayan türler yaşamlarını sürdürür ve çoğalırlar. Günümüzde hayat ani, beklenmeyen ve bazen de şiddet dolu değişimlere sahne olmaktadır. Esnek bir zihin, çevremizde olan dışsal değişimlere uyum sağlamamızda bize yardımcı olabilir. Ayrıca, tüm içsel kavgalarımız, tutarsızlıklarımızı ve kararsızlıklarımızı bir bütün olarak görmemizde de bize yardımcı olur. Esnek bir zihin yapısı geliştirmedikçe, görüşlerimiz de kırılgan olur ve dünya ile ilişkimizi korku belirler. Fakat, hayata esnek ve yumuşak bir şekilde yaklaşarak, en hareketli ve çalkantılı durumlarda bile dinginliğimizi koruyabiliriz. Esnek bir zihin yapısına ulaşmak için gösterdiğimiz çaba sayesinde insan doğasının esnekliğini de besleyebiliriz.

Dalai Lama'yı tanıdıkça, esnekliğinin sınırlarının genişliğine, çok çeşitli bakış açısına sahip olma kapasitesine hayran olmuştum. İnsanlar, olasılıkla dünyanın en tanınmış Budisti olmasının onu Dinin Koruyucusu konumuna sokmasını bekleyebilirlerdi.

Bu konu aklıma takıldığı için ona şöyle bir soru sordum: "Hiç kendinizi görüşlerinizde çok katı davranırken, düşüncenizi dar kalıplara sokarken bulduğunuz oldu mu?

"Hımm..." kesin bir yanıt vermeden önce bir süre düşündü. "Hayır, hiç sanmıyorum. Aslında, tam tersi. Bazen o kadar esnek davranıyorum ki, tutarlı bir politika izlememekle bile suçlanıyorum." Gürültülü bir kahkaha ile sözlerine ara verdi. "Biri gelip de bana bir düşüncesini aktardığında, bu düşüncesinin nedenlerini anladığım zaman söylediklerini kabul eder ve "Ah, bu harika!...' diyerek beğenimi bildiririm. Fakat, sonra bir başkası bunun tam tersi bir fikirle gelir ve ben o kişinin bunu neden söylediğini anladığımda bu fikri de kabul ederim. Bazen bunun için eleştirilirim ve bana 'Şunu yapmayı vaat ettik, bu nedenle şu an için bunu bir kenara bırakalım.' diye hatırlatma yapılması gerekir."

Bu sözleri dinleyen biri Dalai Lama'nın kararsız, katı ilkeleri olmayan bir insan olduğu fikrine kapılabilir. Aslında bu gerçekten pek de uzak değildir. Dalai Lama, tüm eylemlerinin temelini oluşturan bir inanç sistemine sahiptir: tüm insanların temelde iyi olduğuna inanmaktadır. Sevecenliğin değerine inanmaktadır. Yumuşaklık yolunu izlemeye, tüm canlılarla bir olduğunu hissetmeye inanmaktadır.

Esnekliğin, yumuşaklığın ve uyumlu olmanın öneminden bahsederken, bukalemunlar gibi olmamız gerektiğini, nerede ve ne zaman yeni bir inanış sistemiyle karşılaşsak onu emmeyi, kimliğimiz değiştirmeyi, bize açılan tüm düşünceleri edilgen bir şekilde kabullenmeyi kastetmiyorum. Büyümenin ve gelişmenin daha yüksek aşamaları, bize rehberlik edebilecek temel değerler serisine bağlıdır. Deneyimlerimizi tartabileceğimiz bir değer yargısı serisi hayatımıza süreklilik ve tutarlılık getirir. Bir değer yargısı serisi hangi hedeflerin gerçekten değerli ve hangi arayışların anlamlı olduğuna karar vermemizde bize yardımcı olur.

Soru, bu temel değerler serisini devamlı olarak ve sebatla korurken esnek kalmayı nasıl başarabileceğimizdir. Görünen o ki Dalai Lama, inanç sistemini bir kaç temel gerçeğe indirerek bunu başarmıştır: 1) Ben bir insanım. 2) Mutlu olmak istiyorum ve acı çekmek istemiyorum. 3) Diğer insanlar da, tıpkı benim gibi mutlu olmak istiyorlar ve acı çekmek istemiyorlar. Farklılıklar yerine diğer insanlarla paylaştığı ortak alanı vurgulaması, tüm insanlarla bağlantıya geçmesine neden olmuş ve temel inancını sevecenlik ve alturizme dayandırmaya yönlendirmiştir. Aynı yaklaşımı kullanarak, kendi değer sistemimiz üzerinde bir süre düşünmek ve bunu temel ilkelere indirmek olağanüstü derecede ödüllendirici olabilir. Her gün yüzleştiğimiz sorunlarla başa çıkmak için bize en büyük özgürlüğü ve esnekliği sağlayan, değer yargısı sistemimizi en temel elemanlarına indirgeme ve bu noktadan bakarak yaşama becerisidir.

Dengeyi Bulmak

Yaşama karşı esnek bir şekilde yaklaşmak, sadece günlük sorunlarla başa çıkmamızda bize yardımcı olan bir araç değil aynı zamanda mutlu bir hayat yaşamanın anahtarlarından da birinin, yani *dengenin* temel taşıdır.

Bir sabah, Dalai Lama sandalyesine rahatça yerleşerek, dengeli bir hayat sürmenin değerini açıklamaya koyuldu.

"Aşırılıklardan kaçınarak hayata dengeli ve ustaca yaklaşmak, kişinin günlük hayatını yönetmesinde önemli bir etkendir. Bu, hayatın her alanında önemlidir. Örneğin bir bitki ya da ağaç fidanını ekerken çok ustaca ve nazikçe davranmanız gerekir. Çok fazla su ya da çok fazla güneş ışığı onu öldürebileceği gibi çok azı da öldürür. Yani ihtiyacınız olan şey, fidanın sağlıklı bir şekilde büyüyebileceği gayet dengeli bir ortamdır. Bir insanın bedensel sağlığı söz konusu olduğunda da, herhangi bir şeyin çok fazla ya da çok az alınmasının zararlı etkileri vardır. Örneğin, çok fazla ya da çok az protein zararlıdır.

"Aşırılıklardan kaçınmaya dikkat ederek, nazik ve ustalıklı yaklaşım, zihinsel sağlık ve duygusal gelişime de uygulanabilir. Örneğin kibirli olduğumuzu, geçmişteki ya da şimdiki başarılarımız ya da özelliklerimiz nedeniyle kendi önemimizi abarttığımızı farkettiğimizde, bunun ilacı kendi sorunlarımız, acılarımız ve hayatımızdaki tatminsizlikler hakkında daha fazla düşünmektir. Bu, ayaklarınızın yere basmasına, yukarılardan aşağılara inmenize yarayacaktır. Tam tersi olarak, hayatınızdaki tatminsizlikler üzerine çok düşündüğünüzü, acının ve ıstırabın çok güçlü olduğunu, her şeyin sizi bunalttığını farkettiğinizde de bir başka aşırı uca kaçma tehlikesi vardır. Bu durumdayken, cesaretiniz tamamen kırılabilir, kendinizi çaresiz hissedebilir, depresyona girebilir ve 'Hiçbir şey yapamıyorum, ben değersiz biriyim,' diye düşünebilirsiniz. Böyle bir durumda, başarılarınızı, katettiğiniz ilerlemeyi ve diğer olumlu yönlerinizi düşünerek ruhsal durumunuzu iyileştirebilir ve bu kötü zihinsel durumdan çıkabilirsiniz. Burada gerekli olan, çok dengeli ve ustalıklı bir yaklaşımdır.

"Bu yaklaşım, kişinin sadece bedensel ve duygusal sağlığı için değil aynı zamanda ruhsal gelişimi için de uygulanabilir. Budist gelenekte pek çok farklı teknik ve çalışma vardır. Fakat, bu çeşitli tekniklerin bir tanesinde ustalaşmak ve aşırıya kaçmamak çok önemlidir. Burada da dengeli ve ustalıklı bir yaklaşım gereklidir. Budist bir çalışma yaparken, inceleme ve öğrenme ile düşünme ve meditasyonu birleştirerek düzenli bir yaklaşıma sahip olmak önemlidir. Böylece, akademik ya da entelektüel öğrenme ile uygulama arasında bir dengesizlik olmaz. Öbür türlü, çok fazla kuramsal bilgiye sahip olmanın meditatif uygulamayı yok etme tehlikesi vardır. Fakat, araştırma yapmadan çok fazla pratik yapmak da bilgi sahibi olmayı engeller. Yani, bir dengenin olması gerekir..."

Bir süre düşündükten sonra şöyle ekledi: "Diğer bir deyişle, *Dharma* çalışması yani gerçek ruhsal çalışma, bir anlamda bir voltaj düzenleyicisidir. Düzenleyicinin görevi düzensiz güç dalgalarını önlemek ve bunun yerine size sabit ve sürekli bir güç kaynağı sağlamaktır."

"Aşırılıklardan kaçınmanın önemi üzerinde durmuştunuz," diye araya girdim, "fakat hayata heyecan ve lezzet katan da aşırılıklar değil midir? Hayattaki tüm aşırılıklardan kaçınmak, her zaman orta yolu seçmek, donuk ve renksiz bir yaşam sürmeye neden olmaz mı?"

Başını hayır anlamında sallayarak yanıt verdi. "Sanırım, aşırı bir davranışın kaynağını ya da temelini anlamanız gerekmekte. Örnek olarak, maddi şeylerin – ev, mobilya, giysi v.b. – peşinde koşmayı ele alalım. Bir yanda yoksulluk bir tür aşırı uç olarak görülebilir, bunu yenmek ve fiziksel rahatlığımızı korumak için çaba harcamada sonuna kadar haklıyızdır. Diğer yandan çok fazla lüksün, büyük bir servetin peşinde koşmak da ayrı bir aşırı uçtur. Daha fazla refah arayışımızın asıl amacı bir tatmin, mutluluk duygusudur. Fakat, *daha fazlasını* aramanın asıl temeli, yeterince şeye sahip olmama ve hoşnutsuzluk duygusudur. Bu hoşnutsuzluk duygusu ve sürekli daha fazlasını istemek, elde etmeyi istediğimiz nesnelerin cazibesinden değil bizim zihinsel durumumuzdan kaynaklanmaktadır.

"Aşırıya gitme eğilimimizin genellikle temeldeki bir hoşnutsuzluk duygusundan kaynaklandığına inanıyorum. Tabi ki, aşırıya gitmemize neden olan başka etkenler de vardır. Fakat sanırım aşırı uçların, görünürde çekici ya da heyecan verici olsalar bile aslında zararlı olduklarını bilmek de önemlidir. Aşırıya kaçmanın, aşırı davranışlarda bulunmanın tehlikeleri hakkında pek çok örnek vardır. Bu durumları inceleyerek aşırı uçlara gitmenin sonucunda er veya geç zarar görüp, acı çekeceğinizi görebilirsiniz. Örneğin dünyasal düzlemde düşünürsek, eğer uzun vadedeki sonuçlarını iyice göremeden ve sorumsuzca davranarak aşırı derecede balık avlamaya kalkarsak, sonuçta balık türleri tükenir... Ya da cinsel hayatımızı ele alalım... Tabi ki, üremek ve benzeri şeyler için biyolojik bir cinsel istek ve insanların cinsellikten aldıkları bir tatmin duygusu vardır. Fakat cinsel davranışlarımızda sorumsuzca aşırıya kaçarsak, cinsel taciz ve ensest gibi pek çok sorunla karşılaşırız."

"Hoşnutsuzluk duygusunun yanında aşırı uçlara kaçmaya neden olan başka pek çok etken olduğundan bahsetmiştiniz..."

"Evet, kesinlikle."

"Bir örnek verebilir misiniz?"

"Bence, dar görüşlülük de aşırılığa götüren bir başka etkendir..."

"Hangi anlamda dar görüşlülük...?"

"Balık türlerinin tükenmesine neden olan aşırı avlanma örneği dar görüşlülük için bir örnek olabilir. Avlanan kişiler olayı sadece kısa vadeli değerlendirmekte ve uzak gelecekte olabilecekleri görmezden gelmektedirler. Burada da, kişinin bakış açısını genişletmek ve daha açık görüşlü olmak için eğitim ve bilgi kullanılabilir."

Dalai Lama, yandaki masadan tespihini aldı ve tartıştığımız konu üzerinde derin derin düşünürken sessizce çevirmeye başladı. Tespihine bakarak konuşmaya devam etti. "Sanırım, pek çok dar görüşlü tutum aşırı uçlardaki düşüncelere neden olmakta ve bu da sorunlar yaratmaktadır. Örneğin Tibet, yüzyıllardır Budist bir ülke olmuştur. Doğal olarak bunun sonucunda Tibetliler, Budizm'in en iyi din olduğunu düşünmüşler ve tüm insanlık Budist olsaydı iyi olacağını düşünmeye eğilimlidirler. *Herkesin* Budist olması gerektiği düşüncesi gayet aşırıdır ve bu tür aşırı düşünceler sadece soruna neden olurlar. Fakat, artık Tibet'ten ayrıldığımıza göre, diğer dinsel geleneklerle bağlantıya geçme ve onlardan bir şeyler öğrenme şansına sahip olduk. Bunun sonucunda, gerçeği daha yakından görebildik; insanlığın pek çok farklı düzene ve eğilime sahip olduğunu anladık. Tüm dünyayı Budist yapmayı denesek bile bu hiç de pratik olmazdı. Diğer geleneklerle bağlantıya geçerek onların olumlu yanlarını öğrenebilirsiniz. Başka bir dinle karşılaştığınızda ilk başta olumlu, insanı rahatlatan bir duygu doğar. Kişi farklı bir geleneği daha uygun, daha etkili bulmuşsa bunun iyi olduğunu düşünür. Bu tıpkı, bir lokantaya gitmek gibidir: hepimiz tek bir masaya otururuz ve herkes kendi damak zevkine göre farklı yemekler ısmarlar. Farklı yemekler yesek de kimse bu konuda tartışmaz!

"Yani, bilinçli bir şekilde düşünce tarzımızı genişleterek bu tür olumsuz sonuçlara yol açan aşırı düşüncelerin üstesinden gelebileceğimizi düşünüyorum."

Dalai Lama, bunu söyledikten sonra tespihini bileğine sardı, elimi dostça sıktı ve konuşmamızın bittiğini belirtircesine ayağa kalktı.

11. Konu

ACI VE ISTIRAPTA ANLAM BULMAK

II. Dünya Savaşı sırasında Naziler tarafından hapse atılan Yahudi psikiyatr Victor Frankl bir keresinde şöyle demişti: "Bir adam, bir anlamı olduğuna inandığı sürece her tür acıyı olabildiğince uzun bir süre taşımaya hazır ve isteklidir." Frankl, toplama kamplarında yaşadığı zalim ve insanlık dışı deneyimi, insanların zulüm altında yaşamlarını nasıl sürdürdükleri hakkında bir içgörü kazanmak için kullanmıştı. Kimin hayatta kalıp kimin kalamadığını yakından gözlemleyerek hayatta kalmanın gençliğe ya da bedensel güce değil, bir amaca sahip olmanın verdiği güce, kişinin hayatının ve yaşadıklarının anlamını keşfetmesine bağlı olduğu sonucuna varmıştı.

Çektiğimiz acıların anlamını bulmak, bizlere hayatımızdaki en zor dönemlerde bile yardımcı olan etkili bir yöntemdir. Fakat çektiğimiz acılarda bir anlam bulmak kolay iş değildir. Acılar genellikle, belli bir amaca ya da olumlu bir anlama sahip olmayı bırakın tamamen anlamsızca, rasgele ve durup dururken meydana gelmiş gibi görünürler. Bu acıların tam ortasındayken tüm enerjimiz bunlardan kurtulmak üzerine yoğunlaşır. Krizin yoğun olduğu o trajik dönem boyunca, çektiğimiz acının nasıl bir anlamı olduğu üzerinde düşünmek neredeyse olanaksızdır. Böyle zamanlarda, tahammül etmek dışında yapabileceğimiz çok az şey vardır. Çektiğimiz acıyı anlamsız ve haksız görmek, "Neden ben?" diye düşünmek doğaldır. Neyse ki, hayatımızın göreli olarak daha kolay olduğu zamanlarda, yoğun bir şekilde acı çektiğimiz dönemlerin öncesinde ve sonrasında acı çekmek üzerinde düşünebilir ve çektiğimiz acının anlamını kavramaya çalışabiliriz. Acı çekmenin anlamını bulmak için harcadığımız zaman ve çabanın semeresini kötü şeyler olmaya başladığında fazlasıyla toplarız. Fakat harcadığımız bu zaman ve çabanın semeresini toplamak için, başımıza gelen şeylerin anlamını henüz işler iyi giderken bulmaya çalışmalıyız. Sağlam köklere sahip bir ağaç en sert fırtınalara bile dayanabilir fakat ağaç, köklerinin gelişmesi için fırtınanın ufukta belirmesini bekleyemez.

Öyleyse, çektiğimiz acıda bir anlam bulmak için nereden başlamalıyız? Çoğu insan için bu arayış dinsel gelenekleriyle başlar. Her ne kadar, farklı dinler insanın çektiği acının anlamı ve amacı hakkında farklı anlayışlara sahip olsalar da, dünyadaki tüm dinler acıya verilecek tepkiler için, kendi inanç sistemlerine dayanan yöntemler sunmaktadırlar. Örneğin Budizm ve Hinduizm'de, acı çekmek geçmişteki olumsuz eylemlerimizin bir sonucudur ve ruhsal özgürlüğü aramak için bir katalizör olarak görülür.

Musevi-Hıristiyan geleneğinde, evren iyi ve adil bir Tanrı tarafından yaratılmıştır ve her ne kadar kurduğu düzen genellikle gizemli ve anlaşılmaz olsa da, O'nun düzenine olan inancımız ve güvenimiz, çektiğimiz acılara daha kolay ve güvenle tahammül etmemizi sağlamaktadır; tıpkı Talmud'da* dendiği gibi, "Tanrı ne yapıyorsa en iyisini yapar." Hayat gene de acı dolu olabilir fakat bir kadının çocuk doğururken yaşadığı acı gibi, sonuçta ortaya çıkan güzellik acıdan daha ağır basacaktır. Bu geleneklerdeki meydan okuma, bir çocuğun doğmasından farklı olarak, sonuçta ulaşılacak iyi neticenin bizim için bilinmez olmasıdır. Gene de, Tanrı'ya inancı güçlü olanlar, çektiğimiz acıları Tanrı'nın nihai bir amaçla bize yaşattığına inanarak teselli bulmaktadırlar. Bir Hasid** bilgesi şöyle demiştir: "İnsan ıstırap çektiğinde, 'Bu kötü! Bu kötü!' dememelidir. Tanrı'nın yaptığı hiçbir şey kötü değildir. Fakat, 'Bu acı! Bu acı!' demek yanlış değildir. Çünkü ilaçların arasında da acı otlardan yapılanlar vardır. Yani, Musevi-Hıristiyan bakış açısına göre acı çekmek pek çok amaca hizmet edebilir: inancımızı deneyebilir ve güçlendirebilir, bizi çok temel ve içten bir şekilde Tanrı'ya

*Yahudilerin kanun ve tefsir kitabı. Arami dilinde yazılmış ve tamamlanması 800 yılı aşkın bir süreye (M.Ö. 300 - M.S. 500) yayılmıştır. Eski Talmud-Mişnah (Babil dilindedir) ve Yeni Talmud-Gemera (Filistin dilindedir ve 2663 sayfadır) diye iki bölümden oluşur (ç.n.).

** Gizemci bir Musevi tarikatı (ç.n.).

yaklaştırabilir ya da maddi dünya ile olan bağlarımızı zayıflatıp Tanrı'yı bir sığınak olarak görüp ona sadık kalmamızı sağlayabilir.

Bir insanın bağlı olduğu dini gelenek, yaşadıklarının anlamını keşfetmesinde ona değerli yardımlarda bulunur; fakat belli bir dinsel dünya görüşüne sahip olmayanlar da, dikkatle düşündüklerinde acılarının arkasında anlam ve değer bulacaklardır. Dünyadaki herkesin acı çekmenin tatsız bir şey olduğu konusunda hemfikir olmasına rağmen çektiğimiz acıların yaşam deneyimimizi sınadığı, güçlendirdiği ve derinleştirdiği hakkında neredeyse hiç şüphe yoktur. Dr. Martin Luther King şöyle demiştir: "Beni yok etmeyen şey, daha güçlü olmamı sağlar." Acı çekmekten çekinmek doğal olmasına rağmen, acı bizim için bir meydan okuma olabilir ve zaman içinde bizim için en iyisini getirebilir. Yazar Graham Green, *Üçüncü Adam* (The Third Man) adlı kitabında şöyle yazmıştır: "İtalya'nın Borjialar'ın idaresi altında kaldığı otuz yıl boyunca, savaş, terör, cinayet ve kan dökme hiç eksik olmadı; fakat aynı zamanda Mikelanjelo, Leonardo da Vinci ve Rönesans'ı da ürettiler. İsviçre'de ise kardeşlik, beş yüz yıl süren bir demokrasi ve barış yaşanmıştı; peki ne ürettiler? Guguklu saat!"

Acıyla dolu zor zamanlar, bizi sertleştirip, güçlendirirken, diğer zamanlarda da tersine bir şekilde işleyerek değerli olabilirler: bizi yumuşatabilir, daha duyarlı ve nazik yapabilirler. Istırap sırasında içimizde açılan yara bizi diğer insanlarla olan ilişkilerimizde daha açık ve derin biri haline getirebilir. Şair William Wordsworth bir keresinde şöyle demiştir: "Derin bir üzüntü ruhumu insanileştirdi." Acı çekmenin bu insanileştirici etkisine örnek olarak bir tanıdığım olan Robert'ı verebilirim. Robert, çok başarılı bir şirkette önemli bir konumda çalışıyordu. Bir kaç yıl önce, işlerin ciddi şekilde krize girmesine yol açan malî bir aksilik nedeniyle büyük sorun yaşamıştı. Bir keresinde, depresyonunun çok yoğun olduğu bir dönemde karşılaştık. Robert'ı hep kendine güvenmenin ve şevkli olmanın örneği olarak görmüştüm, kendisini bu kadar ümitsiz gördüğümde hemen telaşlandım.. Robert, sesinde yoğun bir keder tonu ile şöyle dedi: "Hayatımda kendimi hiç bu kadar kötü hissetmemiştim. Bunu nasıl atlatacağımı bilemiyorum. İnsanın kendisini bu kadar bunalmış, ümitsiz ve kontrolünü kaybetmiş hissetmesinin mümkün olduğundan bile haberim yoktu." Biraz yaşadığı zorluklar hakkında konuştuktan sonra, depresyonunun düzelmesi için ona bir meslektaşımı önerdim.

Bir kaç hafta sonra, Robert'ın karısı Karen'a rastladım ve Robert'ın nasıl olduğunu sordum. "Çok şükür, şimdi çok daha iyi. Önerdiğin psikiyatr, çok işe yarayan bir antidepresan yazdı. Tabi ki, işteki sorunları halletmek biraz daha zaman alacak fakat, şimdi kendini çok daha iyi hissediyor ve her şey yoluna girecek..."

"Bunu duymak beni gerçekten memnun etti."

Karen bir an için tereddüt etti ve sonra bir sır verir gibi, "Biliyor musun, onu böyle bir depresyonun içinde görmekten nefret ediyorum. Fakat bir anlamda da bu dert, bizim için bir kutsamaydı. Bir akşam, depresyon nöbeti sırasında, denetimini yitirmiş bir şekilde ağlamaya başladı. Kendini tutamıyordu. Sonunda, ağlarken onu kollarıma aldım ve uyuyana dek saatlerce böyle kaldık. Yirmi üç yıllık evliliğimiz boyunca ilk kez böyle bir şey olmuştu... ve dürüst olmak gerekirse kendimi ona hiç bu kadar yakın hissetmemiştim. Artık depresyonu daha azalmış olmasına rağmen, işler biraz daha farklı. Sanki bazı engeller yıkıldı ... ve o yakınlık duygusu hâlâ orada. Sorununu paylaşmış olması ve bunu beraberce çözmeye çalışmamız bir şekilde ilişkimizi değiştirdi, bizi birbirimize daha çok yakınlaştırdı."

Kişinin çektiği acıya bir anlam vermesi için kullanabileceği yollar ararken bir kez daha Dalai Lama'nın söylediklerine dönüyoruz: kendisi Budist yolun çerçevesi içinde, acı çekmenin işlevsel olarak nasıl kullanılacağının örneklerini vermektedir.

"Budist çalışmalarda, kişisel olarak çektiğiniz acıyı, sevecenliğinizi geliştirmek için kullanabilirsiniz; onu *Tong-Len* çalışması yapmak için bir fırsat olarak görebilirsiniz. Bu, kişinin zihinsel olarak bir başkasının çektiği acıyı gözünün önüne getirdiği ve karşılığında da ona tüm elindekileri, iyi bir sağlık, zenginlik gibi şeyleri vermeye çalıştığı bir Mahayana çalışmasıdır. Bu çalışma hakkındaki daha ayrıntılı bilgiyi sonra vereceğim. Bu çalışmayı yaparak, hastalığa, acıya, kedere katlanmak zorunda kaldığınızda, şöyle düşünmek için bir fırsat bulabilirsiniz: "Benim acım, diğer tüm canlıların çektikleri acı için bir bedel olsun. Bunu deneyimleyerek, benzeri acılara katlanmakta olan diğer canlıları kurtarmayı başarabileyim." Böylece, başkalarının çektikleri acıları kendi üzerinize almak için kendi acınızdan yararlanabilirsiniz. *Böylece çektiğiniz acı, dinsel ya da ruhsal bir çalışmanın temeli olarak kullanıldığı için yeni bir anlam kazanır.* Bunun da ötesinde, bu tekniği uygulayan insanların bazılarının, yaşadıkları bu deneyim nedeniyle kederli olmak yerine kendilerine sanki bir ayrıcalık tanınmış gibi hissetmeleri de mümkündür. Kişi bunu bir tür fırsat olarak görebilir ve bu özel deneyimin onu daha zengin yaptığını düşünerek keyif alabilir."

"Acı çekmenin, *Tong-Len* çalışmasında kullanılabileceğinden bahsetmiştiniz. Daha önce de, acıların hiç beklenmedik zamanlarda ortaya çıktıklarını göz önünde tutmanın, zor durumlar baş gösterdiğinde bunalmamızı engelleyebileceğini de açıklamıştınız... çünkü böylece acıların, hayatın doğal bir parçası olduklarını kabullenmiş oluruz..."

"Bu çok doğru..." diye onayladı Dalai Lama.

"Çektiğimiz acıların bir anlamı olduğunu ya da en azından acılarımızın işlevsel bir değerleri olduklarını göz önünde tutmanın başka yolları var mı?"

"Evet," diye yanıt verdi, "kesinlikle. Sanırım daha önceden, Budist öğretinin izlediği yol içinde, acı çekmek üzerine düşünmenin, acının doğasının kavramak için çok büyük bir öneme sahip olduğunu anlar ve böylece acıya neden olan sebeplere ve sağlıksız eylemlere son verecek bir çözüm geliştirebilirsiniz. Mutluluğa ve neşeye yol açan sağlıklı eylemler ve tavırlarda bulunmak için daha istekli olursunuz."

"Budist olmayanların da acı çekme konusunda kafa yormalarının yararlı olduğuna inanıyor musunuz?"

"Evet, sanırım, bunun bazı durumlar için işlevsel bir değeri olabilir. Örneğin, çektiğiniz acı üzerine düşünmek, kibirinizi, kendinizi beğenme duygunuzu zayıflatabilir." İçten bir şekilde gülerek "tabi ki," dedi. "Bu, kibri ya da gururu bir kusur olarak görmeyen birine, ikna edici bir neden ya da işlevsel bir yarar gibi görünmez."

Dalai Lama, biraz ciddileşerek şöyle ekledi: "Fakat bence ne olursa olsun, acıyı yaşamamızın yaşamsal derecede önemli bir yanı da vardır. Çektiğiniz acı ve yaşadığınız keder hakkında bir farkındalık geliştirdiğinizde, diğer insanların duygularını ve acılarını anlamanıza olanak tanıyan empati kapasitenizi de geliştirmiş olursunuz. Bu, insanlara karşı duyduğunuz sevecenliğinizi artırır. Yani, başkalarıyla bağlantı kurmakta bize yardımcı olduğu için belli bir değer kazanabilir."

Dalai Lama sonucu şöyle bağladı: "Bu yolları kullanarak acıya baktığımızda, tutumumuz değişmeye başlayabilir; çektiğimiz acı sandığımız kadar değersiz ve kötü olmayabilir."

Fiziksel Acı İle Başa Çıkmak

Hayatımızın sakin dönemlerinde, işlerin göreli olarak düzgün ve iyi gittiği zamanlarda acı çekmek hakkında düşünerek, çektiğimiz acıların değerini ve anlamını daha derinlemesine kavrayabiliriz. Bazen hiçbir amacı yokmuş, bize hiçbir şey kazandırmayacakmış gibi görünen bir acıya göğüs germek zorunda kalabiliriz. Fiziksel acı ve ıstırap da genellikle bu sınıfa sokulur. Fakat, fizyolojik bir süreç olan fiziksel acı ile, bu acıya karşı zihinsel ve duygusal tepkimiz olan ıstırap arasında fark vardır. O zaman akla şu soru gelmektedir: acımızın ardında bir amaç ve anlam bulmak, acı hakkındaki tutumumuzu değiştirebilir mi? Tutumuzda bir değişimin olması, fiziksel olarak yaralandığımızda çektiğimiz acının derecesini azaltabilir mi?

Dr. Paul Brand, Acı : *Kimsenin İstemediği Armağan (Pain:*

The Gift Nobody Wants) isimli kitabında, fiziksel acının amacını ve değerini incelenmektedir. Dünyaca tanınan usta bir cerrah ve leprosi (cüzzam) uzmanı olan Dr. Brand, bir misyonerin oğlu olarak çocukluğunu ve ilk gençliğini Hindistan'da geçirmiştir, burada yaşadığı dönemde çevresi son derece zor koşullarda ve acı içinde yaşayan insanlarla çevriliydi. Fiziksel acının, Batı'da olduğundan çok daha rahat kabul gördüğünü ve insanların daha tahammüllü olduklarını görerek, insan bedenindeki acı sistemi ile ilgilenmeye başlamıştır. Giderek, Hindistan'daki leprosi hastaları ile çalışmaya başlamış ve dikkate değer başarılar kaydetmiştir. Leprosinin verdiği tahrip ve o korkunç şekilsizleşmenin, doğrudan etlerin çürümesine neden olan organizmadaki bir bozukluktan değil de daha çok uzuvlardaki acı hissinin kaybolmasına yol açan bir bozukluktan kaynaklandığını bulmuştur. Leprosi hastaları kendilerini acıya karşı korumadıkları için, onları dokuların harap oldukları hakkında uyaran sistemden de yoksun kalmaktadırlar. Bu nedenle Dr. Brand, derileri yarıldığı hatta kemikleri göründüğü halde, yürüyen ya da koşan hastalar görmüştür; bu da çürümenin devamına yol açmaktadır. Acı duyguları olmadığından bazen bir şey almak için ellerini ateşe bile sokabilmektedirler. Kendini yok etmeye karşı tam bir kayıtsızlık içindedirler. Dr. Brand, kitabında, acı hissi olmadan yaşamanın mahvedici etkileri hakkında sürekli yaralanmalar, hasta sakince uyurken farelerin gelip hastanın el ve ayak parmaklarını kemirmeleri gibi örnek üzerine örnek vermektedir.

Dr. Brand, hayatı boyunca acı çeken ve acı hissi olmayan hastalarla çalıştıktan sonra, acının Batı'da sanıldığı gibi evrensel bir düşman olmadığını, aslında bizi bedenimize zarar vermememiz için uyaran ve bizi koruyan, önemli, nazik ve karmaşık bir biyolojik sistem olduğunu görmüştür. Fakat, acıyı neden bu kadar tatsız bir şekilde yaşamak zorundayız? Acıyı bizi korumada, tehlikeye ve yaralanmaya karşı uyarmada bu kadar etkili yapan şeyin de acının bu tatsızlığı, o nefret ettiğimiz yanı olduğunu söylemektedir. Acının bu tatsız özelliği, tüm insan organizmasını sorunun üzerine eğilmeye zorlamaktadır. Her ne kadar, bedenin bir dış koruma zırhı oluşturan ve bizi acıdan çabucak uzaklaştıran otomatik refleksleri varsa da, tüm organizmayı işe karışması ve bir tepkide bulunması için harekete geçiren ve zorlayan da bu tatsızlık duygusudur. Aynı zamanda, bu deneyimi hafızamıza kazır ve bizi gelecekte de korur.

Aynı şekilde, çektiğimiz acılarda bir anlam bulmak, bize hayattaki zorluklarla başa çıkmada yardımcı olur. Dr. Brand, fiziksel acının amacını anlamanın, acı karşısında çektiğimiz ıstırabı azaltabileceğini düşünmektedir. Bu kuramın ışığında, "acı sigortası" diye bir kavramı ortaya atmıştır. Acıyı neden yaşadığımız hakkında bir içgörü geliştirerek ve hayatın acı olmadan nasıl olabileceği üzerinde düşünmek için zaman ayırarak vakitsiz gelen acıya karşı sağlıklı bir şekilde hazırlanabileceğimize inanmaktadır. Bununla beraber yoğun bir acı, tarafsızlığı yok ettiği için bu tür şeyler üzerinde acı bizi etkilemeden önce düşünmemiz gerekmektedir. Fakat eğer acıyı, "Bedenimizin bizim için hayati derecede önemli bir konuda, dikkatimizi çekecek en etkili yolla yaptığı konuşma" diye görmeye başlarsak, bu konudaki tutumumuz da değişecektir. Acı hakkındaki tutumumuz değiştikçe ıstırabımız da azalacaktır. Dr. Brand, şöyle demektedir: "Önceden geliştirdiğimiz tavrın, acı baş gösterdiğinde bizi nasıl etkileyeceğini belirlediğine ikna oldum." Acı karşısında minnettar olabileceğimize bile inanmaktadır. Belki acıyı deneyimlediğimiz için değil ama acıyı algılama sistemimiz çalıştığı için minnettar olabiliriz.

Fiziksel bir acı içinde olduğumuzda, ne dereceye kadar acı çekeceğimiz konusunda tutumumuzun ve zihinsel yapımızın da son derece etkili olduğuna hiç şüphe yoktur. Örnek olarak diyelim ki, biri inşaat işçisi, diğeri konser piyanisti olan iki kişi, aynı şekilde parmaklarının yaralanmasından dolayı acı çekmektedirler. Her ne kadar, fiziksel acının miktarı her iki kişi için de aynı olsa da, inşaat işçisi çok az acı çeker ve gerçekte bu yaralanmadan dolayı bir ay ücretli izin aldığı için sevinir, ama aynı yaralanma, piyano çalmayı hayat sevincinin ana kaynağı olarak gören piyaniste büyük bir acı verir.

Zihinsel tutumuzun, acıyı algılama ve ona tahammül etme

becerimizi etkilediği düşüncesi bu tür kuramsal durumlarla sınırlı değildir; pek çok bilimsel araştırma ve deney ile kanıtlanmıştır. Bu konuya eğilen araştırmacılar, işe öncelikle acının nasıl algılandığını ve deneyimlendiğini adım adım saptamakla başlamışlardır. Acı, duygusal bir işaret ile başlar. Bu, sinir uçları tehlikeli olarak duyumsanan bir şey ile uyarıldığında verilen bir alarmdır. Omurilik yoluyla beyine milyonlarca işaret gönderilir. Bu işaretler daha sonra sınıflandırılır ve beynin acıyı ifade eden daha üst bölgelerine bir mesaj gönderilir. Sonra, beyin önceden kaydedilmiş mesajların arasından bir yanıt seçer. Bu aşamada zihin, acıya bir değer ve anlam atfedebilir, acıyı daha şiddetli algılayabiliriz ya da algılamamız değişebilir; *acıyı zihindeki ıstıraba dönüştürürüz.* Acıdan dolayı duyulan ıstırabı azaltmak için, acının bize verdiği acı ile acı hakkındaki düşüncelerimiz yoluyla yarattığımız acı arasında kesin bir ayırım yapmamız gerekir. Korku, öfke, yalnızlık ve çaresizlik; bunların hepsi de acıyı yoğunlaştıran zihinsel ve duygusal tepkilerdir. Acıyla başa çıkabilmek için geliştirdiğimiz yaklaşımın dahilinde, düşük yoğunluktaki acı türleri için ilaçlar ve diğer ürünler gibi modern tıbba ait araçları kullanabiliriz fakat, daha yüksek yoğunluktaki acılar söz konusu olduğunda, düşünce tarzımızı ve tutumumuzu değiştirerek ilerleme kaydedebiliriz.

Acının algılanmasında zihnin rolü konusunda pek çok araştırmacının incelemesi vardır. Hatta Pavlov, acı içgüdüsünü yenmek için köpekleri eğitmiş ve bunun için de elektrik şoku ile ödül olarak yemek vermek arasında bir ilişki kurmuştur. Araştırmacı Ronald Melzok, Pavlov'un deneyimini bir adım ileri götürmüştür. İskoç terier köpek yavrularını normalde büyürken yaşayabilecekleri çarpma ve sürtünmelerle karşılaşmayacakları yastıklarla desteklenmiş bir yere yerleştirmiştir. Bu köpekler, acıya verilen temel tepkileri öğrenmeden büyümüşlerdir; örneğin patilerine diken battığında acıyla haykıran kardeşlerinin tersine böyle bir durumda nasıl tepki vereceklerini bilmemektedirler. Bu tür deneyleri temel alarak, tatsız duygusal tepkiler de dahil olmak üzere acı diye adlandırdığımız şeyin büyük oranda içgüdüsel olmaktan çok sonradan öğrenilen

*hastaya ilaç diye verilen tesirsiz madde ve bunu bilmediği halde hastanın durumunda düzelme görülmesi (ç.n.)

bir şey olduğu sonucuna varmıştır. Hipnoz ve plasebo etkisi* gibi insanlara uygulanan diğer deneyler, pek çok durumda beynin daha yüksek işlevlerinin, daha alçak aşamalardan gelen acı sinyallerinin üzerini örtüp geçersiz kılabileceklerini kanıtlamıştır. Bu, zihnin genellikle acıyı nasıl algılayabileceğimize karar verebildiğini göstermekte ve Harvard Tıp Fakültesi'nden Dr. Richard Sternback ve Bernard Tusky'nin elde ettikleri ilginç bulguları açıklamaya yardımcı olmaktadır (bu bulgular daha sonra Dr. Maryann Bates ve arkadaşlarının yaptıkları bir araştırmayla da doğrulanmışlardır); bu araştırmacılar farklı etnik grupların acıyı algılama ve acıya dayanma becerileri arasında belirgin farklar olduğunu gözlemlemişlerdir.

Yani acı hakkındaki tutumumuzun ne derece ıstırap çekeceğimizi etkileyebileceği hakkındaki iddia sadece felsefi bir kurguya (spekülasyona) değil, bilimsel bir gerçeğe dayanıyor gibi görünmektedir ve eğer acının anlamını ve değerini araştırmamız, acı ile ilgili tutumumuzda bir değişikliğe yol açarsa, harcadığımız çaba da boşa gitmemiş olur. Dr. Brand, acının temelinde yatan anlamı bulmaya çalışırken harika ve çok önemli bir gözlemde daha bulunmuştur. Vaka raporlarında, leprosi hastalarının pek çok kereler şöyle dediklerini yazmaktadır : "tabi ki ellerimi ve ayaklarımı görebiliyorum fakat bunlar sanki benim bir parçam değillermiş, sadece birer oyuncakmış gibiler." Bu nedenle acı, sadece bizi uyarmakla ve korumakla kalmaz aynı zamanda kendimizi bir bütün olarak görmemizi de sağlar. Ellerimizde ve ayaklarımızda acı duygusu olmadığında, bu parçalar sanki bedenimize ait değillermiş gibi gelmektedir.

Fiziksel acının, bir bedene sahip olduğumuz duygusunu bize hatırlatarak bedenimizin tümünün farkına varmamızı sağlaması gibi, ıstırap çekme deneyimini de bizi birbirimize bağlayan birleştirici bir güç olarak kabul edebiliriz. Belki de ıstıraplarımızın ardında yatan nihai anlam da budur. *Diğer insanlarla paylaştığımız en temel unsur, bizi tüm canlı varlıklar ile birleştiren etken, acılarımız ve ıstıraplarımızdır.*

İnsanların acı çekmesi hakkındaki tartışmamızı Dalai Lama'nın konuşmalarında bahsettiği *Tong-Len* çalışması hakkında verdiği bilgilerle sonlandırıyoruz. Açıkladığına göre, kişinin gözünün önünde belli durumları canlandırarak (vizüalizasyon) yaptığı bu meditasyonun amacı kişideki sevecenlik duygusunu güçlendirmektir. Fakat, aynı zamanda kişinin duyduğu ıstırabı daha yumuşak duygulara dönüştürmesine de yarayan etkili bir araçtır. Herhangi bir ıstıraba katlanan ya da zor durumda bulunan biri, benzeri acı ve ıstıraplardan geçen insanları gözünün önüne getirerek, onların ıstıraplarını emerek ve kendininkiyle özdeşleştirerek sevecenlik duygusunu artırabilir; yani buna bir tür vekaleten ıstırap çekmek diyebiliriz.

Dalai Lama, bu bilgiyi, Tucson'da sıcak bir Eylül akşamı, kalabalık bir izleyici kitlesi önünde vermiştir. Dışarıda artan çöl sıcağına karşı mücadele veren salondaki havalandırma cihazları, sonunda bin altı yüz adet vücuttan yükselen sıcaklığa yenik düşmüşlerdi. Salondaki sıcaklık artmaya başlamıştı ve acı çekme ile ilgili olarak yapılan bir meditasyon için özellikle uygun, rahatsız bir ortam yaratmaktaydı.

Tong-Len Çalışması

"Haydi, bu akşam da *Tong-Len*, yani Vermek ve Almak meditasyonunu uygulayalım. Bu çalışma, zihnin eğitilmesine yardımcı olmak, doğal sevecenlik gücünün artırılması anlamına gelir. Çünkü Tong-Len meditasyonu bencilliğe karşı koymaya yarar. Kendimizi başkalarının duyduğu ıstıraplara açma cesaretimizi geliştirerek zihin gücümüzü ve dayanıklılığımızı artırır.

"Bu çalışmaya başlamak için öncelikle kendimizin bir yarısını, umutsuzca yardım bekleyen, talihsiz bir ıstırap içinde, yoksulluk, zorluk ve acı dolu şartlarda yaşayan bir insan topluluğu arasında hayal ederiz. Bu insan topluluğunu zihninizde iyice canlandırın. Sonra, diğer yarınızı benmerkezcil bir kişi, bencilce davranmayı alışkanlık haline getirmiş, başkalarının ihtiyaçlarına ve yaşam şartlarına kayıtsız kalan birinin bedenlenmiş hali olarak hayal edin. En sonunda da kendinizi, acı çeken bu insan topluluğu ile bencilliğin timsali olan kişi arasında tam ortada, tarafsız bir gözlemci olarak görün.

"Ardından, doğal olarak hangi tarafa doğru eğilim gösterdiğinizin farkına varın. O yalnız kişiye, bencilliğin bedenlenmiş haline mi daha fazla eğilim gösteriyorsunuz? Yoksa, empati uygulayarak, yardım bekleyen yoksul insanların oluşturduğu topluluğa mı ulaşmaya çalışıyorsunuz? Eğer tarafsızca bakarsanız, pek çok kişiden oluşan bir topluluğun refahının, bir tek kişininkinden daha önemli olduğunu görebilirsiniz.

"Daha sonra, dikkatinizi ihtiyaç içindeki ve umutsuz insanlar üzerinde yoğunlaştırın. Tüm olumlu enerjinizi onlara yönlendirin. Zihinsel olarak onlara, başarılarınızı, kaynaklarınızı, biriktirdiğiniz tüm erdemleri verin. Bunu yaptıktan sonra da, acılarını, sorunlarını ve tüm olumsuzluklarını kendi üzerinizde topladığınızı hayal edin.

"Örneğin, açlıktan ölmek üzere olan Somalili bir çocuğu gözünüzün önüne getirebilir ve bu görüntüye nasıl bir tepki verdiğinize bakabilirsiniz. Bu sırada bu kişinin çektiği acıya karşı hissettiğiniz derin empati, bu kişinin sizin akrabanız ya da arkadaşınız olması gibi şartlardan bağımsız olarak deneyimlenmektedir. Hatta o insanı tanımamaktasınızdır. Fakat, o kişinin de sizin gibi bir insanoğlu olduğu gerçeği, doğal empati kapasitenizin ortaya çıkmasına ve ona yardım elini uzatmanıza olanak tanımaktadır. Böyle bir şeyi hayal edebilir ve şöyle düşünebilirsiniz: 'Bu çocuk, kendisini yaşadığı bu zor durumdan kurtarma olanağına sahip değil.' Sonra, yoksulluk, açlık ve mahrumiyetten doğan tüm ıstırabı zihinsel olarak kendi üzerinize alabilir ve gene zihinsel olarak elinizdeki tüm olanakları, zenginliği ve başarıyı bu çocuğa verebilirsiniz. Bu tür bir 'verme ve alma' görüntüsünü gözünüzün önüne getirerek zihninizi eğitebilirsiniz.

"Bu çalışmaya öncelikle gelecekte yaşayabileceğiniz bir ıstırabın hayalini kurmakla başlamak da bazen yardımcı olabilmektedir. Sevecen bir tutum takınarak gelecekte yaşayabileceğiniz bu ıstırabı şu anda yaşıyormuşçasına yüklenebilirsiniz;

böylece gelecekteki tüm acılardan kendinizi içten bir şekilde kurtarmış olursunuz. Kendinize karşı sevecen bir zihin durumu geliştirmede biraz ustalaştıktan sonra, bu süreci başkalarının acılarını içerecek şekilde de genişletebilirsiniz.

"Kendi üzerinize alma yöntemini uygularken, ıstırapları, sorunları ve zorlukları, zehirli maddeler, tehlikeli silahlar ya da korkunç hayvanlar gibi normalde tüylerinizi ürperten şeyler olarak düşünüp gözünüzün önüne getirmeniz işe yarayabilir. Bu şekilde gözünüzün önüne getirerek acıları doğrudan kalbinize doğru çekersiniz.

"Bu olumsuz ve korkutucu şeylerin kalbimizde eridiklerini hayal etmemizin amacı, kalbimizde yer etmiş, alışılmış bencil tavırlarımızı yok etmektir. Kendilerini değerlendirme biçimi ile ilgili sorunu olan, kendilerine nefret ve öfke duyan ya da kendilerini aşağı gören kişilerin, bu özel uygulamanın kendileri için uygun olup olmadığını değerlendirmeleri önemlidir. Belki de onlar için uygun olmayabilir.

"Tong-Len çalışması 'alma ve vermeyi' soluk alıp vermeyle birleştirdiğinizde çok etkili olabilir; bunu yapmak için 'alırken' soluk alın ve 'verirken' de soluk verin. Bu imgeleme yöntemini etkili bir şekilde yaptığınızda hafif bir rahatsızlık hissedebilirsiniz. Bu, hedefi yani normalde sahip olduğumuz benmerkezci, egosantrik tutumu vurduğunuzun bir işaretidir. Şimdi, meditasyon yapalım.

Dalai Lama, Tong-Len hakkında verdiği bilginin sonunda önemli bir noktaya dokunmuştu. Her çalışma herkes için uygun olmayabilir ya da herkese çekici gelmeyebilir. Ruhsal yolculuğumuz sırasında her birimiz için hangi çalışmanın veya uygulamanın uygun olduğuna karar vermek önemlidir. Bazen, bir uygulama başlangıçta bize çekici gelmeyebilir ve bu uygulamanın etkili olabilmesi için onu daha iyi anlamamız gerekebilir. O akşam, Dalai Lama'nın *Tong-Len* hakkında verdiği bilgileri dinlerken benim durumum da aynen böyleydi. Bu konuda biraz zorlandığımı, içimde bir direnç oluşturduğunu farkettim; gene de o sırada bunun üzerinde çok durmadım. Daha sonra o akşam, Dalai Lama'nın verdiği bilgiler üzerinde düşünürken, bu direnç duygusunun, daha önceden bireylerden oluşan bir topluluğun, tek bir bireyden daha önemli olduğunu söylemesinden kaynaklandığını anladım. Bu, daha önceden *Uzay Yolu*'nda Mr. Spock tarafından ileri sürüldüğünü duyduğum bir Vulkan aksiyomuydu (kabul edilmiş gerçek): *Çoğunluğun ihtiyaçları bir kişinin ihtiyaçlarına ağır basar.* Fakat bu iddiada şaşırtıcı bir nokta vardı. Biraz da "gözden düşmemek için, bu konuyu Dalai Lama'ya açmadan önce, uzun süredir Budist yolu izleyen bir arkadaşıma bahsettim.

"Beni rahatsız eden bir şey var...," dedim. "Bir çok insandan oluşan bir topluluğun ihtiyaçlarının, tek bir kişinin ihtiyaçlarından daha ağır basması kuramsal olarak anlamlı olabilir fakat, günlük hayatta bir insan kitlesi ile ilişkide bulunmuyoruz. Bir seferde tek bir kişi ile, sırayla farklı bireyler ile karşılıklı ilişkiye giriyoruz. Bire bir seviyede, bu bireyin ihtiyaçları neden benimkilerden daha ağır bassın ki? Ben de bir bireyim... İkimiz de eşitiz..."

Arkadaşım bir süre düşündü. "Evet bu doğru. Fakat, sanırım her bireyin seninle *gerçekten* eşit - ne daha fazla *ne de daha az* önemli - olduğunu kabul etmeye çalışman başlangıç için yeterli olacaktır."

Bu konuyu asla Dalai Lama ile tartışmadım.

IV. Bölüm

ZORLUKLARIN ÜSTESİNDEN GELMEK

12. Konu

DEĞİŞİME NEDEN OLMAK

Değişim Süreci

Olumsuz davranışları ve zihinsel tutumları ortadan kaldırarak mutluluğa ulaşma olasılığından bahsetmiştik. Peki genel olarak, bunu gerçekten başarmak, olumsuz davranışları engellemek ve kişinin hayatında olumlu değişikler yapması için nasıl bir yaklaşımda bulunurdunuz?" diye sordum.

Dalai Lama, "*İlk adım öğrenme ve eğitimle atılır,*" diye yanıt verdi. "Sanırım daha önceden öğrenmenin öneminden bahsetmiştim..."

"Olumsuz duyguların ve davranışların, mutluluğu arayışımızda ne kadar zararlı olduklarını ve olumlu duyguların ne kadar yararlı olduklarını öğrenmenin öneminden konuşmamızı mı kastediyorsunuz?"

"Evet; fakat kişinin kendinde olumlu değişiklikler yaratmasında ilk adım öğrenmektir. Elbette inanç, azim, eylem ve çaba gibi başka etkenler de vardır. Yani, bir sonraki adım inancın geliştirilmesidir. Öğrenme ve eğitim önemlidir çünkü kişinin değişimin gerekliliğine olan inancının gelişmesine ve kararlılığının artmasına yardımcı olurlar. Değişimin gerekliliğine olan inanç, azmi getirir. Sonrasında kişi, azmi eyleme döker. Değiştirmek için kesin kararlı olmak, gerçek değişiklikleri yapmak için gerekli çabayı göstermesini sağlar. Çaba etkeni son derece önemlidir.

"Örneğin eğer sigarayı bırakmaya çalışıyorsanız, öncelikle sigaranın sağlık için zararlı olduğunun farkına varmanız, bu konuda eğitilmeniz gerekir. Bence, sigara içmenin zararlı etkileri hakkında verilen bilgiler ve halkın eğitilmesi insanların davranışını değiştirmiştir; sanırım bilginin elde edilmesinden kaynaklanan nedenlerden dolayı, Batı ülkelerinde Çin gibi komünist ülkelere oranla daha az insan sigara içmektedir. Fakat, bunu öğrenmek tek başına yeterli olmaz. Bu farkındalığı, sigara içmenin zararlı etkileri hakkında tam anlamıyla *ikna olana*, buna *inanana* dek artırmalısınız. Bu, değişiklik yapma azminizi güçlendirecektir. Sonuçta, yeni alışkanlık kalıpları edinmek için *çaba* harcamak zorunda kalacaksınız. Başarmak istediğimiz ne olursa olsun, her konudaki içsel değişim ve dönüşümün izlediği yol budur.

"Değiştirmek istediğiniz davranış ne olursa olsun, hangi özel hedef ya da eylem için çaba gösteriyor olursanız olun, öncelikle bunu yapmak için güçlü bir istek duymalısınız. Büyük bir şevkle hareket etmelisiniz. *Burada, zorunluluk anahtar kelimedir.* Zorunda kalmak, sorunları aşmada size yardımcı olan güçlü bir etkendir. Örneğin AIDS'in ciddi etkileri hakkında bilgi sahibi olmak, pek çok kişinin cinsel alışkanlıklarını zorunlu olarak denetim altına almalarına neden olmuştur. Bence, doğru bilgiyi elde ettiğinizde, bu ciddiyet ve kararlılık duygusu da kendiliğinden gelecektir.

"Bu tür bir zorunluluk, değişime neden olan son derece önemli bir etkendir. Bize inanılmaz bir enerji verebilir. Örneğin politik bir harekette bir ümitsizlik duygusu varsa, orada inanılmaz bir zorunluluk duygusu da olabilir. İnsanların aç olduklarını bile unuttukları, yorgunluk ve tükenme hissi duymadan hedeflerinin peşinden gittiği pek çok durum yaşanmıştır.

"Zorunda kalmak, sadece kişisel seviyede değil aynı zamanda toplumsal ve küresel seviyelerdeki sorunlarla başa çıkmada da önemlidir. Örneğin, St. Louis'de olduğum sırada valiyle tanışmıştım. Bu bölgede, yakın zaman önce büyük bir sel meydana gelmişti. Vali bana, sel olduğunda ilk başta, toplumda ağır basan bireysellikten dolayı insanların işbirliği içinde çalışamayacaklarından, bu planlama ve işbirliği gerektiren işe kendilerini veremeyeceklerinden endişe duyduğunu söyledi. Fakat, kriz durumunda insanların verdikleri tepki onu şaşırtmıştı. İnsanlar, selin yarattığı sorunlarla başa çıkabilmek için o kadar büyük bir işbirliği ve adanmışlıkla çalışıyorlarmış ki, son derece etkilenmiş. Bu da aklıma, bu durumda olduğu gibi, önemli hedeflere ulaşmayı başarabilmek için bir zorunluluk durumunun olduğunu kabul etmemiz gerektiği gerçeğini getirdi; kriz o kadar acildi ki, insanlar içgüdüsel olarak güçlerini birleştirmişler ve krizi atlatmaya çalışmışlardı. Ne yazık ki," dedi üzgün bir sesle, "genellikle bu zorunluluk duygusuna sahip değiliz."

Asya'daki yeniden doğum inancının doğurduğu "Kendi haline bırak", "şimdi olmuyorsa, her zaman bir sonraki sefer vardır..." düşüncesini göz önüne aldığım ve Batılıların, Asyalıları bu çerçevede gördüklerini bildiğim için, Dalai Lama'nın zorunluluk duygusunun önemi üzerinde durması beni şaşırtmıştı.

"O zaman günlük hayat içinde bir şeyleri değiştirmek için güçlü bir şevk ya da zorunluluk duyma düşüncesini nasıl geliştirdiğiniz sorusu geliyor aklıma. Bu özel bir Budist yaklaşımı mı?" diye sordum.

"Bir Budizm izdeşinin şevk duygusunu geliştirmede kullanabileceği çeşitli teknikler vardır," diye yanıt verdi. "Güven ve şevk duygusunu geliştirmek amacına yönelik olarak, Budha'nın metinlerinde insanın varoluşunun ne kadar değerli olduğu hakkında bir bölüm buluruz. Bedenimizdeki potansiyelin büyüklüğünden, bunun ne kadar anlamlı olabileceğinden, kullanılabileceği iyi amaçlardan, bir insan olmanın yararları ve avantajlarından ve benzeri şeylerden bahsederiz. Çünkü bu potansiyeller, bize güven ve cesaret duygusunun aşılanması ve bedenimizi olumlu bir şekilde kullanmada kararlı olmamız için bizi teşvik etmek amacıyla oradadırlar.

"Sonra, ruhsal uygulamalara girişmek için bir zorunluluk duygusunun yaratılması amacıyla izdeşe, kalıcı olmadığımız ve ölüm gerçeği hatırlatılır. Bu çerçeve içinde geçici olduğumuzdan söz ettiğimizde, geçici olma kavramının daha gizli durumlarını değil çok geleneksel terimleri kastetmekteyiz. Diğer bir deyişle, kendimize bir gün artık varolmayacağımızı hatırlatırız. Bu tür bir anlayışı, geçici olduğumuzun farkında olmayla destekleriz ve insan olmamızdan kaynaklanan müthiş potansiyeli değerlendirerek bu anlayış ile birleştiğimizde, her değerli ânı kullanmaya zorunlu olduğumuzu görürüz."

"Geçici olduğumuzun ve ölümün kabullenilmesi, insanın kendini olumlu değişiklikler yapmaya zorunlu hissetmesinde etkili bir teknik gibi görünüyor. Bu teknik, Budist olmayanlar tarafından da kullanılabilir mi?"

"Sanırım, Budist olmayanların uygulayacakları teknikler konusunda dikkatli olunmalıdır," dedi düşünceli bir şekilde. "Belki de, bu daha çok Budist çalışmalara uygulanabilir. Dahası," dedi gülerek, "aynı teknik tamamen tersi bir amaç için de kullanılabilir; kişi 'Yarın yaşayacağımın hiçbir garantisi yok, o zaman ben de bugünün olabildiğince çok tadını çıkarayım!' diye düşünebilir."

"Budist olmayanların bu tür bir zorunlu olma duygusu geliştirmeleri için herhangi bir öneriniz var mı?"

"Şey, daha önce de belirttiğim gibi, burada devreye bilgi ve eğitim girmektedir. Örneğin, bazı uzmanlarla tanışmadan önce, çevre kirlenmesinden habersizdim. Fakat onlarla tanışıp da bana karşılaştıkları sorunları açıkladıklarında, durumun ciddiyetinin farkına vardım. Karşılaştığımız diğer sorunlara da aynı uygulanabilir."

"Fakat, bazen, bilgi sahibi olsak da, değişim yaratmak için yeterli enerjiye sahip olmayabiliriz. Bunun çaresini nasıl bulabiliriz?" diye sordum.

Dalai Lama düşünmek için durdu, sonra şöyle dedi: "Bence burada farklı sınıflandırmalar vardır. Bu durum, apati ya da enerji eksikliği ile ilgili olarak bazı biyolojik etkenlerden kaynaklanabilir. Kişideki apatisi ya da enerji eksikliği biyolojik etkenlere dayanıyorsa yaşam tarzını düzeltmesi gerekir. Yani, yeterince uyumak, dengeli beslenmek, alkolden uzak durmak ve bunun gibi şeyler kişinin zihninin daha uyanık olmasına yardımcı olacaktır. Bu durumun nedeni herhangi bir hastalıksa kişinin ilaç ya da diğer fiziksel çarelere başvurması gerekebilir. Fakat bir başka tür apati ya da tembellik daha vardır ki, tamamen zihindeki belli bir zayıflıktan kaynaklanır..."

"Evet, benim bahsettiğim de buydu..."

"Bu tür apatiyi yenip, kararlılığı ve şevki artırarak olumsuz davranış veya zihinsel durumların üstesinden gelmek için bence en etkili ve belki de tek çözüm, olumsuz davranışların yıpratıcı etkilerinden haberdar olmaktır. Kişi sürekli olarak kendine bu yıpratıcı etkileri hatırlatmalıdır."

Dalai Lama'nın sözleri doğru olabilirdi, fakat bir psikiyatr olarak bazı olumsuz davranış ve düşünce tarzlarının ne kadar sağlam bir şekilde yer edebileceklerinden, bunları değiştirmenin bazı insanlar için ne kadar güç olduğundan da haberdardım. Karmaşık psikodinamik etkenlerin rol oynadığını kabul ederek, hastaların değişime gösterdikleri direnci incelemek ve tahlil etmek için sayısız saatler harcamıştım. Bunu aklımdan geçirerek, şöyle sordum:

"İnsanlar genellikle, hayatlarında olumlu değişiklikler yapmak, daha sağlıklı davranışlarda bulunmak ve bunun gibi şeyleri istiyorlar. Fakat bazen bir tür atalet ya da direnç oluyor... bunu nasıl açıklıyorsunuz?"

"Bu gayet kolay..." diye başladı sakin bir ses tonuyla.

KOLAY MI?

"Bunun nedeni, belli şeyleri belli şekillerde yapmaya alışmamızdır. Böylece, sadece yapmaktan hoşlandığımız şeyleri sadece istediğimiz şekilde yaparak bir anlamda şımarıyoruz."

"Bunu nasıl yenebiliriz peki?"

"Alışkanlıklarımızı kendi yararımıza kullanarak. *İyice alışkanlık kazanarak, yeni davranış kalıpları geliştirebiliriz.* Örneğin, Dhramsala'da 3:30'da uyanır ve güne başlarım; oysa Arizona'da 4:30'da uyanıyorum, yani bir saat daha fazla uyuyorum," diyerek güldü. "Başlangıçta, buna alışmak için biraz çaba sarfetmeniz gerekir, fakat bir kaç ay sonra bir tür alışkanlık serisi haline gelir ve özel bir çaba harcamanız gerekmez. Geç yatmış olabilir ve bir kaç dakika daha fazla uyumayı isteyebilirsiniz, fakat gene de özel bir çaba sarfetmeden 3:30'da kalkar ve günlük çalışmalarınızı yaparsınız. Bu, alışkanlığa bağlı bir şeydir.

"Belli bir çaba harcayarak, her türlü olumsuz koşulun üstesinden gelebilir ve hayatımızda olumlu değişiklikler yapabiliriz. Gene de gerçek bir değişimin bir gecede olmayacağını anlamanız gerekir. Örneğin, bugünkü normal zihin yapımı, yirmi ya da otuz yıl öncesiyle karşılaştırırsam, sanırım büyük bir fark olduğu görülecektir. Bu değişiklik adım adım olmuştur. Budizm'i öğrenmeye beş ya da altı yaşlarında başladım, fakat o zamanlar Budist öğreti ile hiç ilgilenmiyordum," güldü, "gene de en yüce yeniden doğum olarak adlandırılıyordum. Sanırım, ancak on altı yaşıma geldiğimde Budizm hakkında ciddi düşüncelere sahip oldum ve ciddi çalışmalar yapmaya başladım. Sonra, yıllar süren çalışmalar neticesinde başlangıçta son derece olanaksız, neredeyse doğa dışı görünen Budist ilkeler ve uygulamaları hakkında derin bir anlayış geliştirmeye başladım; böylece bana çok daha doğal ve anlaşılması kolay göründüler. Bu, aşamalı bir şekilde alışkanlık geliştirme sayesinde oldu. Tabi ki bu süreç kırk yıldan fazla sürdü.

"Gördüğünüz gibi, zihinsel gelişim zaman alır. Eğer birisi, 'Ah, işleri bu noktaya getirip bazı şeyleri değiştirmek uzun yıllarımı aldı,' derse bunu ciddiye alırım. Değişimlerin gerçek ve uzun süreli olma olasılığı daha yüksektir. Eğer biri, 'İki yıl gibi kısa bir süre içinde büyük bir değişim oldu,' derse bunun gerçek dışı olduğunu düşünürüm."

Dalai Lama'nın değişime olan yaklaşımı tartışmasız bir biçimde mantıklı olsa da, uzlaşma sağlanması gerekiyor gibi görünen bir konu daha vardı:

"Kişinin zihin yapısını değiştirmesi, olumlu değişimler yapması için yüksek bir şevk ve kararlılık gerektiğinden bahsetmiştiniz. Fakat aynı zamanda gerçek değişimlerin yavaşça meydana geldiklerini ve uzun zaman aldıklarını da biliyoruz," diye belirttim. "Değişimler bu kadar yavaş olduğunda kişinin cesaretinin kırılması çok kolaydır. Ruhsal çalışmanızda ilerlemenin yavaş olması nedeniyle ya da hayatınızın diğer alanlarında hiç cesaretinizin kırıldığı olmadı mı?"

"Evet, tabi ki oldu," dedi.

"Bununla nasıl başa çıktınız peki?" diye sordum.

"Ruhsal çalışmalarımı yaptığım sürece, eğer bir engel ya da sorunla karşılaşacak olursam, bir adım geri atıp duruma kısa vadeli yerine uzun vadeli bir şekilde bakmanın yararlı olduğunu gördüm. Bu bakışta, bazı özel dizelerin bana cesaret verdiğine ve azmimi korumama yardımcı olduklarına inanıyorum. Bu dizelerin anlamı yaklaşık olarak şöyledir:

Evren var olduğu,
Canlı varlıklar varolmaya devam ettikleri sürece
Dünyadaki acıları gidermek için
Ben de yaşayabilirim.

"Gene de Tibet'in özgürlüğü için verilen mücadele söz konusu olduğunda, bu tür bir inancı kullansam ve bu dizeleri söylesem; 'uzun, çok uzun bir süre .... Evren varolduğu sürece beklemeye hazır olsam', aptalın teki olduğumu düşünürdüm. Burada, olaya daha ani ve etken bir şekilde müdahale etmek gerekmektedir. Tabi ki bu özgürlük mücadelesinde, hiçbir sonuç alınmadan kırk, elli yıl süren müzakereleri, neredeyse elli yıllık bir kaybı düşündüğümde, belli bir sabırsızlık ve hayal kırıklığı da duyuyorum. Fakat bu hayal kırıklığı, ümidimi kaybetmeme neden olacak kadar cesaretimi azaltmıyor."

Konuyu biraz daha açmak için, "Ümidinizi kaybetmenizi engelleyen şey, tam olarak neydi?" diye sordum.

"Tibet'in içinde bulunduğu durumda bile, duruma daha geniş bir açıdan bakmanın kesinlikle yararlı olduğuna inanıyorum. Eğer Tibet'teki duruma dar bir açıdan, *sadece* o açıya yoğunlaşarak bakarsam, durum neredeyse ümitsiz gibi görünür. Fakat daha geniş bir açıdan, evrensel açıdan bakarsam, tüm komünist ve totaliter sistemlerin çöktüğü uluslararası durumu görebilirim; artık Çin'de bile demokrasi hareketleri olmaktadır ve Tibetlilerin de ruhu canlı kalmaktadır. Yani, mücadeleden asla vazgeçmem."

Budist felsefesi ve meditasyon yöntemleriyle eğitim görmüş olması ve bu konudaki geçmişi göz önüne alındığında, Dalai Lama'nın içsel değişim yaratmanın ilk adımı olarak daha doğaüstü ya da mistik ruhsal çalışmalar yerine öğrenme ve eğitimi önermesi ilginçti. Her ne kadar eğitim, yeni beceriler edinmek ya da iyi bir iş sahibi olmayı garantilemede önemli kabul edilse de, mutluluğu yakalamadaki yaşamsal önemi geniş ölçüde göz ardı edilmektedir. Oysa araştırmalar, tamamen akademik bir eğitimin daha mutlu bir hayatla doğrudan ilişkili olduğunu göstermiştir. Yapılan sayısız araştırmada yüksek seviyede bir eğitim almak ile daha sağlıklı ve daha uzun yaşamak arasında karşılıklı olarak olumlu bir ilişki olduğu ve hatta böyle bir eğitimin bireyi depresyondan koruduğu görülmüştür. Eğitimin bu yararlı etkilerinin nedenlerini belirlemeye çalışan bilim adamları, daha iyi eğitim almış bireylerin, sağlığı riske atacak etkenlerden daha fazla haberdar oldukları, daha sağlıklı yaşam tarzlarını seçtikleri, sorumluluk üstlenme ve öz saygı duygularının daha gelişkin olduğu, sorunları çözmede daha becerikli oldukları ve daha etkili stratejiler geliştirdikleri sonucuna varmışlardır; bu etkenlerin hepsi de daha mutlu ve daha sağlıklı bir hayat yaşamaya katkıda bulunmaktadırlar. Öyleyse, sadece akademik eğitim bile daha mutlu yaşamakla ilişkiliyse, Dalai Lama'nın bahsettiği türde, yani, özellikle kalıcı bir mutluluğa götüren tüm etkenleri anlamak ve yerine getirmek üzerinde yoğunlaşan öğrenme ve eğitimin etkisinin ne kadar güçlü olabileceğini bir tahmin edin.

Dalai Lama'nın değişimi sağlamak için kullandığı yöntemdeki ikinci adım "azimli ve şevkli" olmaktır. Bu adım da çağdaş Batılı bilim tarafından, kişinin hedeflerine ulaşması için önemli bir etken olarak kabul edilir. Örneğin eğitim psikoloğu Benjamin Bloom, Amerika'nın en başarılı sanatçılarından, atletlerinden ve bilim adamlarından bazılarının hayatlarını incelemiştir. Büyük bir doğal yeteneğe sahip olmasalar da, gayret ve azmin, seçtikleri alanlarda onları başarıya götürdüğünü keşfetmiştir.

Davranış bilimciler, eylemlerimizi başlatan, destekleyen ve

yönlendiren mekanizmaları yoğun olarak araştırmışlar ve bu alana da "insani motivasyon" araştırması adını vermişlerdir. Psikologlar, üç ana motiv tipi tanımlamışlardır: İlk tip, *birincil motivdir*; bunlar yaşamı sürdürmek için karşılanması gereken biyolojik ihtiyaçlara dayanır. Yiyecek, su ve hava gibi ihtiyaçları içerirler. Diğer bir motiv sınıfı, insanın *teşvik edilme ve bilgilenme için duyduğu ihtiyacı* kapsar. Araştırmacılar, bunun doğuştan gelen ve doğru şekilde olgunlaşma, gelişme ve sinir sisteminin doğru işlemesi için gereken bir ihtiyaç olduğunu ileri sürmektedirler. Sonuncu sınıf *ikincil motivlerdir*, öğrenilmiş ihtiyaçlara ve güdülere dayanmaktadır. Pek çok ikincil motivasyon, başarıya, güce, belli bir konuma ulaşma ihtiyacı ile ilişkilidir. Bu seviyedeki bir motivasyon, kişinin davranış ve güdüleri sosyal güçlerin etkisinde kalabilir ve öğrenme ile şekillenebilir. Modern psikolojinin kuramları işte bu aşamada, Dalai Lama'nın "azmi ve şevki" geliştirme fikri ile birleşmektedir. Dalai Lama'nın sisteminde motivasyon ve azim, sadece dünyasal başarıyı ararken değil, aynı zamanda kişinin gerçek mutluluğa giden etkenleri daha iyi anlaması ve iyilik, sevecenlik ve ruhsal gelişim gibi daha yüksek hedeflerin peşinde koşulmasında kullanılmaktadır.

"Çaba," değişime yol açmadaki son etkendir. Dalai Lama, çabayı, yeni şartlandırmalar yaratmada gerekli bir etken olarak tanımlamaktadır. Olumsuz davranışlarımız ve düşüncelerimizi yeni şartlanmalar yoluyla değiştirebileceğimiz düşüncesi Batılı psikologlar tarafından da paylaşılmakla kalmamakta, aynı zamanda çağdaş davranışsal tedavinin dayanak taşlarından biri olarak kabul edilmektedir. Bu tür bir terapi, insanların nasıl biri olacaklarının büyük ölçüde öğrenme yoluyla belirlendiği temeline dayanmakta ve yeni şartlanmalar yaratmak için stratejiler önerilmesiyle, davranışsal terapinin pek çok sorun karşısında çok etkili olduğu kanıtlanmıştır.

Bilimin, kısa bir süre önce kişinin genetik eğiliminin onun olaylara verdiği karakteristik tepkilerde açıkça rol oynadığını açıklamış olmasına rağmen, pek çok sosyal bilimci ve psikolog, davranma, düşünme ve hissetme tarzımızın büyük ölçüde yetişmemiz ve çevremizi saran sosyal ve kültürel güçlerin sonucu olan öğrenme ve şartlanma ile belirlendiğini düşünmektedirler. Davranışların büyük oranda şartlanma ile geliştirildiğine ve "alışkanlık" ile güçlendirilip, yerleşik hale getirildiğine inanıldığına göre, bu durum Dalai Lama'nın iddia ettiği gibi, zararlı ve olumsuz şartlanmayı yok edip yerine yararlı, hayatı iyileştirici şartlanmayı getirme olasılığını da mümkün kılmaktadır.

Dışarıya karşı davranışlarımızı değiştirmek için gerçek bir çaba göstermek sadece kötü alışkanlıklarımızı yenmekte yararlı olmakla kalmaz, ayrıca temel tutum ve duygularımızı da değiştirebilir. Deneyler, herkesin kabul ettiği gibi tutumlarımızın ve psikolojik özelliklerimizin davranışlarımızı belirlediğini ve davranışlarımızın, tutumlarımızı değiştirebileceğini göstermiştir. Araştırmacılar, yapmacık bir kaş çatma ya da gülümsemenin bile öfke ya da mutluluk duygularının uyanmasına neden olabileceğini bulmuşlardır; bu da sadece "hareketleri gözden geçirmenin" ve sürekli olarak olumlu davranışlara girişmenin bile gerçek bir içsel değişime yol açabileceğini akla getirmektedir. Değişimin, Dalai Lama'nın mutlu bir yaşam kurmaya yaklaşımında önemli karşılıkları vardır. Başkalarına yardım etme eylemini ele alırsak, özellikle iyi ve koruyucu olduğumuzu hissetmesek bile, zaman içinde gerçek bir sevecenlik duygusu geliştirdiğimiz için içsel bir dönüşümün meydana geldiğini farkedebiliriz.

Gerçekçi Umutlar

Dalai Lama, gerçek bir içsel değişime ve dönüşüme yol açmak konusunda, kararlı bir çaba göstermenin önemini vurgulamaktadır. Bu, kademeli bir süreçtir ve son yıllarda Batı'da çok popüler olan çabuk netice veren kendi kendine yardım teknikleri ve terapilerine keskin bir karşıtlık göstermektedir. Bu teknikler "olumlu düşünmeden", "içinizdeki çocuğu keşfetmeye" dek geniş bir yelpazeye yayılmaktadır.

Dalai Lama'nın yaklaşımı, yavaş bir gelişimi ve olgunlaşmayı işaret etmektedir. Zihnin, olağanüstü, hatta neredeyse sınırsız bir gücü olduğuna inanmaktadır. Fakat bu zihin sistemli olarak eğitilmeli, yoğunlaşma yeteneği artırılmalı, yıllar süren deneyimler ve sağlam mantık yürütmelerle kıvamına getirilmelidir. Sorunlarımıza katkıda bulunan davranış ve alışkanlıkları geliştirmek uzun süre alır. Mutluluk getiren yeni alışkanlıklar geliştirmek de aynı ölçüde uzun zaman alır. Azim, çaba ve zaman; bu üç temel olgudan kaçış yoktur. Bunlar, mutluluğun gerçek sırlarıdır.

Değişim yoluna girildiğinde, mantıklı ümitler beslemek önemlidir. Eğer çok yüksek umutlar besliyorsak, hayal kırıklığına uğrayabiliriz. Çok küçük umutlar beslemek de, sınırlarımıza meydan okuma ve gerçek potansiyelimizi ortaya çıkarma isteğimizi bastıracaktır. Değişim süreci hakkındaki konuşmamızda Dalai Lama şöyle bir açıklamada bulunmuştu:

"Gerçekçi bir tutum içinde bulunmanın önemini asla gözardı etmemelisiniz; mutlak amacınıza giden yolda ilerlediğiniz sürece durumunuzun somut gerçekliğine karşı duyarlı ve saygılı olmalısınız. Yolunuzun doğasında var olan zorlukları tanımalı ve bunları çözümlemenin zaman ve sürekli bir çaba gerektirdiğini bilmelisiniz. Zihninizde, *ideallerinız* ile, ilerlemenizi ölçtüğünüz *standartlar* arasında belirgin bir ayrım yapmak önemlidir. Bir Budist olarak, idealleriniz çok yükseğe konumlandırılmış olabilir: mutlak beklentiniz tam bir Aydınlanmadır. İdeal olarak Aydınlanmayı kabul etmek, bir aşırılık değildir. Fakat bunu çok kısa sürede, burada ve şimdi başarmayı beklemek bir aşırılıktır. Bunu *idealiniz* yerine bir *standart* olarak kullanmanız, Aydınlamaya çabucak ulaşamadığınızda cesaretinizin ve ümidinizin tamamen kırılmasına neden olur. Yani gerçekçi bir yaklaşıma ihtiyacınız vardır. Diğer yandan, 'Sadece burada ve şu anda yoğunlaşıyorum; bu en doğru şey ve gelecek ya da Budha aşamasına erişmek umurumda değil,' demek de bir başka aşırılıktır. Öyleyse, yaklaşımımızın arada bir yerde olması gerekir.

"Beklentilerimizle başa çıkabilmek gerçekten de ustalık isteyen bir konudur. Aşırıya kaçan beklentilerinize uygun çözümler bulamamanız genellikle sorunlara yol açar. Diğer yandan beklenti, ümit ve istek olmadan ilerleme olmaz. Kimi ümitler önemlidir. Doğru bir denge bulmak ise kolay değildir. Kişinin, her durumu anında inceleyip karar vermesi gerekir."

Gene de şüpheler içimi kemirip duruyordu; her ne kadar yeterince zaman ve çaba harcayarak bazı olumsuz davranışlarımızı ve tutumlarımızı değiştirebilsek de, olumsuz duyguları kökünden söküp atmak gerçekte ne derece mümkündü? Konuyu Dala Lama'ya açtım: "Gerçek bir mutluluğun, öfke, nefret, açgözlülük gibi olumsuz davranış ve zihinsel durumları elemeye bağlı olduğundan bahsetmiştik..."

Dalai Lama, başıyla onayladı.

"Bu tür duygular psikolojik oluşumumuzun doğal birer parçasıdırlar. Tüm insanlar bu karanlık duyguları az veya çok yaşar. Eğer durum böyleyse, bize ait bir parçadan nefret etmek, onu inkar etmek ve onunla savaşmak mantıklı mı? Demek istediğim, doğal oluşumumuzun ayrılmaz bir parçası olan bir şeyi söküp atmak bana hiç işlevsel değilmiş hatta doğaya aykırıymış gibi geliyor."

Dalai Lama, başını sallayarak yanıt verdi: "Evet, bazı insanlar öfke, nefret ve diğer olumsuz duyguların zihnimizin doğal bir parçası olduğunu savunurlar. Bizim doğal birer parçamız olmalarından dolayı da bu zihinsel durumları değiştirmenin hiç yolu olmadığını düşünürler. Ama bu yanlıştır. Örneğin, hepimiz hiç bir bilgiye sahip olmadan doğarız. Gençken de pek çok konuda bilgisiz ve cahilizdir. Yaşımız ilerledikçe, öğrenme ve eğitim yoluyla bilgi edinebilir ve cehaletimizi giderebiliriz. Bununla beraber, bilinçli bir şekilde bilgimizi geliştirmezsek bu cehaletten kurtulamayız. Yani, eğer kendimizi doğal bir durumda bırakır ve bunu gidermek için bir çaba göstermezsek, eğitim ve öğrenme doğal bir şekilde gelip de kendiliğinden cehaleti engelleyemez. Aynı şekilde, doğru bir eğitimle aşamalı olarak olumsuz duygularımızı azaltabilir, sevgi, sevecenlik ve bağışlayıcılık gibi olumlu zihinsel tutumları artırabiliriz."

"Fakat, bu şeyler bizim ruhumuzun bir parçasıysalar, bizim parçamız olan bir şeye karşı savaşıp nasıl başarılı olabiliriz ki?"

"Olumsuz duygulara karşı savaşırken, insan zihninin nasıl işlediğini bilmek yararlı olacaktır," diye yanıt verdi. "Tabi ki insan zihni çok karmaşıktır. Fakat çok da ustadır. Çeşitli durumlar ve şartlarla başa çıkabileceği pek çok yol, değişik sorunlara uygulayabileceği farklı görüş açıları bulabilir.

"Budist uygulamalarda, farklı görüş açıları uygulama becerisi bir seri meditasyonda kullanılır. Bu meditasyonlarda, kendinizi değişik görünüşlerinizden zihinsel olarak yalıtır ve sonra da onlarla bir diyaloğa girişirsiniz. Örneğin, alturizmi artırmak için tasarlanmış bir meditasyonda, benmerkezcil tutumunuzla, benmerkezcilliğin bedenlenmiş hali olan ben ile bir izdeş olarak kendiniz arasında bir diyaloğa girişirsiniz. Bu, karşılıklı konuşmayı içeren bir tür ilişkidir. Benzer şekilde, her ne kadar nefret ve öfke gibi olumsuz özellikler zihninizin bir parçası olsalar da, öfke ve nefreti bir nesne gibi gördüğünüz ve onlarla savaştığınız bir çabanın içine girebilirsiniz.

"Günlük hayatınızda, kendinizi sık sık eleştirdiğiniz ya da suçladığınız anlar yaşarsınız. 'Ah, şu günlerde nasıl oldu de böyle davrandım?' dediğiniz olur. Sonra da kendinizi eleştirirsiniz. Yanlış bir şey yaptığınız ya da yapmanız gereken bir şeyi yapmadığınız için kendinizi suçlar ve kendinize kızarsınız. Burada da bir tür diyaloğa girersiniz. Gerçekte iki ayrı ben yoktur; sadece aynı bireyin bölünmemiş tek bir parçası vardır. Fakat gene de, kendinizi eleştirmenin ve kızmanın da bir anlamı vardır. Bu, hepinizin kendi deneyimlerinizden bildiğiniz bir şeydir.

"Her ne kadar gerçekte, bölünmemiş tek bir birey olsa da, iki değişik görüş açısı uygulayabilirsiniz. Kendinizi eleştirdiğinizde ne olur? Eleştiren "ben", olaya, sizi ve tüm varlığınızı oluşturan açıdan bakmaktadır; eleştirilen "ben" ise özel bir deneyimin ya da özel bir olayın açısından bakan bendir. Böylece, kendi kendine ilişkinin mümkün olduğunu görebilirsiniz.

"Kişinin kendi kimliğinin değişik halleri üzerinde düşünmesi, bu konuyu açmada gayet yararlı olacaktır. Örnek olarak Tibetli bir Budist rahibi ele alalım. Bu bireyin, rahip olmasından kaynaklanan ve 'ben bir rahibim' diyen kişisel bir kimliği vardır. Sonra, rahip olmasıyla pek ilgili olmayan daha çok etnik kökeninden kaynaklanan başka bir kimliği daha vardır: 'ben bir Tibetliyim'. Rahip olmasının ve etnik kökenin önemli bir rol oynamadığı bir başka kimliği daha vardır: 'Ben bir insanoğluyum' diye düşünebilir. Yani, her kişinin bireysel kimliği içinde farklı görüş açıları görebilirsiniz.

"Bu da, kavramsal olarak bir tek şeyle ilgili olsak da, aynı olaya farklı görüş açılarından bakabildiğimizi gösterir. Olayları farklı açılardan görebilmek çok seçkin bir becerisidir; bu olayın özel bir bölümü, özel bir kısmı üzerinde yoğunlaşabiliriz ve özel bir görüş açısı uygulayabiliriz. Bu beceri, bazı olumsuz durumlarımızı tanımlamak ve elemek veya olumlu özelliklerimizi artırmak istediğimizde çok önem kazanır. *Farklı görüş açılarını uygulama becerimiz sayesinde, ortadan kaldırmak ve savaşmak istediğimiz yönlerimizin farkına varabiliriz.*

"Bu konuyu daha fazla incelemek istediğimizde akla çok önemli bir soru gelmektedir: Öfke, nefret ve diğer zihinsel durumlarla savaşa girmek mümkün olsa bile, onlara karşı zafer kazanmamızı garantileyen bir şey var mı?

"Bu olumsuz zihinsel tutumlardan bahsederken, Tibetçe'deki *Nyon Mong* ya da Sanskrit dilindeki *Klesha* denilen kavramı kastettiğimi belirtmeliyim. Bu terim, "içten gelerek keder veren" anlamına gelir. Uzun bir terim olduğu için genellikle, "kuruntu" olarak çevrilir. Tibetçe bir kelime olan *Nyon Mong*'un etimolojik kökeni, zihninizde keder uyandıran, zihinsel barışınızı bozan ya da meydana geldiğinde ruhunuzu alt üst eden duygusal ve zihinsel olay anlamına gelen bir kelimedir. Eğer yeterince dikkatle incelersek, zihnimizin sakinliğini ve soğukkanlılığımızı bozma eğilimi gösteren bu tür "kuruntuların", kişiye keder veren doğalarını kolaylıkla görebiliriz. Fakat bu kuruntuları yenip yenemeyeceğimizi anlamak çok daha zordur. Bu, ruhsal potansiyelimizi tam olarak anlamamızın mümkün olup olmadığı düşüncesi ile doğrudan ilişkili, çok ciddi ve yanıtlaması çok zor bir sorudur.

"Öyleyse, bu keder verici duygu ve düşüncelerin ya da kuruntuların köklerinin zihnimizden kazınabileceklerini ve ortadan kaldırılabileceklerini neye dayanarak kabul ediyoruz? Budist öğretide, bunun mümkün olduğuna inanmamızı sağlayan üç ana öncül ya da temel vardır.

"İlk öncül, kuruntulu düşüncelerin ve keder veren tüm duyguların esasta çarpık oldukları ve bu nedenle de, durumun gerçekliğinin yanlış anlaşılmasından kaynaklandıklarıdır. Bu olumsuz duygular ne kadar güçlü ve derin olurlarsa olsunlar sağlam bir temelleri yoktur. Görmezden gelme üzerine kurulmuşlardır. Diğer yandan, sevgi, sevecenlik, içgörü gibi tüm olumlu düşünceler ya da duyguların sağlam bir temelleri vardır. Zihin bu olumlu durumları deneyimlediğinde, bir çarpıklık olmaz. Ayrıca, bu olumlu etkenler gerçeğe dayanmaktadırlar. Kendi deneyimlerimizle doğrulanabilirler. Mantık ve kavrayışta bir tür temel ve kök salma vardır; öfke ve nefret gibi keder verici duygularda ise bu yoktur. Bunun da ötesinde, eğer kendinizi eğitir ve tüm bu olumlu zihinsel durumları düzenli alışkanlıklar haline getirip uygularsanız kapasitelerini ve potansiyellerini sonsuz derecede artırabilirsiniz..."

Araya girdim: "Olumlu zihinsel durumların sağlam bir temelleri olduğunu ve olumsuz zihinsel durumların ise hiç bir sağlam temele oturmadıklarıyla ne demek istediğinizi biraz daha açıklayabilir misiniz?"

"Örneğin, sevecenlik olumlu bir duygu olarak kabul edilir. Sevecenlik duygusunu geliştirmeye, acı çekmeyi istemediğinizi ve mutlu olmaya hakkınız olduğunu kabul etmeyle başlarsınız. Bunu kendi deneyimlerinizle de doğrulayıp, değerlendirilebilirsiniz. Sonra, tıpkı sizin gibi diğer insanların da acı çekmek istemediklerini ve mutlu olmaya hakları olduğunu kabul edersiniz. Sevecenlik duygunuzu geliştirmeye başlamanızın temeli buna dayanır.

"Esasta, iki tür duygu ya da düşünce vardır: olumlu ve olumsuz. Bu duyguları sınıflandırmanın yollarından biri, olumlu duyguların haklı çıkarılabilenler ve olumsuz duyguların da haklı çıkarıllamayanlar olduklarını anlamaktır. Örneğin, daha önceden arzu konusunu tartışmış, olumlu arzuların ve olumsuz arzuların nasıl olabildikleri hakkında konuşmuştuk. Kişinin temel ihtiyaçlarının karşılanmasını arzulaması olumlu türde bir arzudur. Bu doğru ve haklı kabul edilebilir. Hepimizin varolduğu ve yaşamımızı sürdürme hakkımız olduğu gerçeğine dayanır. Yaşamımızı sürdürebilmek için de bazı şeylere ihtiyaç duyarız; bazı ihtiyaçlarımızın karşılanması gerekir. Bu tür bir arzunun sağlam bir temeli vardır. Daha önce de tartıştığımız gibi, aşırı arzu ve açgözlülük gibi olumsuz arzular da vardır. Bu tür arzular, sağlam nedenler üzerine kurulmamışlardır ve genellikle sadece bela yaratıp kişinin hayatını karıştırırlar. Bu tür arzular sadece bir hoşnutsuzluk ya da daha fazlasını istemekten, hatta bu nesnelere gerçekte ihtiyacımız olmasa da onları istemekten kaynaklanır. Bunların gerisinde sağlam bir neden yoktur. Bu açıdan bakıldığında, olumlu duyguların sağlam ve doğru bir temele oturduklarını söyleyebiliriz, olumsuz duygular ise bu değerli temelden yoksundurlar."

Dalai Lama, bir botanikçinin nadir bulunan çiçek türlerini sınıflandırırken gösterdiği dikkate eş bir dikkatle, zihnin işleyişini parçalara ayırarak insan zihnini incelemeye devam etti.

"Bu da bizi, olumsuz duygularımızın sökülüp atılabilecekleri ve elenebilecekleri iddiasına dayanan ikinci öncüle getirir. *Bu öncül, olumlu zihinsel tutumların, olumsuz eğilimlerimiz ve keder dolu zihinsel tutumlarımız için bir tür panzehir etkisi gösterebilecekleri düşüncesine dayanmaktadır. Yani ikinci öncüle göre, bir tür panzehir görevi gören bu etkenleri artırırsanız, güçleri ne kadar fazla olursa olsun size zihinsel ve duygusal acı veren durumların gücünü ve sizdeki etkilerini de o oranda azaltmalı başarabilirsiniz.*

"Olumsuz zihinsel tutumları elemekten bahsederken akla gelen bir nokta daha vardır. Budist çalışmalarda sabır, hoşgörü, iyilik ve benzeri belli olumlu zihinsel özelliklerin geliştirilmesi, öfke, nefret ve bağımlılık gibi olumsuz zihinsel tutumlara karşı özel panzehirler olabilir. Sevgi ve sevecenlik gibi panzehirleri uygulamak, zihinsel ve duygusal acı veren durumların derecesini ya da etkilerini belirgin bir şekilde azaltsa bile sadece belli acı verici duyguları ortadan kaldırmayı amaçladıkları için bu panzehirler, bir anlamda kısmi tedbirler olarak görülebilirler. Bağımlılık ve nefret gibi acı verici duygular sonuçta bazı şeyleri görmezden gelmek nedeniyle kök salmışlardır; buna gerçeği yanlış kavrama denebilir. Bu nedenle tüm Budist gelenekler arasında, tüm bu olumsuz eğilimleri tam olarak yenebilmek amacıyla cehaletin panzehiri olan "*Bilgelik etkeni*" uygulanması gerektiği konusunda fikir birliği vardır. Bilgelik etkeni, gerçekliğin asıl doğası hakkında bir içgörü geliştirmeyi içerir.

"Budist gelenekte belli zihinsel tutumlar için belli panzehirlere sahibizdir. Örneğin sabır ve hoşgörü, öfke ve nefret duyguları için özel panzehirlerdir. Bunun dışında ise tüm olumsuz zihinsel tutumlar için genel bir panzehirimiz de vardır: gerçekliğin asıl doğasına içgörü ile bakmak. Bu, zehirli bir bitkiden kurtulmaya benzer: bazı dalları ve yaprakları keserek zararlı etkilerini ortadan kaldırabilirsiniz ya da bitkiyi kökünden sökerek ondan tamamen kurtulabilirsiniz."

Dalai Lama, olumsuz zihinsel tutumlarımızdan kurtulmanın mümkün olduğu hakkındaki açıklamasına şöyle son verdi: "Üçüncü öncül, zihnin esas doğasının saf olduğudur. Temelde yatan gizli ve usta bilinçliliğin olumsuz duygularla lekelenemeyeceği inancına dayanmaktadır. Doğası saftır, "Parlak Işık Zihni" diye adlandırılan bir durumdur. Zihnin bu temel doğası Budha Doğası diye de adlandırılır. Bu nedenle, olumsuz duygular, Budha Doğası'nın ayrılmaz birer parçası olmadıkları için de, onları ayırmak ve zihni arındırmak mümkündür.

"Budizm, bu üç öncüle dayanarak sevgi, sevecenlik, hoşgörü ve bağışlayıcılık gibi panzehir gücü olan tutumları bilinçli bir şekilde geliştirip, meditasyon gibi çeşitli uygulamalar yaparak zihinsel ve duygusal acılardan kurtulmanın mümkün olduğunu kabul etmektedir."

Zihnin temel doğasının saf olduğu ve olumsuz düşünme kalıplarımızdan tamamen kurtulma kapasitesine sahip olduğumuz düşüncesi, Dalai Lama'nın daha önceden de bahsettiği bir konuydu. Zihni bir bardak bulanık suya benzetmişti; acı dolu zihinsel tutumlar tıpkı "kirlilik" ya da çamur gibiydi; suyun asıl "saf" doğasını göstermek için temizlenebilirlerdi. Bu, bana biraz soyut görünmüştü, bu nedenle de konuyla ilgi daha işlevsel örneklere geçebilmek için sözünü kestim.

"Diyelim ki kişi, olumsuz duygularından kurtulmanın mümkün olduğunu kabul etti ve hatta bu yönde adımlar atmaya başladı. Konuşmalarımızdan anladığıma göre bu karanlık yanı yoketmek için çok büyük bir çaba gerekmektedir; panzehir etkisi gösteren etkenleri, yoğun meditatif çalışmaları çok iyi incelemek, anlamak ve düzenli olarak uygulamak gibi. Bu tutum, bahsedilen çalışmalar için büyük bir zaman ve dikkat ayırabilen bir rahip ya da ona benzer biri için uygun olabilir. Fakat bir ailesi olan, bu teknikleri yoğun bir biçimde çalışmak için zamanı ya da fırsatı olmayan normal bir insan ne yapmalıdır? Onların bu acı veren duyguları tamamen yok etmek yerine denetim altına almaya, onlarla yaşamayı öğrenmeye ve doğru kullanmaya çalışmaları daha uygun olmaz mı? Tıpkı şeker hastaları gibi. Tam bir iyileşme olanakları yoktur fakat diyetlerine dikkat ederek, ensülin alarak bu hastalığı denetim altında tutabilir ve şeker hastalığının belirtileri ile olumsuz etkilerini önleyebilirler."

"Evet, bu iyi olur!" diye yanıt verdi şevkle. "Size katılıyorum. Küçük adımlarla bile olsa, kişinin olumsuz duyguların etkilerini azaltmayı öğrenme yolunda ilerlemesi çok yararlı olabilir. Kişinin kesinlikle daha mutlu ve tatmin edici bir hayat yaşamasına yardımcı olur. Gene de normal birinin, yani bir işi, ailesi, eşi ile cinsel ilişkisi olan birinin yüksek bir ruhsal anlayışa ulaşması mümkündür. Hatta kırk, elli hatta seksen yaşına gelene dek ciddi çalışmalar yapmamış olduğu halde yüksek bir anlayışa sahip ustalar olmayı başarmış kişiler bile vardır."

"Siz hiç böyle yüksek bir seviyeye ulaşmış olduğunu düşündüğünüz biriyle karşılaştınız mı?" diye sözünü kestim.

"Bence bu konuda bir yargıya varmak çok, çok zordur. Sanırım, gerçekten ciddi izdeşler bu tür şeyleri hiç belli etmezler," diyerek güldü.

Batı'da pek çok insan mutluluk kaynağı olarak dinsel inanışlara dönmektedir, fakat Dalai Lama'nın yaklaşımı temelde pek çok Batı dininden farklıdır; inançtan çok akıl yürütmeye ve zihni eğitmeye ağırlık vermektedir. Bazı açılardan, Dalai Lama'nın yaklaşımı bir tür zihin bilimine, insanların psikolojide kullandığı sisteme benzeyen bir sistemdir. Fakat Dalai Lama'nın önerileri daha ileri gitmektedir. Bazı kötü alışkanlıkları - sigara içmek, alkolizm, mizacımızdaki yanlış tutumlar - yenmek için psikoterapi teknikleri kullanma fikrini benimserken, tüm bu olumsuz duygu ve tutumlara karşı silah olarak olumlu özellikleri - sevgi, sabır, içtenlik - geliştirme düşüncesine alışık değiliz. Dalai Lama'nın mutluluğa ulaşma yöntemi, olumsuz zihinsel tutumların zihnimizin ayrılmaz bir parçası olmadıkları düşüncesine dayanmaktadır ki, bu bir devrimdir; olumsuz tutumlar, doğal neşe ve mutluluk durumlarını geçici olarak tıkayan engellerdir.

Batı psikoterapisinin pek çok geleneksel ekolü, kişinin tüm görüşünü tam bir incelemeden geçirmek yerine tek bir nevrozu düzeltmeye uğraşma eğilimdedir. Hastanın sorunlarına ve mutsuzluğuna katkıda bulunan içsel kavgalarını, bilinçsiz güdülerini ve psikolojik dinamikleri çözümlemek amacıyla onun geçmişini, ilişkilerini, günlük hayatını (rüyaları ve fantezileri de buna dahildir) ve hatta terapist ile olan ilişkisini bile incelemektedirler. Burada hedef, zihni doğrudan mutlu olmak için eğitmekten çok, daha sağlıklı mücadele stratejileri ve düzenlemeler geliştirmek ve belirtilerin iyileştirilmesini sağlamaktır.

Dalai Lama'nın zihni eğitme yöntemindeki en önemli özellik, *olumlu zihinsel tutumların olumsuz zihinsel tutumlar için panzehir olabilecekleri* düşüncesidir. Modern davranış biliminde bu yaklaşımın benzerlerini ararsak, belki konyitiv (kavramayla ilgili) terapi en yakın yöntem olarak görülebilir. Bu psikoterapi formu, son bir kaç on yıl içinde oldukça popüler olmuştur ve alışıldık sorunların büyük bölümünde, özellikle depresyon ve endişe gibi ruhsal rahatsızlıkları tedavi etmede çok etkili olduğu kanıtlanmıştır. Dr. Albert Ellis ve Dr. Aaron Beck gibi psikoterapistler tarafından geliştirilen modern konyitiv terapi, bizi alt üst eden duygulara ve uyumsuz davranışlara, düşünce yapısının bozulmasının ve mantıksız inanışların neden olduğu düşüncesine dayanmaktadır. Bu terapi, hastanın sistemli olarak, düşünce yapısındaki bozuklukları tanımlamasına, incelemesine ve düzeltmesine yardımcı olmak üzerinde yoğunlaşır. Bir anlamda bu düzeltici düşünceler, hastanın çektiği acıların kaynağı olan bozuk düşünme kalıplarına karşı bir panzehir olmaktadır.

Örnek olarak, bir başkası tarafından reddedilen ve bu nedenle aşırı bir acı hisseden birini alalım. Konyitiv terapist bu kişiye öncelikle, örneğin "Hayatımdaki herkes tarafından her zaman sevilmeli ve beğenilmeyim; bunun olmaması korkunç bir şey, demek ki ben değersizim," gibi mantıksız bir inanışı tanımlamasında yardım eder. Sonra terapist bu kişiye bu gerçek dışı inanışı yıkacak delilleri sunar. Bu yaklaşım yüzeysel gibi görünse de pek çok araştırma konyitiv terapinin işe yaradığını göstermiştir. Örneğin konyitiv terapistler, depresyonun temelini, kişinin kendisini yıpratıp yıkan, kelimenin tam anlamıyla bozguna uğratan düşüncelerin oluşturduğunda birleşmektedirler. Budizm'in tüm acı ve keder verici duyguların çarpık olduğu görüşüyle neredeyse aynı şekilde, konyitiv terapistler olumsuz depresyon yaratıcı düşünceleri "esasen çarpık" olarak görmektedirler. Depresyonda, olaylar, ya hep ya hiç şeklinde ya da genele uygulanarak görüldükleri için düşünce tarzı çarpıklaşır (örneğin, eğer işinizi kaybetmişseniz ya da sınıfta kalmışsanız, otomatik olarak, "Ben tam anlamıyla başarısız biriyim" diye düşünürsünüz) ya da sadece belli olaylar algılanır (örneğin, bir gün içinde üç iyi ve iki kötü şey olabilir, fakat depresyondaki kişi iyileri görmezden gelir ve sadece kötü üzerinde yoğunlaşır). Depresyonun tedavisinde hasta, terapistin de yardımıyla olumsuz düşüncelerin otomatik olarak ortaya çıkmalarını izlemeye ("Ben tamamen değersizim" gibi) ve onlara karşı gelecek ya da çürütecek bilgi ve deliller toplayarak ("İki çocuk büyütmek için çok çalıştım," "Şarkı söylemeye yeteneğim var," "Ben iyi bir dostum," "Zor bir işi yürütüyorum," vs. gibi), bu çarpık düşünceleri düzeltmek için cesaretlendirilir. Araştırmacılar, bu çarpık düşünce tarzlarının yerine doğru bilgileri koyarak, kişinin duygularında değişiklik yaratabileceğini ve ruh halini düzeltebileceğini kanıtlamışlardır.

Duygularımızı değiştirebileceğimiz ve değişik düşünme tarzları uygulayarak olumsuz düşüncelere karşı koyabileceğimiz gerçeği, Dalai Lama'nın, panzehirlerin ya da uygun olumlu düşünce tarzlarının uygulanması yoluyla olumsuz zihinsel tutumlarımızı yenebileceğimiz şeklindeki önermesini desteklemektedir. Bu gerçek, beynin yapısını ve işleyişini yeni düşünceler geliştirerek değiştirebileceğimizi gösteren son bilimsel deliller ile birleştiğinde, zihni eğiterek mutluluğa ulaşabileceğimiz düşüncesi gerçek bir olasılık gibi gözükmektedir.

13. Konu

ÖFKE VE NEFRET İLE BAŞA ÇIKABİLMEK

Eğer biri, okla vurulmuş bir kişiye rastlarsa, okun nereden geldiği ya da oku atanın kim olduğu ya da okun gövdesinin hangi ağaçtan yapıldığı, ok ucunun nasıl şekillendirildiği ile zaman kaybetmemelidir. Bunun yerine dikkatini, oku hemen çıkartmak üzerinde yoğunlaştırmalıdır.

- *Shakyamuni, Budha*

Şimdi bazı "oklar" yani, mutluluğumuzu mahveden bazı olumsuz zihinsel tutumlar ve onlara uygun panzehirler üzerinde duralım. Tüm olumsuz zihinsel tutumlar mutluluğumuz için birer engeldirler, fakat biz en büyük tıkanıklıklardan biri olan öfke ile başlayacağız. Öfke, Stoacı düşünür Seneka tarafından "tüm duyguların en korkuncu ve en çılgını" diye tanımlanmıştır. Öfke ve nefretin yıkıcı etkileri son bilimsel araştırmalarda iyice kanıtlanmıştır. Tabi ki, bu duyguların yargılarımızı nasıl karartabileceklerini, aşırı rahatsız duygulara yol açabileceklerini ya da ilişkilerimizde nasıl hasara neden olabileceklerini bilmek için bilimsel delillere gerek yoktur. Kişisel deneyimlerimiz de bunu bize söyleyebilir. Son yıllarda öfke ve düşmanlığın zararlı fiziksel etkilerini kanıtlamayla ilgili büyük ilerlemeler katedilmiştir. Düzinelerce araştırma, bu duyguların açıkça hastalık ve erken ölümlere neden olduklarını göstermiştir. Duke Üniversitesi'nden Dr. Redford Willams ve Stanford Üniversitesi'nden Dr. Robert Sapolsky gibi araştırmacıların yürüttükleri çalışmalarda, öfke ve düşmanlık duygularının özellikle kalp ve solunum sistemine zarar verdiğini görülmüştür. Düşmanlık duymanın zararlı etkileri hakkında kanıtlar artmaktadır ve bu tür olumsuz duygular, kalp hastalıkları için, yüksek kolesterol ya da yüksek tansiyon gibi bilindik risk faktörlerinden daha büyük ya da en azından onlara eşit büyüklükte bir risk faktörü olarak kabul edilmektedir.

Öfke ve nefretin zararlı etkilerini kabul ettikten sonra sıra şu soruya gelmektdir: bunu nasıl yenebiliriz?

Bir klinikte psikiyatrik gözlemci olarak çalıştığım ilk günümde, bana yeni ofisimi gösterdikleri sırada koridorda yankılanan ve kanımı donduran çığlıklar duymuştum...

"*Çok kızgınım...*"

"*Daha yüksek!*"

"ÇOK KIZGINIM"

"DAHA YÜKSEK! ÖFKENİ GÖSTER BANA. ONU GÖRMEME İZİN VER!"

"ÇOK KIZGINIM!! ÇOK KIZGINIM!! SENDEN NEFRET EDİYORUM!!! SENDEN NEFRET EDİYORUM!!!"

Gerçekten de korkutucuydu. Bana eşlik eden görevliye, bunun acil müdahale gerektiren bir kriz gibi göründüğünü söyledim.

"Endişelenme," diyerek güldü. "Koridorun ilerisinde bir grup terapisi var sadece; hastanın öfkesi ile ilişkiye geçmesine yardımcı oluyorlar."

O gün, terapiden sonra hasta ile özel olarak görüştüm. Boşalmış gibi görünüyordu.

"Kendimi çok rahatlamış hissediyorum," dedi kadın, "bu terapi seansı gerçekten işe yaradı. Tüm öfkemi atmışım gibi hissediyorum."

Ertesi günkü seansımızda, aynı bayan şöyle dedi: "Şey, sanırım tüm öfkemi atamamışım. Dün, buradan ayrıldıktan hemen sonra, otoparkdan çıkarken ayının biri neredeyse yolumu kesiyordu ... ve sinirlendim! Eve dönene dek, nefesim kesilene kadar o ayıya sövüp saydım. Sanırım, geri kalan öfkemi de boşaltmak için şu öfke seanslarından bir kaç tanesine daha ihtiyacım var."

Dalai Lama öfke ve nefreti yenmeye kalkışmaya, bu yıpratıcı duyguların doğalarını araştırmakla başlamaktadır.

"Genel olarak konuşursak," diye açıkladı, "kibir, açgözlülük, kıskançlık, arzu, şehvet düşkünlüğü, dar görüşlülük gibi pek çok farklı, acı verici ve olumsuz duygu vardır. Fakat tüm bunların haricinde, öfke ve nefret büyük kötülükler olarak kabul edilirler çünkü sevecenliği ve alturizmi geliştirme yolundaki en büyük engellerdir; kişinin faziletini ve zihinsel sakinliğini bozarlar.

"Öfke, iki türe ayrılabilir. Bir türü olumlu olabilir. Kişinin bazı motivasyonlarından kaynaklanabilir. Sevecenlik ya da sorumluluk duygusundan kaynaklanan bir öfke olabilir. Öfke, sevecenlikten kaynaklığında, olumlu bir eylem için bir tür itki ya da bir katalizör olarak kullanılabilir. Bu şartlarda öfke gibi insani bir duygu, değişime yol açabilecek bir güç olabilir. Bireyin hızla ve kararlı bir şekilde hareket etmesini sağlayan bir tür enerji yaratır. Harekete geçirici güçlü bir etken olabilir. Yani, bazen bu tür bir öfke olumlu olabilir. Yine de bu tür bir öfke bir tür koruyucu gibi olsa ve artı bir enerji verse de, bu enerji genellikle kördür, sonunda yapıcı mı yoksa yıkıcı mı olacağı belli değildir.

"Bazı ender durumlarda öfke olumlu bir şey olabilse de, genel olarak konuşursak, hastalıklı duygulara ve nefrete yol açar. Öfke olduğu sürece de durum, asla olumlu değildir; hiçbir yararı yoktur. Her zaman ve tamamen olumsuzdur.

"Öfke ve nefreti, bastırarak alt edemeyiz. *Öfkenin panzehiri olan sabrı ve hoşgörüyü etken bir şekilde geliştirmeliyiz.* Daha önceden bahsettiğimiz örneği izleyerek, sabrı ve hoşgörüyü geliştirmede başarılı olabilmeniz için, bunları aramaya yönelik güçlü bir istek ve şevk duymalısınız. Şevkiniz ne kadar güçlü olursa, bu süreç içinde karşılaştığınız zorluklara dayanma beceriniz de o kadar büyük olur. Sabır ve hoşgörü üzerinde çalışmaya giriştiğinizde gerçekte öfke ve nefret ile de savaşa girişmiş olursunuz. Bu bir savaş olduğu için zaferi amaçlarsınız fakat savaşı kaybetme olasılığına da hazır olmalısınız. Yani bir savaşa girdiğinizde, bu süreç içinde pek çok sorunla karşılaşacağınız gerçeğini de göz ardı etmemelisiniz. Bu zorluklara dayanma becerisine sahip olmalısınız. Çetin bir süreçten geçerek öfke ve nefrete karşı zafer kazanmış biri, gerçek bir kahramandır.

"İşte, böyle bir zihinsel tutumla bu güçlü şevk duygusunu geliştiririz. Şevk duygusu, hoşgörü ve sabrın yararlı etkilerini ve öfke ve nefretin yıpratıcı ve olumsuz etkilerini öğrenmenin ve bunlar üzerinde düşünmenin sonucunda gelişir. Bu tavır ve içerdiği anlayış, hoşgörü ve sabır duygularına doğru bir eğilim yaratacak, öfke ve nefret dolu düşünceler hakkında sizi daha dikkatli ve ihtiyatlı yapacaktır. Genelde, öfke ve nefret konusunda çok fazla endişe etmeyiz, bu duygular kendiliklerinden gelirler. Fakat bu duygular karşısında dikkatli bir tutum geliştirdiğimizde, bu istemsiz tutum bile öfke ve nefreti engelleyici bir önlem olabilir.

"Öfkenin yıpratıcı etkileri çok belirgin, çok açık ve anidir. Örneğin, içinizde güçlü bir öfke duygusu ya da nefret doğduğu anda sizi tam anlamıyla bunaltır ve zihinsel huzurunuzu mahveder; soğukkanlılığınız tamamen kaybolur. Böyle yoğun bir öfke ve nefret doğduğunda, beyninizdeki doğru ve yanlışı, eylemlerinizin uzun ve kısa vadeli sonuçlarını yargılama ile ilgili bölümünü bozar. Yargılama beceriniz tamamen işlemez hale gelir. Sanki çıldırmış gibi olursunuz. Bu öfke ve nefret sizi kafanızın karıştığı bir duruma sokar; bu da sadece sorunlarınızı ve yaşadığınız zorlukları daha da kötü bir hale getirir.

"Fiziksel seviyede de, nefret kişide çok çirkin, hoş olmayan bir değişime neden olur. Güçlü bir öfke ve nefret duygusu doğduğunda, kişi ne kadar ağırbaşlı bir poz takınmaya çalışırsa çalışsın, yüzü açıkça çarpılır ve çirkin bir görünüm alır. Bu çok tatsız bir ifadedir ve kişi çevreye çok düşmanca bir titreşim yayar. Çevredeki insanlar bunu hissedebilirler. Sanki o kişinin bedeninden çevreye bir enerji daygası yayılmaktadır. Dahası, sadece insanlar değil, hayvanlar bile o anda bu insandan uzak durmaya çalışırlar. Ayrıca, kişi nefret dolu düşünceler beslediğinde, bu düşünceler o kişinin içinde birikme eğilimi gösterirler ve bu da iştah kaybı, uykusuzluk gibi şeylere neden olabilir ve insanı kesinlikle daha gergin ve sinirli yapar.

"Bu tür nedenlerden dolayı nefret, bir düşmana benzetilir. Bu içsel düşmanın, bize zarar vermek dışında hiç bir işlevi yoktur. O, bizim gerçek ve mutlak düşmanımızdır. Kısa ve uzun vadede bizi mahvetmekten başka hiçbir işlevi yoktur.

"Bu, sıradan bir düşmandan çok farklıdır. Her ne kadar bir düşman veya bizi düşman olarak gören biri, bize zarar verecek eylemlere girişse de, en azından başka işleri de vardır; bu kişi yemek yemeli ve uyumalıdır. Yani, yapmak zorunda olduğu başka şeyler de vardır ve yirmi dört saatini bizi mahvetmeye ayıramaz. Diğer yandan, nefretin bizi mahvetmekten başka bir işi, başka bir amacı yoktur. Bu gerçeği anlayarak, bu düşmana, nefrete içimizde doğması için asla fırsat tanımama kararına varabiliriz."

"Öfke ile başa çıkma konusunda, kişinin öfkeyi iade etmesini destekleyen bazı Batılı psikoterapi yöntemleri hakkında ne düşünüyorsunuz?"

"Sanırım, farklı durumlar olduğunu anlamak zorundayız," diye açıkladı Dalai Lama. "Bazı durumlarda, insanlar, geçmişte kendilerine yapılan bir şeyler, taciz ya da benzeri şeyler yüzünden güçlü bir öfke ve acı duygusu beslerler ve bu duyguyu saklayarak korurlar. Bir Tibet deyimi, eğer bir deniz kabuğunda bir pislik varsa içine üfleyerek onu temizleyebileceğimizi söyler. Diğer bir deyişle, eğer bir şey deniz kabuğunu tıkıyorsa, sadece içine üfle, böylece temizlenecektir. Bu, öfke duygusunun korunduğu bir duruma da benzetilebilir, belki de sadece öfkeyi serbest bırakıp ifade etmek daha iyi olacaktır.

"Genel olarak, öfke ve nefretin, eğer kontrolsüz bırakılırlar ya da ihmal edilirlerse, ağırlaşmaya eğilim gösterdiklerine ve artıklarına inanmaktayım. Eğer bu duyguların meydana çıkmalarına ve onları ifade etmeye giderek daha fazla izin verirseniz, bu genellikle onların azalmalarına değil büyümelerine yol açar. Bence, ne kadar dikkatli bir tutum izlerseniz ve etkileri azaltmaya çalışırsanız, o kadar iyidir."

"Öfkemizi ifade etmenin ya da serbest bırakmanın doğru yanıt olduğunu düşünmüyorsanız, sice ne yapmamız gerek?"

diye araya girdim.

"Her şeyden önce, öfke ve nefret duyguları, tatminsizlik ve hoşnutsuzlukla dolu bir zihinden doğarlar. Yani içsel bir hoşnutluk, iyilik ve sevecenlik geliştirmeye çalışırsanız kendinizi önceden hazırlamış olursunuz. Bu, öfkenin hemen doğmasını önleyebilecek belli bir zihinsel sakinliğe yol açar. Sizi kızdıran bir durum meydana geldiğinde, doğrudan öfkenizle yüzleşin ve onu inceleyin. Hangi etkenlerin bu öfke ve nefret dolu âna neden olduklarını araştırın. Sonra, bunun uygun bir tepki olup olmadığını ve özellikle de yapıcı ya da yıkıcı olup olmadıklarını araştırarak incelemenizi ilerletin. Panzehirleri kullanarak onunla etken bir şekilde savaşın: bu olumsuz duygulara sabır ve hoşgörü düşünceleri ile karşı koyun, böylece belli bir içsel disiplin ve sınırlandırma geliştirmek için çaba göstermiş olursunuz."

Dalai Lama bir an için durduktan sonra alışılageldik faydacı tutumu ile ekledi: "Tabi ki, öfke ve nefreti yenmeye çalışırken ilk başta bu olumsuz duyguları hissetmeye devam edebilirsiniz. Fakat farklı düzeyler vardır; eğer öfkeniz çok yoğun değilse onunla doğrudan yüzleşmeye ve savaşmaya kalkışabilirsiniz. Ama, olumsuz duygu çok güçlüyse ona meydan okumak ve cesaretle karşılamak çok zor olacaktır. Durum böyleyse, belki de en iyisi, unutmaya çalışmaktır. Başka bir şey düşünün. Zihniniz biraz sakinleşince durumu inceleyebilir, muhakeme edebilirsiniz." Diğer bir deyişle, "Bir mola verin," diyordu.

Konuşmaya devam etti. "Öfke ve nefretten kurtulmaya çalışırken, sabır ve hoşgörünün geliştirilmesi vazgeçilmezdir. Sabır ve hoşgörünün değerini ve önemini şu kelimelerle kavrayabilirsiniz: öfke ve nefretin yıkıcı etkilerini anlamadığınız sürece, para bile sizi bu etkilerden koruyamaz. Bir milyoner bile olsanız, gene de öfke ve nefretin yıkıcı etkilerine açıksınızdır. Hiç bir eğitim tek başına, size bu etkilerden korunacağınızın garantisini veremez. Aynı şekilde, kanunlar da size bu tür bir garanti ya da koruma sağlayamaz. Hatta nükleer silahlar bile, savunma sistemleri ne kadar karmaşık olursa olsun, bu etkilerden sizi koruyamaz ya da sizi onlara karşı savunamaz..."

Dalai Lama, zaman kazanmak için durdu, sonra, açık, sert bir sesle sözlerini sona erdirdi: "*Öfke ve nefretin yıkıcı etkilerinden sizi koruyacak ve bir sığınak sağlayacak tek etken, sabır ve hoşgörü geliştirmeye çalıştırmanızdır.*"

Bir kez daha Dalai Lama'nın geleneksel bilgeliği, bilimsel verilere tamamen uygun düşmüştü. Alabama Üniversitesi'nden Dr. Dolf Zilmann'ın yaptığı deneyler, öfke dolu düşüncelerin, bizi öfkeye daha da eğilimli yapan psikolojik bir uyarılma durumu yarattığını göstermiştir. Öfke, öfkeyi doğurmaktadır ve bu uyarılma durumu artıkça, öfkeyi teşvik edici çevresel uyarıcılar öfkemizi daha kolay tetiklemektedirler.

Öfke, eğer denetlenmezse artma eğilimi gösterir. Öyleyse öfkemizi nasıl dağıtabiliriz? Dalai Lama'nın da belirttiği gibi, öfke ve hiddeti açığa vurmanın yararları çok sınırlıdır. Öfkenin açığa vurularak terapatik amaçlı ifade edilmesi, Freud'un duygu kuramından kaynaklanıyor gibidir, Freud bu kuramı hidrolik bir makinanın işleyişine benzetmektedir: basınç, arttığında serbest bırakılmalıdır. Öfkeyi dışa vurarak ondan kurtulma düşüncesinin dramatik anlamda çekici yanları vardır ve hatta bir şekilde eğlenceli olarak görülebilir, fakat sorun bu yöntemin işe yaramamasındadır. Son kırk yıl içinde yapılan araştırmalar, öfkemizin sözlü ve fiziksel olarak ifade edilmesinin onu dağıtmada hiç işe yaramadığını ve hatta işleri daha da kötüleştirdiğini göstermiştir. Maryland Üniversitesi'nde psikolog olan ve öfke konusunda araştırma yapan Dr. Aaron Siegman, öfke ve hiddetin devamlı olarak ifade edilmesinin içsel uyarılma sistemine ve atardamarlarımıza zarar veren biyokimyasal tepkileri tetiklediğine inanmaktadır.

Öfkemizi açığa çıkarmanın doğru yanıt olmadığı açıktır, fakat onu görmezden gelmek ya da yokmuş gibi yapmak da bir yanıt değildir. III. Bölümde tartıştığımız gibi, sorunlarımızdan kaçmak onları uzaklaştırmaz. Peki öyleyse, en iyi yaklaşım hangisidir? İlginçtir ki, Dr. Zillmann ve Dr. Williams gibi araştırmacılar, Dalai Lama'nınkilere benzeyen yöntemlerin en etkilileri olduğu konusunda fikir birliğine varmışlardır. Genel stres, öfke eşiğini azalttığına göre, ilk adım önlemeye yöneliktir: Dalai Lama'nın önerdiği gibi içsel bir hoşnutluk ve sakin bir zihin yapısı geliştirmek kesinlikle yardımcı olacaktır. Araştırmalar, öfke duyulması durumunda, öfkeye meydan okumanın, onu mantıklı bir şekilde incelemenin ve öfkeyi tetikleyen düşünceleri tekrar değerlendirmenin öfkenin dağılmasına yardımcı olduğunu göstermiştir. Bakış açısını değiştirmek ya da duruma değişik açılardan bakmak gibi daha önceden tartıştığımız tekniklerin çok etkili olduklarını delillerle gösteren deneyler de vardır. Tabi ki öfkenin fazla yoğun olmadığı durumlarda bunları yapmak genellikle daha kolaydır, bu nedenle daha içimizde kabarmaya başlamadan ve artmadan önce öfke ve nefret dolu düşüncelere müdahale etmeye çalışmak önemli bir etken olmaktadır.

Dalai Lama, öfke ve nefreti yenmedeki büyük önemleri nedeniyle sabır ve hoşgörünün anlamı ve değeri üzerinde ayrıntılı olarak bilgi vermiştir.

"Günlük hayatımızda, sabır ve hoşgörünün büyük yararları vardır. Örneğin, bu özellikleri geliştirmek, soğukkanlılığımızı korumamızı sağlar. Kişi, bu sabır ve hoşgörü kapasitesine sahipse, çok çılgın ve stres dolu bir ortamda yaşasa bile, sabır ve hoşgörüsünü koruduğu sürece, sakinliği ve zihinsel barışı zarar görmeyecektir.

"Zor durumlar karşısında öfke yerine sabırla tepki göstermenin diğer bir faydası da, kendinizi öfkeyle tepki verdiğinizde olabilecek istenmeyen sonuçlardan korumanızdır. Eğer duruma öfke ve nefret ile tepki verirseniz, zaten size verilmiş olan zarar ve sizde açılmış yaranın yanı sıra gelecekte acı çekmenize yol açacak başka sebepler de yaratırsınız. Oysa, eğer bir yaraya sabır ve hoşgörü ile tepki verirseniz, geçici bir rahatsızlık ve acıya dayanmak zorunda kalsanız bile, uzun vadede meydana gelebilecek tehlikeli sonuçlardan kaçınmış olursunuz. Bazı küçük şeylerden fedakarlık ederek, küçük sorunları ya da zorlukları bir kenara bırakarak, gelecekte çok daha büyük olabilecek deneyimler ve acılardan da vazgeçmiş olursunuz. Örnek olarak, suçlu bulunmuş bir mahkumu ele alalım, bir kolunu feda ederek hayatını kurtarabilseydi bu fırsat için minnettar olmaz mıydı? Bir kolunun kesilmesi nedeniyle duyacağı acıyı bir kenara bırakırsa, kendini çok daha büyük bir acı kaynağı olan ölümden kurtaracaktır."

"Batı düşüncesine göre," dedim, "sabır ve hoşgörü kesinlikle fazilet olarak kabul edilirler, fakat diğer insanlar doğrudan üzerinize geldiklerinde veya biri size zarar verdiğinde, sabırlı ve hoşgörülü davranmak, bir tür zayıflık, pasiflik olarak görülür."

Dalai Lama, bu düşünceye katılmadığını belirtir şekilde başını salladı. "Sabır ve hoşgörü, kişinin karşılaştığı ters durum veya koşullar karşısında sağlam ve metin kalabilme, bunalıma düşmeme yeteneğinden kaynaklandığı için bir zayıflık ya da teslimiyet değil, sağlam kalma becerisinden kaynaklanan dayanıklılığın bir işareti olarak görülmelidir. Zorlayıcı bir duruma öfke ve nefret yerine sabır ve hoşgörü ile tepki göstermek, güçlü, disiplin altına alınmış bir zihinden kaynaklanan kendini tutma yeteneğini gösterir.

Tabi ki, sabır kavramını tartışırken, diğer pek çok şeyde olduğu gibi, olumlu ve olumsuz sabır türleri olduğunu bilmek gerekir. Sabırsızlık her zaman kötü değildir. Örneğin, işlerin yapılmasını sağlayan eylemlere girişmenize yardımcı olur. Odanızı temizlemek gibi günlük işlerinizde bile, çok fazla sabır gösterirseniz, çok yavaş davranabilir ve çok az iş çıkarabilirsiniz. Ya da, dünyada barışın sağlanması için sabırsızlık gösterebilirsiniz ki bu, kesinlikle olumlu bir şeydir. Fakat zor ve mücadele gerektiren durumlarda sabır, iradenizi korumanızı sağlar ve size destek verir."

Sabrın anlamı ile ilgili araştırmasının derinlerine indikçe daha da canlanan Dalai Lama sözlerine devam etti: "Bence, alçakgönüllülük ve sabır arasında çok yakın bir bağlantı vardır. Alçakgönüllülük, daha güçlü bir karşı koyma kapasitesiyle, misilleme yapabilme gücünüze karşın bunu yapmamaya karar verme kapasitesi ile ilgilidir. Benim gerçek alçakgönüllülük diye adlandırdığım şey, budur. Bence gerçek sabır ve hoşgörü, kendini disiplin altına almanın ve kendini tutmanın, yani daha değişik davranabileceğiniz, daha saldırgan bir tutum benimseyebileceğiniz halde bunu yapmamaya karar verme anlayışının ayrılmaz bir parçasıdır. Diğer yandan, çaresizlik ya da o güce sahip olmamak nedeniyle kişinin kendisini belli bir pasif tepki göstermeye zorlamasını ise gerçek bir alçakgönüllülük diye adlandıramam. Bu, bir tür yumuşak başlılık olabilir fakat gerçek bir hoşgörü değildir.

"Bize zarar verenlere karşı nasıl hoşgörülü olacağımızdan söz ederken, bundan, bize yapılan her şeyi uysallıkla kabul etmemiz gerektiği anlamını çıkarmamalıyız." Durup güldü. "Belki de eğer gerekliyse, en iyi ve en bilgece yol, sadece millerce öteye kaçmaktır!"

"Hep kaçarak zarar görmekten uzak duramazsınız..."

"Evet, bu doğru," diye yanıt verdi. "Bazen, güçlü karşı tedbirler almanızı gerektiren durumlarla karşılaşabilirsiniz. Bununla birlikte, öfkeden kaynaklanan tepkiler yerine, karşınızdaki insan için duyduğunuz şefkatten ya da ilgiden kaynaklanan güçlü bir direnişte bulunabilir, karşı koyabilirsiniz. Birine karşı etkili tedbirler almaya gerek duyulmasının nedenlerinden biri, size karşı işlenen suç ya da size verilen zarar her neyse, karşılık vermediğiniz takdirde o kişinin bu şekilde kötü davranmaya alışması tehlikesidir; bu da gerçekte onun çöküşüne neden olur. Bu nedenle etkili karşı tedbirler gereklidir, fakat zihninizde bu düşünce ile, bunu o kişi için sevecenlik ve ilginizin tükenmesinden dolayı yapabilirsiniz. Örneğin Çin ile aramızdaki mücadele ilerledikçe, içimizde bir tür nefret duygusu oluştu, bizler bilerek kendimizi kontrol ettik ve bu duyguyu azaltmaya çalıştık, bilinçli olarak Çinlilere karşı bir sevecenlik duygusu geliştirmeyi denedik. Bence sonunda, bu karşı tedbir, öfke ve nefret duygularına oranla daha etkili olacaktır.

"Sabır ve hoşgörüyü geliştirmek, öfke ve nefretin gitmesine izin vermek için, durumu incelemek amacıyla mantık yürütmeyi kullanmak, daha geniş bir bakış açısı uygulamak ve duruma farklı açılardan bakmak gibi yöntemler keşfettik. Sabır ve hoşgörünün sonucu ise bağışlayıcılıktır. *Gerçekten sabırlı ve hoşgörülü olduğunuzda bağışlayıcılık da doğal olarak gelir.*

"Geçmişte, pek çok kötü olay yaşamış olsanız da, sabır ve hoşgörünün geliştirilmesi sayesinde öfke ve kırgınlık duygularından kurtulmak mümkündür. Eğer durumu incelerseniz, geçmişin geçmişte kaldığını anlarsınız, durumu değiştirmediği gibi ayrıca zihninizde tahribata ve sürekli bir mutsuzluğa neden olan öfke ve nefret duygularınında ısrar etmekte bir yarar yoktur. Tabi ki, bu olayları hatırlamaya devam edebilirsiniz. Unutmak ve bağışlamak iki ayrı şeydir. Kötü olayları hatırlamakta yanlış olan bir şey yoktur; eğer keskin bir hafızanız varsa hep hatırlarsınız," dedi gülerek. "Sanırım, Budha da her şeyi hatırlıyordu. Fakat, sabır ve hoşgörüyü geliştirerek, olaylarla ilgili olumsuz duygulardan kurtulmak mümkündür."

Öfkeye Karşı Meditasyonlar

Bu konuşmaların pek çok yerinde, Dalai Lama'nın öfke ve nefreti yenmek için uyguladığı asıl yöntemin, öfkenin nedenlerini araştırmak ve bu zararlı zihinsel tutumlarla savaşmak için mantık yürütmeyi kullanmak olduğu görülmektedir. Bir anlamda bu yaklaşım, öfke ve nefretin etkisini yok etmek, sabır ve hoşgörü panzehirlerini geliştirmek için mantığı kullanmak olarak görülebilir. Fakat, teknik sadece bundan ibaret değildir. Halka hitaben yaptığı konuşmalarda öfkeyi yenmede yardımcı olabilecek basit, fakat etkili iki meditasyon hakkında bilgi vererek söylediklerini pekiştirmiştir.

Öfkeye karşı Meditasyon: 1. Çalışma

"Çok iyi tanıdığımız, bize çok yakın ya da çok sevdiğimiz birinin denetimini kaybettiği bir durum içinde olduğunu düşünelim. Bu kişinin çok sert yaşanan bir ilişki ya da durum içinden geçtiğini ve olanların onu alt üst ettiğini hayal edebilirsiniz. Kişi o kadar öfkelidir ki, zihinsel dinginliğini kaybetmiştir ve çok olumsuz dalgalar yaymaktadır, hatta dövünecek ya da eşyaları kıracak kadar ileri gitmiştir.

"Sonra, kişinin hiddetinin anlık etkileri üzerinde düşünün. Bu kişide fiziksel değişimlerin olduğunu görebilirsiniz. Kendinizi çok yakın hissettiğiniz, sevdiğiniz, geçmişte kendisine bakmaktan onu görmekten o kadar hoşlandığınız bu insan, şimdi bu çirkin, sevimsiz kişiye dönüşmüştür. Bunun bir başkasının başına geldiğini hayal etmenizin nedeni, başkalarının hatalarını görmenin kendinizinkileri görmekten daha kolay olmasıdır. Bu hayali kullanarak, bir kaç dakika boyunca bu meditasyonu yapın.

"Bu hayalin sonunda, durumu inceleyin ve sonuçlarını kendi deneyimlerinizle ilişkilendirin. Kendinizin de pek çok kereler bu duruma düştüğünüzü görün. 'Böylesi yoğun bir öfke ve nefretin etkisi altında kalmama asla izin vermeyeceğim, çünkü bunu yaparsam, ben de aynı duruma düşerim. Sonuçlarından dolayı acı çekerim, zihinsel barışımı, dinginliğimi kaybederim, bu çirkin fiziksel görünüme bürünürüm,' gibi bir sonuca varın. Bir kez bu kararı verdiğinizde, meditasyonun son bir kaç dakikası boyunca zihninizi bu sonuç üzerinde yoğunlaştırın, daha fazla inceleme yapmayın, sadece zihninizin, öfke ve nefretin etkisi altında kalmama yargınıza odaklanmasına izin verin."

Öfkeye Karşı Meditasyon: 2. Çalışma

"Hayal gücünü kullanarak bir başka meditasyon daha yapalım. Hayal etmeye, sevmediğiniz, sizi rahatsız eden, size çok sorun yaratan ya da sinirlerinizi geren birini gözünüzün önüne getirmekle başlayın. Sonra, bu kişinin sizi sinirlendirdiği, size saldırdığı ya da canınız sıktığı bir senaryo düşünün. Bu hayal sırasınd veya bunu gözünüzün önüne getirirken, doğal tepkinizin ortaya çıkmasına izin verin; sadece bırakın doğal olarak aksın. Sonra, kendinizi nasıl hissettiğinizi görün, kalp atışlarınızın hızlanıp hızlanmadığını ve benzeri şeyleri izleyin. Kendinizi rahat mı yoksa rahatsız mı hissettiğinizi inceleyin; daha barış dolu mu olduğunuzu yoksa zihninizin bundan rahatsız mı olduğuna bakın. Kendiniz için yargılayın; inceleyin.

Sonra, iki üç dakika boyunca muhakeme edin ve deneyimleyin. İncelemenizin sonunda, eğer, 'Evet, bu rahatsızlığın doğmasına izin vermenin hiç bir yararı yok. Zihinsel barışımı hemen kaybediyorum,' diye düşünüyorsanız, kendinize şöyle deyin, 'Gelecekte, bunu asla yapmayacağım.' Bu kararı alın. Sonunda, çalışmanın son bir kaç dakikası için, zihninizi sadece bu sonuç ya da karar üzerine yerleştirin. Meditasyon, bu kadardır."

Dalai Lama, bir an için durdu, sonra, ciddi öğrencilerin bu meditasyonu yapmak için hazırlandığı salonda çevreye bakınarak, güldü ve ekledi, "Sanırım, başkalarının zihinlerini okuma becerisine, ustalığına ya da bu konuda bir farkındalığa sahip olsaydım, burada büyük bir gösteri olurdu!"

Kalabalık içinde bir gülüşme dalgası oldu, fakat dinleyiciler bu meditasyona, yani öfkeleri ile ciddi bir savaşa giriştiklerinde gülüşmeler hemen kesildi.

14. Konu

ENDİŞE İLE BAŞA ÇIKMAK VE ÖZ SAYGIYI GELİŞTİRMEK

Amerikalıların en azından dörtte birinin, hastalık derecesinde bir anksiyetenin tıbbi olarak saptanmasına yetecek ölçüde korku ya da ciddi endişe yaşamış olduğu tahmin edilmektedir. Fakat patalojik ya da kişiyi güçten düşünecek bir endişe hali yaşamamış olanlar bile, hiçbir yararlı amaca hizmet etmeyen ve mutluluklarını mahvetmek dışında bir işe yaramayıp, hedeflerine ulaşmalarını engelleyen endişe ve sinir dolu zamanlar yaşamışlardır.

İnsan beyni, korku ve endişe duygularını kaydetmek için tasarlanmış gelişmiş bir sistemle donatılmıştır. Bu sistemin önemli bir işlevi vardır: karmaşık bir biyokimyasal ve fizyolojik olaylar serisini başlatarak tehlike karşısında tepki vermemiz için bizi harekete geçirir. Endişenin yararı, tehlikeyi önceden görmemizi ve önlem almamızı sağlamasıdır. Korkunun bazı türleri ve belli miktarda endişe sağlıklı olabilir. Fakat, korku ve asabiyet, güvenilir bir tedavi olmadığında kalıcı olabilir ya da artabilir ve bu duygular gerçek bir tehlike olmadığı halde gereğinden fazla büyürlerse hastalıklı hale gelirler. Tıpkı öfke ve nefret gibi, aşırı sinirlilik ve endişenin de zihin ve beden üzerinde zarar verici etkileri vardır; büyük bir duygusal acıya ve hatta fiziksel hastalıklara neden olurlar.

Zihinsel seviyede müzmin endişe, yargılama yeteneğini zayıflatabilir, alınganlığı artırır ve kişinin genel anlamda etkinliğini azaltır. Bağışıklık sisteminin bozulması, kalp rahatsızlıkları, mide ve bağırsak rahatsızlıkları, yorgunluk, kaslarda gerilme ve acı da dahil olmak üzere fiziksel sorunlara yol açabilir.

Örneğin, sinirsel rahatsızlıkların genç kızlarda gelişimin durmasına neden olduğu ispatlanmıştır.

Dalai Lama'nın da belirttiği gibi, endişe ile başa çıkmak için öncelikle, endişe duyulmasına katkıda bulanan pek çok etken olduğunu anlamamız gerekir. Bazı insanların, endişe ve sinirlilik deneyimlemeye karşı sinirsel olarak aşırı hassas oldukları görülmüştür. Araştırmacılar, endişe ve olumsuz düşüncelere eğilimli olan insanlarda bu durumla ilgili bir gen bulmuşlardır. Belli durumlar karşısında endişe duyulmasının kökeni her zaman genetik değildir ve öğrenme ile şartlanmanın endişeyi meydana getiren nedenlerde önemli bir rol oynadığı konusunda da çok az şüphe vardır.

Fakat, endişemizin kökeni ister fiziksel ister psikolojik olsun, iyi olan bu konuda yapabileceğimiz bir şey olmasıdır. En ciddi endişe ve korku (anksiyete) durumlarında tedavinin bir parçası olarak ilaçlar kullanılabilmektedir. Fakat çoğumuz, ilaçların araya girmesini gerektirmeyen günlük hayattaki endişe ve korkuları yaşarız. Anksiyete tedavisi alanındaki uzmanlar, genel olarak en iyisinin çok boyutlu bir yaklaşım olduğunu düşünmektedirler. Endişelerimizin nedeni sağlıkla ilgili bir sorun olabilir. Doğru bir beslenme ve egzersiz ile bedensel sağlığımızı düzeltmek bu sorunun çözümünde yararlı olacaktır. Dalai Lama'nın da vurguladığı gibi, sevecenliği geliştirmek ve diğer insanlarla olan ilişkilerimizi derinleştirmek, zihinsel olarak sağlıklı olmamızı sağlayabilir ve endişe yaratabilecek durumlarla savaşmamıza yardımcı olabilir.

Korku ve endişeyi yenmek için özel stratejiler arandığında, özellikle bir yöntemin etkili olduğu görülmektedir: bilme ve kavrama gücünün işe karışması. Bu, günlük hayattaki endişe ve korkuları yenmek için Dalai Lama'nın kullandığı temel yöntemlerden biridir. Bu yöntem, öfke ve nefret için kullanılan aynı süreci uygulayarak, korku ve endişe yaratan düşüncelere meydan okumayı ve onların yerine mantıklı ve olumlu düşünce ve tutumları yerleştirmeyi içermektedir.

Kültürümüzde korku ve endişenin yaygın olması nedeniyle, konuyu Dalai Lama'ya açmaya ve bununla nasıl başa çıktığını öğrenmeye çok istekliydim. O gün programı çok doluydu ve görüşmemizden önce sekreteri tarafından konuşmamızı kısa kesmemiz gerektiği söylendiğinde de içimde bir endişenin yükseldiğini hissettim. Zamanın kısıtlı olması ve tartışmak istediğim tüm konulara değinemeyeceğimiz endişesi nedeniyle kendimi sıkışmış hissederek, çabucak oturdum ve sorularıma başladım; her zaman olduğu gibi kendisinden basit yanıtlar almaya çalışmaktaydım.

"Bildiğiniz gibi, korku ve endişe, ister maddi hedefler ister içsel gelişim olsun amaçladıklarımıza ulaşmamızda büyük bir engel olabilir. Psikiyatride, bunlarla başa çıkmak için çeşitli yöntemlerimiz var, fakat sizin bakış açınıza göre korku ve endişeyi yenmenin en iyi yolunun ne olduğunu merak ediyorum."

Olayı basite indirgemeye çalışmama rağmen Dalai Lama, kendine özgü, dikkatli yaklaşımı ile yanıt verdi.

"Bence, korku ile başa çıkmak için öncelikle çok çeşitli korku türleri olduğunu bilmemiz gerekir. Bazı korku türleri çok gerçektir, gerçek nedenlere dayanmaktadırlar; örneğin şiddetten ya da kan dökülmesinden korkmak gibi. Bunların çok kötü olduklarını görebiliriz. Sonra, olumsuz eylemlerimizin uzun vadeli olumsuz sonuçlarından dolayı duyulan korku vardır; acı çekme korkusu ya da nefret benzeri olumsuz duygularımızdan korkmak gibi. Bence bunlar doğru korku türleridir; bu tür korkulara sahip olmak bizi doğru yola sokar, daha sevgi dolu bir insan haline getirir." Durdu ve derin derin düşündü, "sanırım, bu şeylerden korkmak ile zihnin bu şeylerin yıkıcı doğasını görmesi arasında bazı farklar vardır..."

Tekrar bir kaç dakika boyunca sessiz kaldı; ben kaçamak bir şekilde saatime göz atarken o düşüncelerini tartıyor gibiydi. Benim hissettiğim zaman sıkışıklığını hissetmediği açıktı. Sonunda, hiç acele etmeden konuşmaya devam etti.

"Diğer yandan, bazı tür korkular kendi zihnimizin yarattığı korkulardır. Bu korkular gerçekte, zihnimizde yarattığımız görüntülere dayanmaktadırlar. Çok çocukça olan korkuları ele alabiliriz," güldü, "örneğin, çocukken karanlık yerlerden, özellikle de Potala Sarayı'ndaki* karanlık odalardan geçerken korkardık; bu tamamen zihnimizde yarattıklarımızla ilgiliydi. Ya da, henüz bir çocukken, hizmetçiler ve benimle ilgilenen kişiler, beni hep, küçük çocukları kapan ve onları yiyen bir baykuş olduğu konusunda uyarırlardı!" Dalai Lama bu sefer daha da güçlü bir kahkaha attı. "Ve ben, onlara gerçekten inanırdım!"

"Zihnimizde yarattıklarımıza dayanan başka tür korkular da vardır," diye devam etti. "Örneğin, kendi zihinsel tutumlarınız nedeniyle olumsuz duygulara sahipseniz, bu duyguları başkasına da aktarabilirsiniz, böylece o da size olumsuz ve düşman biri gibi görünür. Bunun sonucunda da korkarsınız. Bu tür bir korku bence nefretle bağlantılıdır ve zihnin yarattığı bir şeydir. Korku ile başa çıkmak için, öncelikle mantık yürütme becerinizi kullanmalı ve korkularınız için gerçek bir neden olup olmadığını bulmaya çalışmalısınız."

"Çoğumuz, belli bir kişi ya da durumdan dolayı yoğun bir korku yaşamak yerine, daha çok günlük hayatımızda karşılaştığımız sorunlar nedeniyle sürekli bir endişe duymaktayız. Bu durumla başa çıkabilmek için herhangi bir öneriniz var mı?" diye sordum.

Başını evet anlamında salladı ve yanıt verdi: "Bu tür bir endişeyi azaltmada yararlı olduğuna inandığım yaklaşımlardan biri şu düşünceyi geliştirmektir: *Eğer durum ya da sorunun çaresi bulunabiliyorsa; bu konuda endişelenmeye gerek yoktur.* Diğer bir deyişle, bir zorluğu aşmak için bir çözüm ya da yol varsa, o zaman bunalmaya da gerek yoktur. Doğru yaklaşım, sorunun çözümünü aramaktır. Sorun hakkında endişelenmek yerine dikkati çözüm üzerinde yoğunlaştırmak için enerji har-

*Potala Sarayı, Dalai Lamalar'ın geleneksel kışlık sarayıydı ve Tibet'in dini ve tarihi mirasının bir sembolüydü. Tibet kralı Sog-tsen Gampo tarafından 7. yüzyılda yaptırılan saray, sonradan yıkılmış ve 17. yüzyılda Beşinci Dalai Lama tarafından yeniden yaptırılana dek yıkık kalmıştır. Şimdiki bina, Lhasa'da "Kırmızı Tepe'nin zirvesinde yükselmektedir Uzunluğu 400 metreden fazladır, on üç katlı binanın yüksekliği 130 metreyi geçer ve içinde binden fazla oda, koridor, türbe ve şapel bulunmaktadır.

camak daha anlamlıdır. *Benzer şekilde eğer bir çıkış yolu, bir çözüm olasılığı yoksa, o zaman da endişelenmeye gerek yoktur; çünkü bu konuda yapabileceğiniz hiçbir şey yoktur.* Bu durumda, bu gerçeği ne kadar çabuk kabul ederseniz işler de sizin için o kadar kolay olacaktır. Tabi ki bu formül, sorunlarla doğrudan yüzleşmeyi ifade eder. Yoksa, sorunun bir çözümü olup olmadığını bulamazsınız."

"Düşünmek, korku ve endişenizi ortadan kaldırmaya yardımcı olmazsa ne yapmalı?"

"Bu düşünceler üzerinde biraz daha düşünmeli ve bu fikirleri takviye etmelisiniz. Bunu kendinize sürekli olarak hatırlatın. Bence, bu yaklaşım korku ve endişeyi azaltmaya yardımcı olur, fakat bu, her zaman işe yarayacağı anlamına gelmez. Eğer, sürekli devam eden bir korku ve endişe ile başa çıkmak istiyorsanız, sanırım o özel duruma odaklanmanız gerekir. Farklı türde korkular ve farklı nedenler vardır. Bazı tür korkuların ve sinirliliğin nedeni biyolojiktir; örneğin bazı insanların avuçları çok terler, Tibet tıp sistemine göre bu durum enerji seviyelerinde bir dengesizliği belirtir. Bazı korku türlerinin, tıpkı bazı depresyon türleri gibi biyolojik kökleri olabilir ve bunlar için ilaç tedavisi yararlıdır. Yani, korku ve endişe ile etkin bir şekilde başa çıkabilmek için, türüne ve nedenine bakmanız gerekir.

"Korku gibi, farklı endişe türleri de vardır. Örneğin, yaygın olduğunu düşündüğüm bir endişe, başkalarının karşısında aptal gibi görünme ya da başkalarının sizin hakkınızda kötü düşünmeleri korkusudur..."

"Hiç bu tür bir endişe ya da sinirlilik yaşadığınız oldu mu?" diye sözünü kestim.

Dalai Lama güçlü bir kahkaha attı ve hiç tereddüt etmeden yanıt verdi: "Ah, evet!"

"Bir örnek verebilir misiniz?"

Bir an için düşündü ve sonra, "Örneğin, 1954'te Çin'de Başkan Mao Zedong ile yapacağım görüşmelerin ilk günüydü, ayrıca Chou En-lai ile de görüşme fırsatım vardı. O günlerde protokol ve anlaşma kurallarından pek haberim yoktu. Bir görüşmenin normal işleyişi, rasgele bir şeylerden konuşarak başlamak sonra da tartışma konusuna geçmektir. Fakat o sırada o kadar gergindim ki, daha oturur oturmaz hemen konuya girdim!" Dalai Lama bu anısına güldü. "Sonrasında, Tibetli bir komünist olan, çok güvenilir bir kişi ve çok iyi bir dostum olan çevirmenimin bana bakıp gülmeye başladığını ve beni kızdırdığını hatırlıyorum.

"Sanırım şimdi bile, bir konferans ya da konuşma öncesinde hep biraz endişeli ve sinirli olurum, hatta bazı yardımcılarım da 'Madem bu kadar gergindiniz, neden bu konuşma davetini kabul ettiniz?' derler." Tekrar güldü.

"Peki, bu tür bir endişe ve sinirlilik ile nasıl başa çıkabiliyorsunuz?" diye sordum.

Sesinde şikayetçi ve samimi bir tonla sadece, "Bilmiyorum..." dedi. Durdu ve uzun bir süre sessizce oturduk; bir kez daha dikkatle düşünüyor ve düşüncelerini tartıyordu. Sonunda şöyle dedi: "Sanırım, uygun bir motivasyona ve dürüstlüğe sahip olmak, tüm bu korku ve endişeleri yenebilmek için anahtardır. Bir konuşma yapmadan önce sinirliysem, bu konuşmayı yapmamın esas nedeninin, insanların bundan yararlanması olduğunu, bilgimi göstermek olmadığını kendime hatırlatıyorum. Bildiğim noktaları, açıklıyorum. Anlamadığım noktalar konusunda ise sadece, 'Benim için bu biraz zor,' diyorum. Saklamanın ya da biliyormuş gibi yapmanın anlamı yok. Bu açıdan bakıldığında, bu motivasyonla aptal gibi görünmek hakkında endişelenmek ya da başkalarının hakkımda ne düşündüklerini umursamak zorunda değilim. *Yani ciddi bir motivasyon, korku ve endişeyi azaltan bir panzehir işlevi görür.*"

"Bazen korku, başkalarının karşısında aptal gibi görünmekten daha fazlasını kapsar. Yanlış yapma korkusundan, konuyu bilmiyormuş gibi gözükmekten daha fazlasıdır..." Açıklanacak ne kadar çok kişisel bilgi olduğunu göz önüne alarak bir an için düşündüm.

Dalai Lama, içten bir şekilde, ben konuşurken başıyla onaylayarak beni dinledi. Bu davranışının ne anlama geldiğinden emin değilim. Belki bu, onun karşısındaki insanı anladığını gösteren bir tutumdu, fakat bunu öğrenmek yerine konuyu, genel olayları tartışmaktan kendi korku ve endişelerimle başa çıkma konusunda öğütler istemeye çevirdim.

"Bilmiyorum... bazen, örneğin hastalarımın bazılarını tedavi etmek çok güç; sorunun, depresyon mu yoksa kolayca düzelebilecek diğer hastalıklardan biri mi olduğunun açık bir şekilde teşhis edilemediği vakalar oluyor. Ciddi kişisel bozuklukları olan hastalar var; ilaçlara tepki vermeyebiliyorlar ve tüm çabama rağmen psikoterapide fazla ilerleme kaydedemiyorlar. Bazen, bu insanlarla ne yapacağımı, onlara nasıl yardım edeceğimi bilemiyorum. Onlara ne olduğunu anlayamıyorum. Bu da beni çaresiz ve hareketsiz bırakıyor," diye dert yandım. "Bu durum kendimi acemi gibi hissetmeme neden oluyor ve bu da gerçekten bir tür korku ve endişe yaratıyor."

Sessizce dinledi, sonra nazik bir ses tonuyla sordu: "Hastalarınızın yüzde yetmişine yardım edebildiğinizi söyleyebilir misiniz?"

"En azından," diye yanıtladım.

Nazikçe elime dokunarak, "Öyleyse, sorun yok demektir. Eğer, hastalarınızın sadece yüzde otuzuna yardım edebilseydiniz o zaman size başka bir meslek aramanızı önerebilirdim. Fakat, sanırım işinizi iyi yapıyorsunuz. İnsanlar bana da yardım istemeye gelirler. Çoğu bir mucize ararlar, mucizevi bir tedavi beklerler ve tabi ki herkese yardım edemem. Fakat sanırım, önemli olan motivasyondur; yardımcı olmayı gerçekten istemektir. Sonra, elinizden gelenin en iyisini yapabilirsiniz ve endişelenmenize gerek kalmaz.

"Tabi ki ben de son derece kötü veya ciddi durumlarla karşılaşıyorum ve büyük bir sorumluluğum var. Sanırım, en kötüsü, benim gücümü aşan bazı durumlarda bile insanların bana çok fazla güvenmeleri veya inanmaları. Bazı durumlarda korku ve endişe duymak çok doğal. Burada, bir kez daha motivasyonun önemine geliyoruz. Ben de, kendimi motive etmek için içten olduğumu ve elimden gelenin en iyisini yapmaya çalıştığımı hatırlatıyorum. Sevecenlik gibi gerçek bir güdü ile hareket ettiğim için, bir yanlış yapsam ya da başarılı olamasam bile pişman olmak için bir neden yok. Ben, üzerime düşenin en iyisini yapmışımdır. Gördüğün gibi başarılı olamasam bile bunun nedeni, durumun çözümünün benim gücümün üzerinde olmasıdır. Bu motiv korkuyu yok eder ve size kendine güven duygusu kazandırır. Diğer yandan, eğer yapmaya çalıştığınız şey birini aldatmaksa ve bunu başaramazsanız gerçekten sinirlenirsiniz. Fakat sevecenlikle hareket ettiğinizde başarılı olamasanız bile pişmanlık duymazsınız.

"Yani tekrar ve tekrar, doğru motivasyonun bir tür koruyucu olabileceğini, korku ve endişe duygularına karşı bir kalkan olabileceğini sandığımı söylemeliyim. Motivasyon böylesine önemlidir. Aslında insanların tüm eylemleri, eğilimleriyle ilişkilendirilebilir ve tüm eylemlerin ardındaki itici güç de kişinin motivasyonudur. Eğer saf ve gerçek bir motivasyona sahipseniz ve iyilik, sevecenlik ve saygıyı temel alarak yardım etme isteğiyle hareket ediyorsanız, o zaman herhangi bir alandaki herhangi bir işe devam edebilir ve daha az korku ya da endişe duyarak daha etkili olabilirsiniz; başkalarının ne düşündüğü veya sonuçta amacınıza ulaşmada başarılı olup olmayacağınız sizi korkutmaz. Amacınıza ulaşamasanız bile çaba gösterdiğiniz için kendinizi iyi hissedebilirsiniz. Fakat eylemlerinizin ardındaki itici güç iyi değilse, insanlar sizi övseler ve hedeflerinize ulaşsanız da mutlu olamazsınız."

Korku ve endişenin panzehirleri konusunda tartışırken Dalai Lama, her biri de değişik seviyelerde işe yarayan iki çare önerdi. İlki, sürekli düşünceli olma ve endişe ile mücadele etmek için şu düşüncenin uygulanmasıydı: kişi kendisine, *eğer bir sorunun çözümü varsa endişelenmeye gerek yoktur. Eğer çözümü yoksa, gene endişelenmenin anlamı yok,* diye hatırlatabilir.

İkinci panzehir daha geniş çaplı bir çareydi. Kişinin bir işe girişmesinin temelinde yatan motivasyonları değiştirmesini kapsıyordu. Dalai Lama'nın, motivasyon konusundaki yaklaşımı ile Batı bilimi ve psikoloji arasında ilginç bir karşıtlık vardı.

Daha önce de bahsettiğimiz gibi insana motivasyon sağlayan etkenleri inceleyen araştırmacılar, bunları hem içgüdüsel hem de sonradan öğrenilmiş ihtiyaçlarına ve itkilerine bakarak incelemişlerdir. Bu aşamada Dalai Lama, kişinin "şevk ve azmini" artırması için, öğrenilmiş itkileri geliştirmesi ve kullanması üzerinde yoğunlaşmaktadır. Bu, bazı açılardan pek çok tanınmış Batılı "motivasyon uzmanının" görüşüne benzemektedir. Aynı zamanda bu uzmanlar, kişinin amaçlarına ulaşabilmesi için şevkini ve azmini desteklemenin yollarını aramaktadırlar. Aradaki fark, Dalai Lama'nın azim ve şevki, dünyasal başarı, para ya da gücü vurgulamak yerine daha sağlıklı davranışlarda bulunmak ve olumsuz özellikleri yok etmek için istemesindedir. Belki de en çarpıcı fark, başarı öyküleri anlatan kişilerin, maddi başarılar için *zaten varolan* motivleri körüklemelerine ve Batılı teorisyenlerin bilindik insan motivlerini sınıflandırmayla meşgul olmalarına rağmen, Dalai Lama'nın insan motivasyonuna dair esas ilgisinin, kişinin temelde yatan motivasyonlarını sevecenliğe ve iyiliğe doğru *çevirerek yeniden şekillendirmesine* dayanmasıdır.

Dalai Lama'nın zihni eğitme ve mutluluğa ulaşma sisteminde, *kişinin bir eyleme girişmesine yol açan motivasyon, ne kadar alturizme dayanırsa korku ve endişe uyandıran sonuçlar karşısında o kadar korkusuz olmaktadır.* Fakat aynı ilke, kişi tamamen alturistik davranmasa bile daha kolay yollarla da uygulanabilir. Geri durmak ve karşınızdaki kişinin ona zarar vermek istemediğinizden ve içten olduğunuzdan emin olmasını sağlamak, sıradan günlük olaylarda endişenin azalmasına yarayacaktır.

Dalai Lama ile yaptığım ve yukarıda verilen konuşmadan kısa bir süre sonra bir grup insanla öğle yemeği yemiştim, grubun içinde daha önceden tanımadığım, yerel bir üniversitede öğrenci olan genç bir adam vardı. Yemek sırasında biri, Dalai Lama ile konuşmalarımın nasıl gittiğini sordu. Onlara korku ve endişeyi yenme hakkındaki konuşmamızı anlattım. Genç adam, "korku ve endişeye karşı panzehir olarak içten bir güdünün kullanılması" düşüncesini anlatırken beni sessizce dinledikten sonra bir sır verir gibi, hep utangaç biri olduğunu ve sosyal ortamlarda çok sinirli olduğunu söyledi. Korku ve endişelerini yenmek için bu tekniği nasıl kullanacağını düşünen öğrenci şöyle mırıldandı: "Evet, bunların tümü son derece ilginç. Fakat sanırım, işin zor kısmı iyi ve sevecen olmak gibi yüce bir güdüyü hep korumakta."

"Sanırım, bu doğru," diye itiraf etmek zorunda kaldım.

Sonra konuşma başka konulara kaydı ve yemeğimizi bitirdik. Bir sonraki hafta, aynı restoranda yine bu öğrenciye rastladım.

Gülümseyen bir ifadeyle bana yaklaşarak, şöyle dedi: "Geçen gün, korku ve motivasyon hakkında konuştuklarımızı hatırlıyor musunuz? Konuştuklarımızı uygulamayı denedim ve gerçekten de işe yaradı! Çarşıdaki bir dükkanda çalışan bir kız vardı, ona hep çıkma teklif etmek istiyordum, fakat onu tanımıyordum ve bu konuda kendimi çok utangaç ve sinirli hissetmekteydim, bu yüzden de onunla konuşamadım bile. Geçen gün tekrar oraya gittim; fakat bu sefer, ona çıkma teklif etmeyi istememi sağlayan nedenleri düşünmeye başladım. Tabi ki asıl istediğim onunla çıkmaktı. Fakat bunun arkasında, sevebileceğim ve beni sevecek birisini bulmak yatıyordu. Bunu düşündüğümde tutumumda hiç bir yanlış yan olmadığını anladım; bu istek gerçekti. Ne ona ne de kendime herhangi bir rahatsızlık vermek istemiyordum, sadece iyi şeyler düşünüyordum. Bunu aklımda tutmanın ve bir kaç kere kendime hatırlatmanın yardımı olmuş olmalı ki o kızla konuşmaya başlama cesareti buldum. Kalbim hâlâ deli gibi atıyordu, fakat en azından onunla konuşacak cesareti bulabilmiştim."

"Bunu duyduğuma sevindim," dedim. "Ne oldu peki?"

"Zaten ciddi bir ilişkisi olduğu ortaya çıktı. Biraz hayal kırıklığına uğradım, fakat önemli değil. Utangaçlığımı yenebildiğim için kendimi iyi hissediyorum. Eğer yaptıklarımın altındaki motivasyonda bir yanlışlık olmadığından emin olur ve bunu aklımda tutarsam, bir daha aynı durumla karşılaştığımda bu tutumun bana yardımcı olabileceğini anladım."

Özgüvenin Az Olmasının ya da Kendine Aşırı Güvenmenin Panzehiri, Dürüstlük

Sağlıklı bir kendine güvenme duygusu, hedeflerimize ulaşmada son derece önemli bir etkendir. Hedefimiz, ister üniversite diploması almak, ister kazançlı bir iş kurmak, ister tatminkâr bir ilişki yaşamak ister daha mutlu olmak için zihni eğitmek olsun bu önerme geçerlidir. Kendimize güvenimizin az olması, ilerlemek, mücadelelere girmek ve hatta amaçlarımıza ulaşmak için gerektiğinde bazı risklere girmek konusunda çaba göstermemize engel olur. Kendine aşırı güvenmek de aynı derecede zararlıdır. Becerilerini ve başarılarını abartan kişiler, gerçek ortaya çıktığında ve kendileri ile ilgili olarak yarattıkları ideal imaja dünyanın aynı değeri vermediği gördüklerinde sürekli olarak hayal kırıklığına uğramaya ve öfke duymaya mahkumdurlar. Kendilerini idealize ettikleri imajlarını doğrulatmayı başaramadıklarında tehlikeli bir şekilde depresyona girmeye yatkındırlar. Bu kişilerin kendilerini büyük görmeleri, kendilerine çeşitli ünvanlar vermelerine ve bir tür kibre yol açar; bu da onları diğer insanlardan uzaklaştırır ve duygusal anlamda tatmin edici ilişkiler yaşamalarına engel olur. Ayrıca, yeteneklerini abartmaları, risk altına girmelerine neden olabilir. Dedektif Kirli Harry Callahan'ın, *Magnum Force* filminde, kendine fazla güvenen bir kötü adamın kendini överek şişinmesini izlerken filozofça bir tarzda söylediği gibi: "İnsan, sınırlarını bilmelidir."

Batı psikoterapi geleneğinde, teorisyenler, kendine güvenin az ya da aşırı olmasını, insanların kendi haklarında yarattıkları imajdaki bozukluklara bağlamaktadırlar ve bu bozuklukların köklerini insanların küçük yaşlarda nasıl yetiştirildiklerinde aramaktadırlar. Pek çok teorisyen, kendini aşağı ya da büyük görmeyi aynı madalyonun iki yüzüne benzetmektedirler; örneğin, insanların kendilerini olduklarından büyük görmelerini, temelde yatan bazı güvensizliklere ve kendilerinden hoşnut olmamalarına bağlamaktadırlar. Psikoanalitiğe yönelmiş psikoterapistler, insanın kendi hakkındaki imajında bozuklukların nasıl meydana geldiği hakkında bazı ayrıntılı kuramlar geliştirmişlerdir. Kişinin kendi hakkındaki imajının çevreden gelen bilgileri içererek nasıl oluştuğunu açıklamaktadırlar. İnsanların kim oldukları hakkındaki kavramları, kendileri hakkında ailelerinden gelen açık ve kesin mesajları bünyelerine alarak nasıl geliştirdiklerini ve kendilerine bakan insanlarla olan ilişkileri sağlıklı ve besleyici olmadığında bozulmaların nasıl meydana gelebileceğini tasvir etmektedirler.

Kişinin kendisi hakkındaki imajındaki bozukluklar, hayatında belirgin sorunlar yaratacak kadar ciddi olduğunda, çoğunlukl psikoterapiye yönelinmektedir. İçgörüye yönelen psikoterapistler, bu hastaların hayatlarının ilk dönemlerinde yaşadıkları ve sorunun nedeni olan ilişkilerdeki işlemeyen yanları kavramalarına yardım etmek ve hastaların zaman içinde kendileri haklarındaki imajı tekrar kurup onarabilecekleri uygun zihinsel malzemeyi ve ortamı sağlamak üzerinde yoğunlaşmaktadırlar. Diğer yandan Dalai Lama, oku kimin attığını bulmaya çalışmak için zaman harcamaktansa dikkatini "oku çekip çıkarmak" üzerinde yoğunlaştırmaktadır. İnsanların özgüvenlerinin neden az olduğu ya da kendilerine neden aşırı güvendiklerini merak etmek yerine, bu olumsuz zihinsel tutumlarla doğrudan savaşmak için bir yöntem sunmaktadır.

Son yıllarda, "ben" kavramının doğası, psikoloji alanında en çok araştırılan konulardan biri oldu. 1980'lerde, her yıl yayınlanan binlerce makalede, öz saygı ve kendine güvenle ilgili konular incelendi. Konuyu Dalai Lama'ya açtım:

"Konuşmalarımızın birinde, alçakgönüllülükten olumlu bir özellik olarak bahsetmiş, sabır ve hoşgörünün geliştirilmesi ile ne kadar bağlantılı olduğunu söylemiştiniz. Batı psikolojisinde ve genel olarak bizim kültürümüzde de, özsaygının yüksek ve kendine güvenin gelişmiş olması gibi nitelikleri geliştirmek uğruna mütevazı olmak göz ardı edilmektedir. Aslında, Batı'da bu özelliklere çok fazla önem verilmektedir. Merak ediyordum da, siz de Batılıların bazen kendine güveni çok fazla vurguladıklarını ve bunun bir tür zayıflıktan ya da kendini fazlaca küçümsemekten kaynaklandığını düşünüyor musunuz?"

Dalai Lama, "Pek değil," diye yanıt verdi. "Gene de konu fazlasıyla karmaşıktır. Örneğin, ruhsal yolda üst seviyelere ulaşmış izdeşler, tüm canlılara mutlak bir mutluluk getirmeye yardım etmek amacıyla zihinlerindeki tüm olumsuz tutumları yok etmek için yemin etmiş ya da böyle bir azim gösteren kişilerdir. Bu tür görüş ve istekleri vardır. Bu çok büyük bir özgüven gerektirir. Bu özgüven çok önemlidir çünkü size, hedeflerinize ulaşmada yardımcı olan belli bir zihinsel cesaret verir. Bu bir şekilde, olumsuz yönde olmasa da bir tür gurur gibi gözükebilir. Sağlam nedenlere dayanmaktadır. Ben, bu insanların çok cesur olduklarını düşünmekteyim, onları gerçek kahramanlar olarak kabul ediyorum."

"Evet, görünüşte bir tür gurur ya da kibir gibi olan şey, ruhsallıkta büyük bir ustalığa erişmiş biri için aslında kendine güven ve cesaret olabilir," diyerek düşüncesini kabul ettim. "Fakat normal insanlar için ve günlük şartlar altında, bunun karşıtı bir durum söz konusu gibidir; bazıları kendilerine güvenleri ve öz saygıları gelişmiş gibi görünseler de bu gerçekte sadece kibir olabilir. Budizm'e göre kibrin, "acı yaratan temel duygular" sınıfına sokulduğunu anlıyorum. Aslında, bir yerlerde, bir sisteme göre yedi değişik kibir türü saydıklarını okumuştum. Yani kibirden kaçınmak ve onu yenmek çok önemlidir. Fakat, kendine güven duymak da öyledir. Bazen bunların arasında ince bir çizgi var gibi görünmektedir. Aralarındaki farkı ve birini geliştirirken diğerini zayıflatmanın nasıl mümkün olduğunu açıklar mısınız?"

"Bazen, kendine güven ile kibri birbirinden ayırmak çok zordur," diye onayladı. "Bu ikisi arasında ayırım yapmanın yollarından biri belki de hissedilen duygunun doğru olup olmadığını görmektir. Kişi, bir başkasıyla ilgili olarak çok doğru ya da çok geçerli nedenlere dayanan bir üstünlük duygusuna sahip olabilir. Ayrıca, hiç bir temele dayanmadan kendini fazlaca önemseyebilir. Bu, kibir olarak adlandırılabilir. Yani duruma göre, benzer gözükebilirler..."

"Fakat, kibirli biri her zaman bu durum için geçerli bir neden olduğunu düşünür..."

"Doğru, doğru," diye onayladı Dalai Lama.

"Öyleyse, ikisi arasında nasıl bir ayırım yaparsınız?" diye sözünü kestim.

"Sanırım, o kişi ya da üçüncü bir kişinin bakış açısından geçmişe bakılarak yargılanabilir." Dalai Lama sustu sonra, "Belki de o kişi, bunun boş bir gururlanma mı yoksa kibir mi olup olmadığını anlamak için mahkemeye gitmelidir!" diye şaka yaparak güldü.

"Kendini beğenme ve gerçek bir kendine güven arasında ayırım yapmak için," diye devam etti, "kişi tavırlarının sonuçları üzerinde düşünebilir; kendini beğenme ve kibir genellikle olumsuz sonuçlara yol açarken, sağlıklı bir kendine güven daha olumlu sonuçlara neden olmaktadır. Kendine güven ile ilgileniyorsak, "ben" duygusunun temelinde yatan şeye bakmanız gerekir. Sanırım iki tip "ben" olduğu söylenebilir. Ben duygusunun bir tipi ya da "ego", diğer insanların mutlulukları tamamen ihmal edilerek sadece kişinin kendi çıkarlarının, bencilce arzularının yerine getirilmesi ile ilgilidir. Diğer tip ego ya da ben duygusu ise, başkaları için gerçek bir ilgi ve yararlı olma isteğine dayanmaktadır. Bu yararlı olma isteğini yerine getirebilmesi için kişinin güçlü bir ben ve kendine güven duygusuna sahip olması gerekir. Bu tür bir kendine güven, olumlu sonuçlara yol açar."

"Daha önce," diye belirttim, "sanırım, kibir ya da gururu azaltmanın bir yolunun, kişi gururun bir zaaf olduğunu biliyor ve onu yenmek istiyorsa, birinin acı çektiğini düşünmesi olduğunu söylemiştiniz; acı çektiğimiz ya da acı çekmeye eğilimli olduğumuz tüm durumlar üzerinde düşünebiliriz. Gurur üzerinde çalışmak için, birinin acı çektiğini düşünmenin yanı sıra başka teknikler ya da panzehirler var mı?"

"Panzehirlerden biri, hiç bilginiz olmayan konuların çeşitliliği hakkında düşünmektir. Örneğin modern eğitim sisteminde pek çok disiplin vardır. Hiç bilginiz olmayan ne kadar çok alan olduğunu düşünmek, gururu yenmede size yardımcı olabilir."

Dalai Lama konuşmayı kesti ve konu hakkında söylediği şeyler üzerinde düşünürken, ben de yeni bir konuya geçmek için notlarıma bakmaya başladım. Birdenbire, düşünceli bir tonda konuşmaya koyuldu: "Bildiğin gibi, sağlıklı bir kendine güven duygusu geliştirmekten bahsetmiştik... *Belki de, dürüstlük ve kendine güven birbirleriyle yakından bağlantılıdırlar.*"

"Kendiniz ve yapabileceğiniz şeyler hakkında dürüst olmayı mı yoksa, başkalarına karşı dürüst olmayı mı kastediyorsunuz?" diye sordum.

"Her ikisini de," diye yanıt verdi. "Ne kadar fazla dürüst ve açık olursanız o kadar az korku duyarsınız; çünkü diğer insanlara karşı kendinizi açığa vurmak gibi bir endişeniz olmaz. Bence, ne kadar dürüst olursanız, kendinize olan güveniniz de o kadar fazla olur..."

"Kendine güvenme konusunu kişisel olarak nasıl gördüğünüzü biraz daha öğrenmek isterdim," dedim. "İnsanların size geldiklerini ve mucizeler yaratmanızı beklediklerini söylemiştiniz. Size çok fazla baskı yapıyorlar ve sizden çok şeyler umuyorlardı. Sizi onlara yardım etmeye iten nedenler doğru bile olsa, bu durum yeteneklerinize olan güveninizde belli bir azalmaya yol açmıyor mu?"

"Sanırım burada da, belli bir eylem ya da benzer bir durumla ilgili olarak 'kendine' güven eksikliği ya da 'kendine güven duymak' ile ne kastettiğinizi aklınızda tutmanız gerekir. Genel olarak konuşursak bir şeyi yaparken kendinize güvenmeniz için kendi uzmanlık alanınız olan bu işi yapabileceğinize dair bir inanca sahip olmanız gerekir. Eğer kendi uzmanlık alanınıza girmeyen bir işi yapamıyorsanız, 'Ah, belki de ben bunun için yeterince iyi ya da uzman değilim' diye düşünmeye başlayabilirsiniz. Her neyse, benim mucizeler yaratamayacağımı anlamam, kendime güvenimde bir eksikliğe yol açmadı; çünkü öncelikle kendimi bu kapasitede biri olarak görmedim. Asla kendimin her şeyi bilmek, her şeyi kavramak ya da her zaman doğru şeyleri yapmak gibi tam anlamıyla aydınlanmış bir Budha'nın başarabileceği şeyleri yapabilecek biri olduğumu düşünmedim. İnsanlar bana gelip de onları iyileştirmemi ya da mucize gibi bir şey yaratmamı istediklerinde, bu durum kendime olan güvenimi kaybettirmek yerine kendimi gayet sakar biri olarak hissetmeme neden oluyor.

"*Sanırım genel olarak, kişinin yapabilecekleri ve yapamayacakları hakkında kendine ve başkalarına karşı dürüst olması, kendine güven duygusunun azalmasını önleyebilir.*

"Örneğin Çin ile aramızdaki durumu göz önüne aldığımda bazen kendime olan güvenimi kaybediyorum. Bu durum hakkında hem bürokratlara hem de bürokrat olmayan kişilere danışıyorum. Dostlarıma fikirlerini soruyorum ve durumu tartışıyorum. Kararların çoğu, çeşitli kişilerle yapılan bu tartışmalara dayanarak ve üzerlerinde düşünülerek alındığı için, bu kararların her birinden gayet emin oluyorum ve bu yolu seçmekten dolayı hiçbir pişmanlık duymuyorum."

Korkusuzluk ve kendine dürüstçe değer biçmek, kendinden şüphe etmeye ve kendine güvenin az olmasına karşı etkili silahlar olabilir. Dalai Lama, bu tür bir dürüstlüğün, bu zihinsel tutumlara karşı panzehir olabileceklerine inanmaktadır ve bu inanış, kendilerini gerçekçi ve doğru bir şekilde görenlerin kendilerinden daha fazla hoşnut olmaya eğilimli olduklarını ve kendilerini fazla tanımayan ya da yanlış tanıyan insanlara oranla daha fazla özgüven duyduklarını açıkça gösteren son araştırmalarla da doğrulanmıştır.

Yıllar boyunca, Dalai Lama'nın kendine olan güveninin, kendisi ve yetenekleri hakkında dürüst olmasından kaynaklandığını gösteren örneklere tanık oldum. Büyük bir kalabalık karşısında bir soruya sadece, "bilmiyorum" diye yanıt verdiğini ilk duyduğumda çok şaşırmıştım. Akademik çevrelerdeki konferanslarda konuşan kişilerden ya da kendilerini otorite olarak ilan edenlerden farklı olarak, utanmadan, sözü dolandırmadan ya da konuyu savuşturarak bir şeyler biliyormuş gibi görünmeye uğraşmadan o konuda bilgisi olmadığını itiraf etmişti.

Aslında, yanıtını veremediği zor bir soru ile karşılaşmaktan belli bir zevk alıyordu ve genellikle de bu durumla dalga geçiyordu. Örneğin, Tucson'da bir akşam üstü, Shantideva'nın *Bodhisatva'nın Hayat Yolu İçin Rehber*'indeki bir mısrayı yorumlamaktaydı; bu mısranın anlamı da özellikle karmaşıktı. Bir süre uğraştı, karıştırdı sonra bir kahkaha atarak şöyle dedi:

"Kafam karıştı! Sanırım burada bırakmak en iyisi. Sonraki mısraya geçelim..."

Kalabalıktan bir kahkaha yükselince o daha da yüksek sesle güldü: "Bu yaklaşıma çok uygun bir deyim vardır. Deyim, dişleri zayıflamış ihtiyar bir adamın yemek yemesi hakkındadır. Yumuşak olan parçaları yersin; sert olanları ise bırakırsın." Gene gülerek, şöyle dedi: "Yani, bunu bu günlük bırakıyoruz." O anda, kendine duyduğu üstün güvende hiç bir zayıflama olmamıştı.

Kendimizden Nefret Etmenin Panzerihi Olarak Potansiyellerimiz Hakkında Düşünmek

Dalai Lama'nın 1991'de Arizona'yı ziyaretinden iki yıl önce Hindistan'a yaptığım bir gezide, Dhramsala'daki evinde onunla kısa bir görüşme yaptım. O hafta boyunca her gün, Batı'dan gelmiş bir grup seçkin bilim adamı, doktor, psikolog ve meditasyon öğretmeni ile görüşmekteydi ve zihin beden ilişkisini bulmaya ve duygusal deneyimler ile fiziksel sağlık arasındaki ilişkiyi anlamaya çalışmaktaydı. Dalai Lama ile bir akşam üstü geç vakit, bilim adamları ile bir saat süren bir toplantı sonrasında görüştüm. Görüşmemizin sonuna doğru Dalai Lama şöyle dedi: "Biliyor musunuz, bu hafta şu bilim adamları ile görüştüm?"

"Evet..."

"Beni çok şaşırtan bir şey oldu. Kendinden nefret etme kavramı. Bu kavramı biliyor musunuz?"

"Kesinlikle. Hastalarımın büyük bölümü bunu yaşar."

"Bundan bahsettiklerinde, ilk önce kavramı doğru anladığımdan emin olamadım," diyerek güldü. " 'Tabi ki kendimizi severiz; nasıl olur da bir insan kendinden nefret edebilir ki?' diye düşündüm. Her ne kadar zihnin nasıl işlediği hakkında biraz bilgim olduğunu düşünsem de, birinin kendisinden nefret etmesi düşüncesi benim için tamamen yeni bir şey. Bunu bu kadar inanılmaz bulmamın nedeni, Budizmi uygulayan kişilerin, ben merkezcil tutumlarımızı ya da bencil düşünce ve güdülerimizi yenmek üzerinde büyük bir gayretle çalışmalarıdır. Bu açıdan baktığımda kendimizi çok fazla sevdiğimizi ve önemsediğimizi düşünürüm. Birinin kendinden hoşlanmadığı hatta nefret ettiğini düşünmek benim için çok, çok inanılmaz. Bir psikiyatr olarak, bu kavramı ve nasıl olduğunu bana açıklar mısınız?"

Ona, kendinden nefretin nasıl doğduğu hakkındaki psikolojik görüşü kısaca açıkladım. Kendimiz hakkında yarattığımız imajın ailemiz ve yetişme tarzımız tarafından nasıl şekillendirildiğini, büyüyüp gelişirken kendimiz hakkındaki kesin mesajları onlardan nasıl aldığımızı anlattım ve kendimiz hakkında olumsuz bir imaj yaratmamızı sağlayan özel koşulları ana hatlarıyla verdim. Davranışlarımızın kendi hakkımızda yarattığımız ideal imajı doğrulayamaması gibi kişinin kendinden nefret etmesini şiddetlendirecek etkenlerin ayrıntılarına girdim ve kendinden nefret etmenin, özellikle bazı kadın ve azınlık gruplarda kültürel olarak güçlendirilmesinin örneklerini verdim. Bunlardan bahsederken sanki bu yabancı kavramı anlamakta güçlük çekiyormuşçasına yüzünde garip bir ifadeyle ve düşünceli bir şekilde, başını sallamaya devam ediyordu.

Groucho Marx bir keresinde alaylı bir şekilde şöyle demiş: "Beni üye olarak alacak hiç bir kulübe üye olmam." Mark Twain, kişinin kendi hakkındaki bu olumsuz görüşünü insan doğası hakkındaki bir gözlem aşamasına dek genişletmiştir: "Hiçbir insan, kalbinin derinliklerinde, kendisi için fazla saygı taşımaz." İnsanlık hakkındaki bu karamsar görüşü alıp, kendi psikolojik kuramlarına dahil eden psikolog Carl Rogers şöyle demiştir: "Çoğu insan kendini küçük görür, kendini değersiz ve sevilmeyecek biri olarak kabul eder."

Toplumumuzda yaygın olan ve pek çok çağdaş psikoterapist tarafından paylaşılan bir düşünce vardır: kendinden nefret etmek Batı kültüründe iyice yaygınlaşmıştır. Kendinden nefret etmek var olsa da çoğu kişinin inandığı gibi yaygın değildir. Psikoterapiye gelenler arasında alışılageldik bir sorun olduğu kesindir fakat klinik çalışma içindeki kimi psikoterapistler insan doğası hakkındaki genel görüşlerini ofislerine gelen tek bir kişiye dayandırmak gibi eğri bir anlayışa sahip olmaktadırlar. Deneysel delillere dayanan pek çok veri, kişisel ve sosyal anlamda arzu edilen özellikler hakkında yapılan araştırmaların neredeyse hepsinde insanların sık sık kendilerini spot ışıkları altında, diğerlerinden daha iyi olarak görmeye eğilimli (ya da en azından istekli) oldukları gerçeğini ortaya koymaktadır.

Kendinden nefret etmek, herkesin düşündüğü kadar evrensel olmasa da pek çok insan için büyük bir engeldir. Dalai Lama'nın, kendinden nefret etmek kavramı karşısındaki tepkisine şaşırmıştım. İlk tepkisi bile, tek başına çok açıklayıcı ve iyileştirici olabilirdi.

İncelenmeyi hak eden bu dikkate değer tepkiyle ilgili iki nokta vardır. İlk nokta, onun kendinden nefret etme kavramının varlığına sadece alışkın olmamasıdır. Kendinden nefret etmenin insanlığın yaygın bir sorunu olduğuna dair tahmini, bunun insan ruhunun derinlerine yerleşmiş bir özellik olduğu izleniminin doğmasına yol açmıştır. Fakat bu, gerçekte pek çok kültürde bilinmemektedir; bu durumda da Tibet kültürü bize bu belalı zihinsel tutumun, bahsettiğimiz diğer tüm olumsuz zihinsel tutumlar gibi, insan zihninin özünde bulunmayan bir parça olduğunu hatırlatmaktadır. Kendimizden nefret etmek, ne bizde doğuştan bulunan değişmez bir şekilde yüklendiğimiz bir şey, ne de doğamızın sabit bir özelliğidir. Bunu anlamak bile tek başına, onun gücünü zayıflatmaya, bize ümit vermeye ve onu yok etmedeki kararlılığımızı artırmaya yarar.

Dalai Lama'nın ilk tepkisindeki ikinci nokta, onun verdiği yanıttı: "Kendinden nefret etmek mi? Tabi ki kendimizi severiz!" Kendinden nefret eden ya da bunu yapan birini tanıyanlar için bu yanıt, ilk bakışta inanılmaz derecede safça görünebilir. Fakat daha yakından incelendiğinde, bu yanıtın içinde bir gerçeğin yattığı farkedilebilir. Sevgiyi tanımlamak zordur ve farklı tanımları olabilir. Fakat sevginin bir tanımı da, belki de en saf ve en yüceltilmiş sevgi türü, bir başkasının mutluluğu için mutlak, koşulsuz ve tam bir istek duymaktır. Bu, bizi yaralamak için bir şey yapıp yapmadığı ya da kendisinden hoşlanıp hoşlanmadığımıza bakılmaksızın birinin mutluluğunu yürekten istemektir. Artık, kalbimizin derinliklerinde, her birimizin mutlu olmayı istediğine dair hiçbir şüphe yoktur. *Öyleyse eğer sevgi tanımımız birinin mutluluğunu gerçekten istemeye dayanıyorsa, o zaman her birimiz kendini seviyor demektir; her birimiz gerçekten de kendi mutluluğunu istemektedir.* Kimi zaman klinik çalışmalarımda, kendinden nefret etmenin en aşırı durumlarıyla, kişinin tekrar tekrar intihar etmeyi düşündüğü durumlarla karşılaşırım. Fakat en aşırı vakalarda bile, ölüm düşüncesi sonuçta bireyin kendini acıdan kurtarma isteğine dayanmaktadır, ona sebep olmaya değil; bu, çarpık ve yanlış yönlendirilmiş bir düşünce olabilir.

Belki de Dalai Lama, her birimizin temelde kendimizi sevdiğine inancıyla hedeften pek de uzak düşmüyordu ve bu düşünce kendinden nefret etmeye karşı etkili bir panzehir olabilir: bazı özelliklerimizden ne kadar hoşlanmazsak hoşlanmayalım hepsinin altında mutlu olma isteğimizin yattığını ve bunun derin bir sevgi türü olduğunu kendimize hatırlatarak kendimizi küçük görme düşüncesine karşı koyabiliriz.

Dharamsala'ya yaptığım bir sonraki ziyarette, kendinden nefret konusunu tekrar açtım. Son görüştüğümüzden beri bu konuya olan yabancılığı geçmişti ve onunla savaşmak için yöntemler geliştirmeye başlamıştı.

"Budist görüş açısına göre," diye açıkladı. "Depresif bir durumda olmak, bir cesaretsizlik durumu, kişinin hedeflerine ulaşması için gerekli adımları atmasını engelleyen bir aşırılık olarak görülür. İnsanın kendisinden nefret etmesi ise cesaretsiz olmaktan çok daha aşırı bir durumdur ve çok, çok tehlikeli olabilir. Budist çalışmalara girişen kişiler için, kendinden nefret etmenin panzehiri, kişinin kendisi de dahil olmak üzere tüm canlıların, Budha doğasına yani mükemmellik, tam Aydınlanma tohumuna ya da potansiyeline sahip olduğu gerçeği üzerinde düşünmesi olabilir ve kişinin o anki durumunun ne kadar zayıf veya zavallı veya yoksunluklarla dolu olduğu hiç önemli değildir. Budist çalışmaları yapan ve kendinden nefret eden ya da kendinden hoşnut olmayan kişiler, varoluşun acı dolu doğasını veya varoluşun temelinde yatan tatminsiz doğasını düşünmekten kaçınmalıdırlar; bunun yerine, bir insanoğlu olarak içinde yatan muhteşem potansiyeli takdir etmek gibi varoluşunun olumlu yanları üzerinde daha çok yoğunlaşmalıdır. Bu olasılıklar ve potansiyeller üzerinde düşünerek kendilerine değer verme ve güvenme duygularını artırabilirler."

Şimdi sıra, Budist olmayanların bakış açısından yönelttiğim standart soruma gelmişti: "Budha doğası kavramını duymamış ya da Budist olmayan biri için panzehir ne olabilir?"

"Genel olarak bu insanlara söyleyebileceğimiz şey, hepimizin insanoğlu olarak o muhteşem zeka ile donatıldığımızdır. Bunun da ötesinde, tüm insanlar azimli olma ve bu azmi istedikleri yönde kullanma potansiyeline sahiptirler. Bu konuda hiç şüphe yoktur. Kişinin, bu potansiyeller hakkındaki farkındalığını koruması ve bunları, kendisi de dahil olmak üzere insanlara bakış açısının bir parçası olana dek sürekli tekrarlaması, cesaretsizlik, çaresizlik ve kendini küçük görme duygularının zayıflamasına yardımcı olabilir."

Dalai Lama bir an için durdu, sonra daha henüz etkin bir şekilde incelediğimizi, keşfetme sürecinde bulunduğumuzu belirten araştırıcı bir ses tonuyla devam etti.

"Sanırım burada, fiziksel hastalıklara uygulanan tedavi ile bir tür paralellik kuruyabilir. Doktorlar, belli bir hastalıktan dolayı tedavi ettikleri kişiye belli bazı şartlar için antibiyotik vermekle kalmaz aynı zamanda bu hastanın, antibiyotikleri alması için fiziksel durumunun uygun olup olmadığından ve bedeninin kabul edip etmeyeceğinden de emin olurlar. Emin olmak amacıyla da, bu insanın iyi beslenip beslenmediğini gözlemyebilirler ve genellikle de bedeni güçlendirmek için vitaminler ve benzeri şeyler verirler. Bu kişinin bedeni belli bir güce ulaştığı ve bu gücü koruduğu sürece, meditasyon yoluyla kendini iyileştirme potansiyeli ya da kapasitesi olacaktır. *Benzer şekilde, zeka gibi olağanüstü bir armağana sahip olduğumuz, azimli olma ve bu azmi olumlu yollarla kullanma kapasitemiz olduğunun farkında olduğumuz ve bu farkındalığı koruduğumuz sürece, bir anlamda temel zihinsel sağlığımız da iyi olur. Bu temel güç, insan olmaktan gelen büyük bir potansiyelimiz olduğunu anlamamızdan kaynaklanmaktadır.* Bu anlayış, içimizde bulunan bir tür mekanizma gibi çalışır ve karşılaştığımız durum ne olursa olsun, umudumuzu kaybetmeden ya da kendimizden nefret etmeden her zorlukla başetmemizi sağlar."

Tüm insanlarla paylaştığımız değerli nitelikleri kendimize hatırlatmak, kötü olduğumuz ya da bir şeyleri hakketmediğimiz yönündeki düşüncelerimizi etkisiz hale getirir. Pek çok Tibetli, bunu günlük meditasyon çalışmalarının bir parçası olarak uygulamaktadırlar. Belki de bu nedenle Tibet kültüründe insanın kendisinden nefret etmesi gibi bir duruma hiç rastlanılmamıştır.

V. Bölüm

SONUÇ: RUHSAL BİR HAYAT YAŞAMAK HAKKINDA BAZI DÜŞÜNCELER

15. Konu

TEMEL RUHSAL DEĞERLER

Mutluluk sanatının pek çok unsuru vardır. Gördüğümüz gibi, işe mutlu olmanın gerçek kaynaklarını anlamakla ve bu kaynakları geliştirmeyi temel alarak hayattaki önceliklerimizi belirlemekle başlamak gerekmektedir. İçsel bir disiplini, yıkıcı zihinsel tutumları söküp atıp onların yerine, iyilik, hoşgörü ve bağışlayıcılık gibi olumlu, yapıcı zihinsel tutumları yerleştirme sürecini kapsar. Tam olarak tatmin edici bir hayat yaşamayı sağlayan etkenleri tanımlamayı, son unsur olan ruhsallığı tartışarak sonuçlandırıyoruz.

Doğal olarak, ruhsallığı din ile ilişkilendirmek gibi bir eğilim vardır. Dalai Lama'nın mutluluğa yaklaşımı, Budist bir rahip olarak gördüğü ve yıllar süren sert bir eğitimle şekillendirilmiştir. Ayrıca, seçkin bir Budist düşünür olarak kabul edilmektedir. Pek çok kişiye göre, ona asıl yardımcı olan, karmaşık felsefi konuları kavrayışı değil kişisel sıcaklığı, mizah duygusu ve hayata gerçekçi yaklaşımıdır. Konuşmalarımız boyunca, insan olması, Budist bir rahip olmasından daha ağır bastı. Tıraş edilmiş kafasına, kestane rengi elbisesine ve dini anlamda dünyadaki en seçkin şahsiyetlerden biri olmasına rağmen konuşmalarımızın genel havası sadece iki insanın aralarında sohbet etmesi, hepimizin paylaştığı sorunları aralarında tartışması şeklindeydi.

Ruhsallığın gerçek anlamını anlamamızda yardımcı olmak için Dalai Lama, ruhsallık ve din arasındaki farkları belirtmekle işe başladı:

"İnsan olarak potansiyelimizi değerlendirmenin ve içsel değişimin önemini anlamanın esas olduğuna inanıyorum. Bu, zihinsel gelişim diye adlandırılabilecek bir süreç sayesinde başarılabilir. Bazen ben bunu, hayatımızda ruhsal bir boyuta sahip olmak diye adlandırıyorum.

"Ruhsallığın iki seviyesi olabilir. Biri, dinsel inanışlarla ilgilidir. Bu dünyada pek çok farklı topluluk, pek çok farklı düzen vardır. Dünya üzerinde beş milyar insan bulunmaktadır ve o kadar çeşitli yaklaşımlar vardır ki, bence kesinlikle beş milyar da farklı dine ihtiyaç vardır. Her bireyin, kendi zihinsel yapısına, doğal eğilimine, yetişmesine, inanışına, ailesine ve kültürel geçmişine en uygun olan ruhsal bir yola girmesi gerektiğine inanıyorum.

"Örneğin, Budist bir rahip olarak Budizmi benim için en uygun din olarak görmekteyim. Benim için Budizm en iyisidir. Fakat bu, Budizm'in herkes için de en iyisi olduğu anlamına gelmez. Bu çok açıktır. Budizm'in herkes için en iyi din olduğuna inanmam aptalca olurdu; çünkü insanlar farklıdır ve farklı zihinsel düzenlere sahiptirler. Dinin amacı insanlara yararlı olmaktır ve eğer sadece bir tek dinimiz olsaydı, bir süre sonra çoğu insana yararlı olmamaya başlayacaktı. Örneğin bir restoranda sadece tek bir yemek çıksa - her gün, her öğünde - bir süre sonra bu restoranın fazla müşterisi kalmazdı. İnsanlar, yiyeceklerde çeşitliliğe ihtiyaç duyarlar ve bunu taktir ederler çünkü bu yiyeceklerde farklı tatlar bulurlar. Aynı şekilde, dinlerdeki bu çeşitliliği de takdir etmeli ve bu konuda geniş bir değerlendirme yapmalıyız. Bazı insanlar, Museviliğin, Hıristiyan geleneğinin ya da İslam geleneğinin kendileri için en uygunu olduğunu düşünebilirler. Bu nedenle, dünyadaki tüm farklı büyük dini geleneklerin değerlerini kabul etmeli ve saygı göstermeliyiz.

"Tüm bu dinler, insanlığın yararına büyük katkılarda bulunabilirler. Hepsi de bireyi daha mutlu bir insan ve dünyayı da daha iyi bir yer yapmak için düzenlenmiştir. Bununla beraber, bir dinin dünyanın daha iyi bir yer olabilmesinde etkili olabilmesi için, o dine mensup kişinin de o dinin öğretilerini ciddi bir şekilde uygulamasının önemli olduğunu düşünüyorum. Kişi, dinsel öğretileri kendi hayatının içine dahil etmelidir, böylece bunları içsel bir güç kaynağı olarak kullanabilir. Kişi, dinin düşünceleri hakkında derinlemesine bilgi sahibi olmalı, bu bilgiler sadece entelektüel seviyede kalmamalı, onları içsel deneyimlerinin bir parçası yapmalıdır.

"Kişinin, tüm farklı dinler için derin bir saygı duyabileceğine inanıyorum. Diğer dinlere saygı duymanın nedenlerinden biri, tüm bu geleneklerin, insanların davranışlarına hükmeden ve olumlu etkileri olan ahlaki bir iskelet sağlamalarıdır. Örneğin Hristiyan geleneğinde Tanrı'ya inanmak, kişinin davranışlarına ve hayat tarzına hükmedebilecek uygun ve açık, belirgin bir ahlaki iskelet sağlamaktadır. Bu, çok etkili bir yaklaşım olabilir çünkü kişinin Tanrı ile olan ilişkisinde belli bir içtenlik vardır ve kişinin, kendini yaratan Tanrı'ya olan sevgisini kanıtlamasının yolu da dostlarına sevgi ve sevecenlik göstermesidir.

"Diğer dinlere saygı göstermek için pek çok benzer neden olduğuna inanıyorum. Tabi ki büyük dinler, yüzyıllar boyunca milyonlarca insana olağanüstü yararlarda bulunmuştur. Şimdi bile milyonlarca insana yararlı oldukları, insanların bu farklı dini geleneklerden ilham aldığı açıktır. Gelecekte de bu farklı dini geleneklerin gelecek nesillere ilham vermeye devam edeceği bir gerçektir. Bu nedenle, bu gerçeği anlamak ve diğer dinlere saygı göstermek çok, çok önemlidir.

"Karşılıklı saygıyı güçlendirmenin yollarından biri, farklı dini inanışlar arasında daha yakın bağlar, kişisel bağlar kurmaktır. Son birkaç yıl içinde, Hıristiyan cemaati ve Yahudi cemaati ile tanışıp diyalog kurmaya çalıştım ve sanırım bu çaba, gerçekten olumlu sonuçlar getirdi. Bu tür yakın ilişkiler sayesinde, bu dinlerin insanlığa yaptıkları yararlı katkılar hakkında bir şeyler öğrenebilir ve diğer dinlerin yararlı yanlarını görebiliriz. Hatta, kendi çalışmalarımıza uygulayabileceğimiz yöntem ve teknikler keşfedebiliriz.

"Çeşitli dinler arasında yakın bağlar kurmamız gerçekten önemlidir; bu sayede insanlığın yararı için birlikte çaba gösterebiliriz. İnsanlığı bölen pek çok şey, dünyada pek çok sorun vardır. Din, dünyadaki kavga ve acıları azaltmak için bir çare olmalıdır, bir başka kavga sebebi değil.

"Sık sık, insanların hepsinin eşit olduğunun söylendiğini duyarız. Bununla, herkesin açıkça mutlu olma isteği duyduğunu kastederiz. Herkesin, mutlu olmaya ve herkesin çektiği acıyı yenmeye hakkı vardır. Eğer, bir insan herhangi bir dinsel gelenek sayesinde mutluluk ya da bir yarar sağlıyorsa, o zaman başkalarının hakkına saygı duymalıdır; bu nedenle büyük dini geleneklerin tümüne saygı duymayı öğrenmemiz gerekir. Bu açıktır."

Dalai Lama'nın bir hafta boyunca Tucson'da halka hitaben yaptığı konuşmalarda karşılıklı saygı, iyi niyetli bir düşünceden de öte bir şeydi. Dinleyiciler arasında değişik dini geleneklerden gelen insanlar da vardı, Hristiyan kilisesini temsil eden kalabalık bir grup da buna dahildi. Dini gelenekler arasındaki farklılıklara rağmen, salona yayılan barış dolu ve uyumlu hava açık bir şekilde hissedilmekteydi. Tabi ki öğrenmeye duyulan heves de vardı ve Budist olmayanlar, Dalai Lama'nın günlük ruhsal uygulamalarını büyük bir merak duyuyorlardı. Sonunda bu merak dinleyicilerden birinin şu soruyu sormasına neden oldu:

"Budizm'de olsun, diğer dinlerde olsun dua etmenin önemi vurgulanmaktadır. Dua etmek ruhsal bir hayat sürmek için neden önemlidir?"

Dalai Lama şöyle yanıt verdi: "Sanırım dua etmek, öncelikle, derinlerde sakladığınız ilkeleri ve inançları size her gün hatırlatan bir şeydir. Ben de, her sabah bazı Budist mısraları tekrar ederim. Bu mısralar, dua olarak kabul edilebilirler fakat aslında bana bazı şeyleri hatırlatmaktadırlar. Başkalarıyla nasıl konuşulacağı, diğer insanlarla nasıl anlaşılacağı, günlük hayattaki sorunlarla nasıl başa çıkılacağı gibi şeyleri hatırlatırlar. Yani, yaptığım uygulamaların büyük bölümü bazı şeyleri hatırlamayı kapsamaktadır; sevecenlik, bağışlayıcılık gibi şeylerin önemini gözden geçiririm. Tabi ki gerçekliğin doğası hakkında Budist meditasyonları ve ayrıca göz önünde canlandırma (görselleştirme) yöntemi kullanılarak yapılan bazı çalışmaları da içermektedir. Günlük çalışma ve duaları acele etmeden sükunetle yaptığımda dört saat kadar sürmektedir. Bu gayet uzun bir süredir."

Günde, dört saati dua için ayırma düşüncesi bir başka dinleyicinin soru sormasına neden oldu: "Ben, çalışan ve küçük bir çocuğu olan bir anneyim, çok az boş vaktim var. Çok meşgul olan biri bu tür dua ve meditasyonlar için nasıl zaman bulabilir?"

Dalai Lama, "Ben bile, istersem zaman yokluğundan şikayet edebilirim," diye belirtti. "Çok meşgul bir insanım. Gene de eğer uğraşırsanız biraz zaman bulabilirsiniz; örneğin, sabah erken saatlerde. Sonra, hafta sonları olabilir. Eğlenceden biraz fedakârlık edebilirsiniz," güldü. "En azından, günde, yarım saat olabilir. Ya da biraz daha uğraşırsanız; diyelim ki, sabahları yarım saat ve akşamları yarım saat zaman bulabilirsiniz. Eğer bu konuda gerçekten düşünürseniz, belki biraz zaman ayırmak için bir yol bulabilirsiniz.

"Eğer ruhsal çalışmaların gerçek anlamı üzerinde ciddi bir şekilde düşünürseniz, bunun zihninizin, tavırlarınızın ve psikolojik ve duygusal tutum ve sağlığınızın gelişimi ve eğitimi ile ilgili olduğunu görürsünüz. Ruhsal çalışmanın kapsadığı anlamı sadece dua okumak ve şarkı söylemek gibi bazı fiziksel veya sözlü eylemlerle sınırlandırmamalısınız. Eğer ruhsal çalışmadan anladığınız sadece bu eylemlerle sınırlı ise tabi ki özel bir zamana, çalışmanızı yapabilmeniz için özellikle ayrılmış bir zamana ihtiyacınız olur; çünkü hem yemek pişirmek gibi günlük işlerinizi yapıp hem de mantra okuyamazsınız. Bu, çevrenizdeki insanlar için çok rahatsız edici olabilir. Bununla beraber eğer ruhsal çalışmayı gerçek anlamında anlarsanız günün yirmi dört saatini, çalışmanız için kullanabilirsiniz. *Gerçek ruhsallık, herhangi bir zamanda uygulayabildiğiniz zihinsel bir tutumdur.* Örneğin eğer kendinizi birisine hakaret etme eğilimi içinde bulursanız, sizi bunu yapmaktan alıkoyacak önlemleri hemen alabilirsiniz. Benzer şekilde, eğer denetiminizi kaybettiğiniz bir durumla karşılaşırsanız, hemen şöyle düşünebilirsiniz: "Hayır, bu uygun bir yol değil." Bu, gerçek bir ruhsal çalışmadır. Bu açıdan baktığınızda daima zamanınız vardır.

"Bu, bana Tibetli Kadampa* ustalarından biri olan Potowa'nın dediklerini hatırlattı; ona göre, belli ölçüde bir içsel dengeye ve anlayışa sahip bir meditasyon uygulayıcısı için yaşadığı her olay, her deneyim bir tür öğretidir. Bu, öğrenme deneyimidir. Bunun çok doğru olduğunu düşünüyorum.

"Bu açıdan bakıldığında, TV ve sinemadaki şiddet ve seks dolu rahatsız edici sahneleri bile aşırıya kaçan zararlı etkilerinin farkına vararak izlemek mümkündür. Böylece, bu görüntüler nedeniyle sıkılmak yerine bu sahneleri, denetim altına alınmamış olumsuz duyguların zararlı doğasının belirtileri olarak, çeşitli dersler çıkarabileceğiniz şeyler olarak görebilirsiniz."

Fakat, *A Takımı* ya da *Melrose Place* gibi dizilerden bir şeyler öğrenmek de gerçekten bir sorundur. Bununla beraber bir Budist olarak Dalai Lama'nın kişisel ruhsal sistemi, Budist yola özgü özellikleri içermektedir. Günlük uygulamalarını anlatırken, gerçekliğin doğası hakkındaki Budist meditasyonlardan ve göz önüne getirmenin kullanıldığı bazı çalışmalardan bahsetmiştir. Her ne kadar bu tartışmanın çerçevesi içinde bu çalışmalardan rastgele bahsetmiş olsa da yıllar boyunca onun bu konulardan uzun uzadıya bahsettiğini de duydum; konuşmaları herhangi bir konuda şimdiye dek duyduğum en karmaşık tartışmaları içermekteydi. Gerçekliğin doğası hakkındaki konuşması labirent gibi çapraşık felsefi tartışmalarla ve incelemelerle doluydu; Tantrik göz önünde canlandırma yöntemini (görselleştirme veya vizüalizasyon) tanımlaması hayal edilemeyecek kadar anlaşılması güç ve ileri düzeydeydi; meditasyonların ve görselleştirme yönteminin amacı, kişinin hayal dünyasında evrenin holografik bir haritasını kurmaktı. Hayatı boyunca bu Budist meditasyonları uygulamıştı. Aklımda bu düşünce

*Kadampa: Hintli öğretmen Athisha tarafından (M.S. 982-1054) Tibet'te kurulmuş Budist gelenek. Budha'dan özgün olarak gelen iki öğreti vardır : Nagarjuna ve Asanga. Bu iki öğreti Athisha tarafından bir araya getirilip Tibet'e ulaştırılmış ve ilk kez Padmasambhava tarafından Tibet'e ulaştırılmış olan Budizm'in yeniden gözden geçirilip güçlenmesini sağlanmıştır. Temel öğretisi "Lamrim" olarak bilinir ve "Yolun Aşamalarının Işığı" diye bilinen metinlerde açıklanmıştır (ç.n.).

varken ve çabalarının devasa genişlikteki sahasını bildiğim için ona şu soruyu sordum:

"Bu ruhsal çalışmaların günlük hayatınız üzerindeki işlevsel yararlarını veya etkilerini anlatabilir misiniz?"

Dalai Lama, bir kaç dakika sessiz kaldı, sonra yavaşça yanıt verdi: "Her ne kadar kendi deneyimlerim çok az olsa da, aldığım Budist eğitim sayesinde zihnimin kesinlikle çok daha sakin olduğunu söyleyebilirim. Bu kesin." Gülerek devam etti. "Değişim aşamalı hatta belki santim santim de olsa, kendime ve başkalarına karşı tavrımda bir değişiklik oldu. Bu değişimin kesin nedenlerini göstermek zor olsa da, bunun, gerçekliğin temel doğasını tam olarak olmasa da belli bir şekilde hissetme ya da anlamaktan kaynaklandığını ayrıca geçici olmayı, acı dolu doğamızı, sevecenliği ve alturizmin değeri gibi konuları düşünmekten ileri geldiğini düşünüyorum.

"Örneğin, Tibet halkına büyük zararlar veren Komünist Çinlileri düşündüğümde, Budist eğitimimin bir neticesi olarak işkenceciler için bile belli bir şefkat ya da sevecenlik duyarım çünkü işkencecinin aslında başka olumsuz etkenler tarafından zorlandığını anlarım. Tüm bunlar ve Bodhisatva yeminim* nedeniyle, bir insan canavarca işler yapmış bile olsa, bu canavarlıklarından dolayı kötü şeyler yaşamaları ya da hiç mutlu olmamaları gerektiğini düşünmem. Bodhisatva yemini*, benim bu tutumu geliştirmeme yardımcı oldu; çok yararlı olduğu için doğal olarak bu yemini çok severim.

"Bu bana, Namgyal Manastırı'nda yaşayan yaşlı şarkıcı ustayı hatırlattı. Siyasi bir suçlu olarak Çin hapishanelerinde ve çalışma kamplarında yirmi yıl geçirmişti. Bir keresinde ona, hapisteyken karşılaştığı en zor durumun ne olduğunu sormuştum. Şaşırtıcı bir şekilde, en büyük tehlikenin Çinliler için sevecenliğini kaybetmesi olduğunu düşündüğünü söylemişti!

"Böyle pek çok hikaye vardır. Örneğin, üç gün önce, yılla-

* Bodhisatva yemininde ruhsal eğitim gören kişi, bir Bodhisatva olma isteğini belirtir. Bodhisatva, "aydınlanmış savaşçı" diye çevrilebilir; o, sevgi ve sevecenlik olmaksizin Bodhisatta'yı kavramıştır. Bodhisatta, tüm canlılara yararlı olmak amacıyla tam bir Aydınlanma'ya ulaşma arzusu olarak nitelenen zihinsel bir durumdur. Aydınlanma arzusu kendiliğinden ve gerçek olmalıdır.

rını Çin hapishanelerinde geçirmiş bir keşişe rastladım. Bana, 1959'daki Tibet ayaklanmasında yirmi dört yaşında olduğunu söyledi. O sırada Norbulinga'daki Tibet güçlerine katılmış. Çinliler tarafından yakalanmış ve üç kardeşi ile birlikte hapse atılmış, kardeşleri hapiste öldürülmüşler. Diğer iki kardeşi de öldürülmüş. Sonra ailesini çalışma kampında kaybetmiş. Fakat bana, hapisteyken, o zamana dek yaşadığı hayat üzerinde düşündüğünü ve tüm hayatını Drepung Manastırı'nda bir keşiş olarak geçirmiş olsa bile o zamana dek iyi bir rahip olamadığını farkettiğini söyledi. Aptal bir rahip olduğunu düşünmüştü. O anda, hapisteyken, gerçekten iyi bir rahip olmaya yemin etmiş. Budist çalışmaların sonucunda ve zihni eğitmesinin sayesinde, fiziksel acı çekiyor olsa bile zihinsel olarak çok mutlu kalmayı başarabilmiş. İşkence görse de, çok kötü dayak yese de yaşamını sürdürmeyi başarmış ve bunu geçmişteki olumsuz Karmasının temizlenmesi olarak görerek kendini mutlu hissetmiş.

"Bu tür örnekler sayesinde, kişi, ruhsal çalışmaları günlük hayatının içine dahil etmenin değerini gerçekten takdir edebilir."

Böylece, Dalai Lama, daha mutlu bir hayat yaşamanın son unsurunu yani, ruhsal boyutu da anlattıklarına eklemiş oldu. Budha öğretisi sayesinde Dalai Lama ve başka pek çok kişi, hayatın kimi zaman getirdiği acı ve ıstıraba dayanmalarını ve hatta dönüştürmelerini sağlayan anlamlı bir yapı bulmuşlardır. Dalai Lama'nın belirttiği gibi, dünyadaki büyük dini geleneklerin her biri, kişinin daha mutlu bir hayata ulaşması için aynı fırsatları sunmaktadır. Büyük ölçüde bu dinler tarafından ortaya konan inancın gücü, milyonların hayatıyla iç içe geçmiştir. Bu güçlü dini inanç, sayısız insana zor zamanlarda destek vermiştir. Bazen, çok sessiz yollardan bazen de insanı değiştiren derin deneyimler yoluyla etkili olmuştur. Her birimiz, hayatımızın bir döneminde, kuşkusuz bu gücün ailemizden biri, bir dost ya da bir tanıdık üzerinde etkili olduğuna şahit olmuşuzdur. İnancın gücünden destek almak hakkındaki örneklere önceki sayfalarda rastlayabilirsiniz. Sıradan bir insan olduğu halde 1985'de bir sabah Beyrut'ta sokak ortasında aniden kaçırılan Terry Anderson pek çoğumuza tanıdık gelecek bir örnektir. Üzerine bir örtü atılmış, bir arabaya atılmış ve sonraki yedi yıl boyunca, köktendinci aşırı uçta İslami bir grup olan Hizbullah'ın elinde rehin olarak tutulmuştur. 1991'e dek, nemli ve pislik içindeki bodrum katlarında ve daracık hücrelerde hapis tutulmuş, uzun süreler boyunca gözleri bağlı ve zincirli kalmış, düzenli olarak dövülmeye ve kötü koşullara dayanmak zorunda kalmıştır. Sonunda serbest bırakıldığında, dünyanın gözleri onun üzerine çevrilmiş ve dünya, karşısında ailesine ve hayatına kavuştuğu için son derece sevinçli fakat şaşırtıcı bir şekilde çok az acı çeken ve kendisini kaçıranlara karşı nefret duymayan bir insan bulmuştur. Gazeteciler ona, bu dikkate değer gücünün kaynağını sorduklarında, inancı ve duayı zorluklara ve işkencelere dayanmasına yardımcı olan etkenler olarak tanımlamıştır.

Dünyada, dini inancın zor zamanlarda somut bir şekilde yardımcı olduğunu gösteren örneklere fazlasıyla rastlanmaktadır. Son araştırmalar, dinsel inanışın daha mutlu bir hayat yaşamaya katkıda bulunduğunu doğrulamaktadır. Bağımsız araştırmacılar ve anket organizasyonları (Gallup şirketi gibi) tarafından yürütülen bu araştırmalar, dini inancı güçlü olan kişilerin, dini inancı olmayan insanlara oranla daha sık olarak kendilerini mutlu hissettiklerini ve yaşadıkları hayattan tatmin olduklarını rapor etmektedirler. Araştırmalar, inancın sadece kişinin kendini iyi hissetmesine neden olmakla kalmayıp güçlü bir dini inancın insanlara kritik durumları ve travmatik olayları atlatmada ya da başa çıkmada yardımcı olduğunu da göstermiştir. Ek olarak istatistikler, dini inancın güçlü olduğu ailelerde genellikle, ihmal, alkol ve uyuşturucu bağımlılığı ve yıpranmış evliliklere daha az rastlanıldığını göstermektedir. Hatta inancın, insanların bedensel sağlıklarına - ciddi rahatsızlıkları olan kişilere bile - yararlı olduğunu savunan bazı deliller vardır. Güçlü dinsel inançlar, düşük ölüm oranları ve sağlığın iyi olması arasında sağlam bir bağ olduğunu saptayan yüzlerce bilimsel ve epidemiyolojik araştırma bulunmaktadır. Bir araştırmada, dini inanışları güçlü olan yaşlı kadınların, dini inanışı daha zayıf olan kişilere oranla daha uzun yaşadıkları ve ameliyat sonrası daha az depresyona girdikleri gözlenmiştir. Pitsburgh Tıp Fakültesi'nden Ronna Casar Harris ve Mary Amanda Dew tarafından yapılan bir araştırmada, kalp nakli ameliyatı geçirmiş ve inançları güçlü olan hastaların ameliyat sonrası süreçte daha az zorluk çektikleri ve daha uzun dönemli incelemelerde de bedensel ve duygusal açıdan daha sağlıklı oldukları görülmüştür. Dartmouth Tıp Okulu'nda, Dr. Thomas Oxman ve meslektaşları tarafından yapılan bir başka araştırmada, elli yaşın üzerinde olup da koroner arter ya da kalp kapakçığındaki rahatsızlık nedeniyle açık kalp ameliyatı geçiren ve dini inançları güçlü olan hastaların yaşamlarını sürdürme şanslarının dini inançları güçlü olmayan hastalara oranla üç kat fazla olduğu görülmüştür.

Dini inancın güçlü olmasının yararları, bazen belli bir dinin doktrinlerinden ve inanışlarından ileri gelir. Örneğin pek çok Budist, acılarına, Karma doktrinine duydukları sağlam inanç sayesinde dayanmaktadırlar. Aynı şekilde, Tanrı'ya sarsılmaz bir inanç duyan insanlar, her şeyi bilen ve sevgi dolu bir Tanrı'ya inanmaları sayesinde çok büyük zorluklara bile karşı koyabilmektedirler; o Tanrı ki, belki yaptıkları şu anda bizim için anlaşılmaz olsa da sonuçta Bilgeliği içinde, bizim için duyduğu sevgiyi gösterecektir. İncilin öğretilerine olan inançları sayesinde Romalılar 8:28 gibi bölümlerde güvenliği bulabilmektedirler: "Her şey, Tanrı'yı sevenlerin iyiliği için, Onun tasarladıklarını kabul edenler için beraberce çalışır."

Her ne kadar, inançlı olmanın ödülü bazen, belli dini geleneğe ait doktrinlere dayanmaktaysa da ruhsal hayatın başka güç verici özellikleri vardır ve bu özellikler tüm dinler için geçerlidir. Herhangi bir dini gruba mensup olmak, bir şeye ait olma duygusu verir, toplumsal bağlar yaratır, o dinin diğer mensupları ile sağlam bir bağ kurulmasını sağlayabilir. Kişinin başkalarıyla ilişkiler kurabileceği bir ortam sağlar. Kişiye bir kabullenme duygusu kazandırır. Güçlü bir dini inanç, kişinin hayatına anlam katan bir amaç verebilir. Bu inanışlar da zorluklar, acılar ve ölüm karşısında umut verir. Hayatın günlük sorunları ile bunaldığında kişinin olaylara kendi dışından, ebedi bir bakış açısı ile bakmasına yardımcı olur.

Herhangi bir dinin öğretilerini uygulamayı seçen kişiler için bu olası yararların hepsi geçerli olsa da, dinsel bir inanca sahip olmanın tek başına mutluluğun ve barışın garantisi olmadığı açıktır. Örneğin, Terry Anderson bir hücrede zincirlenmiş olarak oturup dini inanca bağlılığın en iyi örneğini sergilerken, hücresinin hemen dışında süre giden şiddet ve nefret ise dini inanca bağlılığın en kötü örnekleri oluşturmaktaydı. Lübnan'da yıllar boyunca Müslüman tarikatlar, Hıristiyanlar ve Yahudiler ile savaştı, her iki taraf da şiddet ve nefret duyguları ile doldu ve sonuçta inanç adına, dile getirilemeyecek canavarlıklar yapıldı. Bu, eski, tarih boyunca çok sık anlatılmış ve modern dünyada örnekleri çok sık yaşanmış bir hikayedir.

İhtilaf ve nefret yaratma potansiyelinden dolayı, dinsel kurumlara inancı kaybetmek çok kolaydır. Bu, Dalai Lama gibi dini şahsiyetlerin, dinsel inanışlarına ya da dine inanıp inanmadığına bakılmaksızın, herkes tarafından mutluluğu artırmak için kullanılması amacıyla ruhsal hayata ait unsurları damıtmaya çalışmasına yol açmıştır.

Bu nedenle, Dalai Lama sesinde tam bir ikna gücü ile, tartışmasını gerçekten ruhsal bir hayat hakkındaki görüşünü aktararak sonuçlandırmıştır:

"Hayatımıza ruhsal bir boyut getirmekten bahsederken, dini inançlarımızı ruhsallığın bir aşaması olarak tanımladık. Herhangi bir dine inanıyorsak, bu iyidir. Ama dini bir inanışımız olmasa bile, gene de kendi yolumuzu bulabiliriz. Hatta bazı durumlarda daha iyi bir yol bile bulabiliriz. Fakat bu bizim kendi kişisel hakkımızdır; eğer inanmayı istiyorsak, çok iyi! Eğer istemiyorsak, bu da iyi. Fakat, bir başka ruhsallık aşaması daha vardır. Ben bunu *temel ruhsallık* diye adlandırıyorum; yani, insanlığın temel özellikleri olan iyilik, nezaket, sevecenlik ve önem verme. İster inançlı biri olalım ister inançsız biri, bu tür bir ruhsallık önemlidir. Ben şahsen, bu ikinci ruhsallık aşamasını ilkinden daha önemli kabul ediyorum; çünkü bir din ne kadar mükemmel olursa olsun gene de sınırlı sayıda insan tarafından, insanlığın bir kısmı tarafından uygulanabilir. Fakat insan olduğumuz, insanlık ailesinin üyesi olduğumuz sürece, her birimiz temel ruhsal değerlere ihtiyaç duyarız. Bunlar olmadan, insanın hayatı sert ve çok kuru kalır. Bunun sonucunda, hiçbirimiz mutlu bir insan olamayız, ailemiz acı çeker ve tabi ki toplum da daha sorunlu olur. Yani, bu tür temel ruhsal değerleri geliştirmek son derece önemlidir.

"Bu temel ruhsal değerleri geliştirmeye çalışırken, bu gezegendeki diyelim ki beş milyar insanın belki de bir ya da iki milyarının samimi, gerçekten inançlı kimseler olduklarını hatırlamamız gerekir. Tabi ki samimî inananlar derken, örneğin ailesi Hıristiyan olduğu için "Ben Hıristiyanım" diyen fakat günlük hayatında Hıristiyan inancı üzerinde çok düşünmeyen ya da uygulamayan kişileri hesaba katmıyorum. Bu insanların dışında, samimi bir şekilde dininin öğretilerini uygulayan belki bir milyar civarı insan olduğuna inanıyorum; bu da, dört milyar insanın, yani dünyadaki insanların büyük çoğunluğunun, dini inancının olmadığı anlamına gelir. Öyleyse, hâlâ bu çoğunluğun yani belli bir dine dahil olmayan dört milyar insanın hayatını iyileştirmeye yarayacak bir yol bulmak zorundayız; bu yol, herhangi bir dinleri olmasa da onların iyi insanlar, ahlaklı kişiler olmalarına yardımcı olmalıdır. Burada, eğitimin çok önemli olduğuna inanıyorum. Eğitim, insanların içine sadece dini konuları sokmak yerine sevecenliği, iyiliği ve benzeri iyi özellikleri damla damla akıtabilir. Sanırım daha önce, insanın sıcak, sevgi dolu ve sevecen olmasının, bedensel sağlığı, mutluluğu ve zihinsel barışı için öncelikli olarak önemli olduğundan uzun uzadıya konuşmuştuk. Bu, çok işlevsel bir konudur, dini bir kuram ya da felsefi bir spekülasyon değildir. Olayın anahtarıdır ve sanırım farklı geleneklerdeki tüm dinsel öğretilerin de esasıdır. Fakat, herhangi bir dini izlememeyi seçenler için son derece önemlidir. Bence, bu insanları eğitebilir ve hiçbir dine inanmamanın yanlış olmadığını fakat iyi, duyarlı bir insan olmanın, daha iyi ve mutlu bir dünya için sorumluluk ve kararlılık duymanın gerekli olduğunu akıllarına sokabiliriz.

"Genel olarak, dini ya da ruhsal yolunuzu dış görünüşünüz-

Dalai Lama, sürekli olarak içsel disiplinin, ruhsal bir hayatın temeli olduğunu vurgulamaktadır. Bu, mutluluğa ulaşmanın esas yöntemidir. Bu kitapta açıklandığı gibi, onun bakış açısına göre içsel disiplin, öfke, nefret ve açgözlülük gibi olumsuz zihinsel tutumlara karşı savaşmayı ve iyilik, sevecenlik ve hoşgörü gibi olumlu tutumları geliştirmeyi içermektedir. İçsel disiplin üzerinde çalışmak için normal meditasyonlar kullanılabilir; bu meditasyonlar zihni dengeli hale getirmeye ve sakin bir zihin yapısına kavuşmaya yardımcı olmak amacıyla uygulanan tekniklerdir. Çoğu ruhsal gelenekte, zihni sakinleştirmeyi, bizi derinlerdeki ruhsal doğamız ile daha fazla ilişkiye geçirmeyi amaçlayan çalışmalar bulunmaktadır. Dalai Lama, Tucson'da halka yaptığı konuşmaların sonunda zihnimizi sakinleştirmeye, zihnin asıl doğasını incelemeye ve böylece "zihinsel bir sessizlik" geliştirmeye yardımcı olmak için düzenlenmiş bir meditasyon hakkında bilgi vermiştir.

Salonda toplanan insanlara bakarak kendine özgü üslubuyla konuşmaya başladı, sanki kalabalık bir gruba hitap etmiyordu da dinleyiciler arasındaki her bireyi kişisel olarak bilgilendiriyordu. Bu anlarda, daha sakin ve dikkati daha yoğunlaşmış, daha canlı oluyor, verdiği bilgileri, ustaca baş sallamaları, el hareketleri ve nazik devinimlerle tıpkı bir sanat eseri gibi süslüyordu.

Zihnin Doğası Üzerine Meditasyon

"Bu çalışmanın amacı, zihnimizin doğasını anlamaya ve onu hissetmeye başlamaktır," diye başladı. "En azından bir seviyeye kadar. Genel olarak, 'zihin' dediğimizde, soyut bir kavramdan bahsederiz. Zihnimiz hakkında doğrudan bir deneyimimiz yoktur, örneğin zihni tanımlamamız istendiğinde sadece beyni göstermekle yetinmek zorunda kalabiliriz. Ya da zihni açıklamamız istendiğinde, onun 'bilme' kapasitesi olan, 'açık' ve 'kavramayla ilgili' bir şey olduğunu söyleyebiliriz. Fakat meditasyonlar yoluyla zihni doğrudan anlamadıkça, bu tanımlar sadece söz olarak kalırlar. Zihni sadece soyut bir kavram olarak değil de doğrudan deneyimleme yoluyla tanımlayabilmek önemlidir. Bu çalışmanın amacı da, zihnin beylik ya da geleneksel doğasını *doğrudan* hissetmek ya da kavramaktır; böylece zihnin 'açıklık' ve 'kavramayla ilgili' özelliklerinden bahsettiğinizde bu, soyut bir kavram olarak kalmayacak ve onu doğrudan deneyim yoluyla tanımlayabileceksiniz.

"Bu çalışma, bilinçli bir şekilde tutarsız düşünceleri durdurmanıza ve giderek daha uzun süreler boyunca bu durumda kalmanıza yardımcı olur. Bu çalışmayı yaptığınızda bir süre sonra orada sanki hiçbir şey yokmuş hisseder, bir boşluk duygusu duyarsınız. Fakat devam ederseniz, zihnin temelinde yatan 'açıklık' ve 'bilme' özelliklerini anlamaya başlarsınız. Bu, su dolu kristal bir bardağa benzetilebilir. Eğer su safsa, bardağın dibini görebilirsiniz; gene de suyun orada olduğunu bilirsiniz.

"Bugün, kavramsızlık üzerine bir meditasyon yapalım. Bu bir duygusuzluk ya da zihnin devreden çıkarılması durumu değildir. Gerçekte yapmanız gereken, öncelikle 'Kavramsal düşüncelerin olmadığı bir zihin durumunu koruyacağım' kararını vermektir. Bunu yapmak için şu yolu izleyeceksiniz:

"Genel olarak zihnimiz, daha çok maddi nesnelere doğru yönelir. Deneyim duygusunun ardından dikkat gelir. Duygusal ve kavramsal olarak üstün bir seviyede kalır. Diğer bir deyişle, farkındalığımız normalde, fiziksel duyusal deneyimlere ve zihinsel kavramlara yöneliktir. Fakat bu çalışmada yapmanız gereken, zihninizi içe çekmektir; onun duyusal nesnelerin peşinden gitmesine ya da dikkatinizi yönetmesine izin vermeyin. Aynı zamanda, zihninizi bir tür duygusuzluk ya da şuursuzluk yaratacak kadar da içe yönlendirmeyin. Tam bir uyanıklık durumunu ve açık bir şuuru korumalısınız; sonra bilincinizin doğal durumunu görmeyi denemelisiniz: bu durumdayken bilinciniz, ne geçmişte olan şeylere ait keder dolu düşünceler ve kötü anılardan ne de geleceğe ait planlar, tahminler, korkular ve umutlar gibi düşüncelerden etkilenmemelidir. Bunun yerine doğal ve belirli bir şekli olmayan bir durumda kalmalıdır.

"Bu, tıpkı çok hızlı akan bir nehir gibidir, o kadar hızlı akmaktadır ki nehir yatağını bile görememektesinizdir. Bununla beraber, eğer her iki yönden de yani suyun geldiği yönden ve aktığı yönden nehri durdurmanın bir yolun bulursanız, sakin bir su elde edersiniz. Böylece nehrin dibini gayet açıkça görebilirsiniz. Benzer şekilde zihninizin dış dünyadaki şeylerin peşinden gitmesini engelleyebilir geçmiş ve gelecek hakkında düşünmesini durdururabilirseniz ve zihninizi tamamen devre dışı bırakmadan zihninizi serbest bırakırsanız bu düşünme sürecinin oluşturduğu çalkantının altını görebilirsiniz. Burada bir sakinlik, bir zihin berraklığı vardır. Bunu gözlemlemeye ya da deneyimlemeye çalışmalısınız...

"Bu, ilk başta çok zor olabilir, o yüzden bunu şu anki toplantımızda yapmaya başlayalım. İlk başta, bilincin bu temel doğal durumunu deneyimlemeye başladığınızda, bunu bir tür 'yokluk' gibi yaşayabilirsiniz. Bunun nedeni, zihnimizi dış dünyadaki nesnelere göre anlamaya fazlasıyla alışmamızdır; dünyaya kendi kavramlarımız, imajlarımız ve benzeri şeyler yoluyla bakmaya eğilimliyizdir. Dikkatinizi dış dünyaya ait şeylerden çektiğinizde, sanki zihninizi hiç tanımıyormuş gibi olursunuz. Burada bir tür yokluk veya bir tür boşluk hissedersiniz. Gene de yavaş yavaş ilerleyip buna alıştıkça bir berraklık, bir parlaklık farketmeye başlarsınız. Bu, zihnin doğal durumunu kabul etmeye ve anlamaya başladınız demektir.

"Gerçekten derin meditatif deneyimlerin çoğu bu tür bir zihinsel sakinliği temel alarak ilerlemek zorundadır," sonra gülerek ekledi, "Ah, sizi uyarmalıyım ki, bu tür meditasyonlarda, üzerinde yoğunlaşılan özel bir şey olmadığı için uyuya kalma tehlikesi vardır.

"Şimdi, meditasyona başlayalım...

"Başlamak için öncelikle üç kez soluk alıp verin ve dikkatinizi bu soluk alış verişler üzerinde yoğunlaştırın. Sadece soluk almanın ve vermenin ve sonra tekrar soluk almanın ve vermenin farkına varın. Bunu üç kez yapın. Sonra meditasyona başlayın."

Dalai Lama, gözlüklerini çıkardı, ellerini kucağında kavuşturdu ve hareketsiz kalarak meditasyona başladı. Salonda tam bir sessizlik hüküm sürüyordu, bin beş yüz kişi içlerine dönmüştü, kendi özel dünyalarının yalnızlığına girmişler, düşüncelerini sakinleştirmeye ve belki de zihinlerinin gerçek doğasına bir göz atmaya çalışıyorlardı. Beş dakika sonra, Dalai Lama yumuşak bir sesle ilahi söylemeye başladığında sessizlikte bir çatlak olduysa da bozulmadı. Sesi alçak ve melodikti, dinleyenlere meditasyonlarında nazikçe rehberlik etmekteydi.

O günkü toplantı bittiğinde her zaman olduğu gibi Dalai Lama, ellerini birleştirdi, sevgi ve saygı ile dinleyicilerin önünde eğildi, kalktı ve çevresini saran kalabalık arasında yürüdü. Salondan ayrılırken elleri bitişikti ve eğilerek selamlamaya devam ediyordu. Bu yoğun kalabalık arasında ilerlerken o kadar eğiliyordu ki, ondan sadece bir kaç adım uzakta duran kişilerin onu görmeleri bile mümkün olmuyordu. Bir eller denizinin arasında kaybolmuş gibiydi. Belli bir mesafeden bakıldığında Dalai Lama geçerken kalabalıkta meydana gelen hareketten izlediği yolu keşfetmek mümkündü. Sanki görünür bir nesne olmayı kesmiş ve sadece hissedilen bir varlık haline gelmiş gibiydi.

Teşekkürler

Bu kitap, pek çok insanın nazik çabaları olmasa ortaya çıkamazdı. Öncelikle, kırkıncı Dalai Lama, Tenzin Gyatso'ya, sınırsız nezaketi, içtenliği, verdiği ilham ve dostluğu için en içten teşekkürlerimi sunmak istiyorum. Ve, hayatta mutlu olmak için seçtiğim yolun temelini attıkları için ailem James ve Betti Cutler'ın sevgili hatırlarına sonsuz teşekkürlerimi sunuyorum.

Dostluğu, bu kitapta Dalai Lama'ya ait bölümleri düzenlemedeki yardımları ve halka hitaben yaptığı konuşmaların yorumlayıcısı olarak oynadığı rol ve yaptığımız özel konuşmalar için Dr. Thupten Jinpa'ya. Ayrıca, Hindistan'da Dalai Lama ile yaptığım sayısız konuşmalar hakkında yorumlarıyla yardımda bulundukları için Saygıdeğer Lhakdor Lobsang Jordhen'e.

Yıllar boyunca bana pek çok şekilde yardımcı oldukları ve destekledikleri için Tenzin Geyche Tethong, Rincehn Dharlo ve Dawa Tsering'e.

Dalai Lama'nın 1993'te Arizona'ya yaptığı ziyaretin diğer insanlar için çeşitli ödüllerle dolu bir deneyim olmasını sağlayan; Claude d'Estree'ye, Ken Bacher'a ve Arizona Teachingis, Inc.'in ekibine, Peggy Hitchcocok ve Arizona Tibet dostları derneğine, Dr. Pam Willson'a ve Dalai Lama'nın, Arizona Eyalet Üniversitesi'nde konferans vermesini organize eden insanlara ve Dalai Lama'nın Arizona'daki konuşmalarına katılan insanlara yardımcı olmak için yorulmak bilmeden çalışan düzinelerce gönüllüye içten teşekkürlerimi sunarım.

Verdikleri cesaret, gösterdikleri nezaket ve bu projenin pek çok aşamasındaki yardımları ve hem mesai saatleri içinde hem de dışındaki çalışmaları nedeniyle yayıncılarım, Sharon Friedman ve Ralph Vicinanza'ya ve yayınevinin harika ekibine özel bir teşekkür borçluyum.

Tüm yazım sürecinde düzeltmelerde, araştırmada ve uzman

raporları konusunda paha biçilmez yardımlarda ve kişisel destekte bulunan kişileri de saymalıyım: kitabın ilk taslaklarını düzenlemedeki ustaca çalışmalarından ötürü Ruth Hapgood, çok geniş bir malzemenin içinde ilerlemek ve bu malzemeye uyumlu bir yapı vermeye olan katkılarından dolayı Barbara Gates ve Dr. Ronna Kabatznick ve bu projeye inandığı ve bu kitabı son haline getirmedeki yardımlarından dolayı Riverhead'deki yetenekli editörüm Amy Hertz, ayrıca Riverhead yayınlarından Jennifer Books ve yayın ekibi. Ayrıca, Dalai Lama'nın Arizona'da yaptığı konuşmaları kopya etmeme, bu konuşmalar hakkında aldığım notları ve metnin ilk bölümlerini bilgisayara dökmeme yardımcı olan insanlara da en sıcak teşekkürlerimi sunmak istiyorum.

Son olarak;

Öğretmenlerime.

Aileme ve hayatımı ifade edemeyeceğim kadar zenginleştiren dostlarım; Gina Beckwith Eckel, Dr. David Weiss ve Daphne Atkeson, Dr. Gillan Hamilton, Helen Mitsios, David Greenwalt, Dale Brozosky, Kristi Ingham Espinasse, Dr. David Klebanoff, Henrietta Bernstein, Tom Minor, Ellen Wyatta Gothe, Dr. Gail Mc Donald, Larry Cutler, Randy Cutler, Lori Warren ve özellikle de Candee ve Scott Brierley'e - ve burada ismini saymayı unuttuğum fakat kalbimde sevgi, minnet ve saygı ile taşıdığım diğer arkadaşlarıma en derin teşekkürlerimi sunuyorum.

KUTSAL DALAİ LAMA'NIN YAZDIĞI ESERLERDEN SEÇMELER

The Dalai Lama: A Policy of Kindness, Sidney Piburn. Ithaca: Snow Lion Publications, 1990.

A Flash of Lightning in the Dark of Night – A guide to the Bodhisattva's Way of Life, Dalai Lama, Boston: Shambala Publications, 1994.

The Four Noble Truths, Dalai Lama. İngilizceye çeviren Dr. Thupten Jinpa, editör Dominique Side. Londra: Thorsons, 1998.

Freedom in Exile – The Autobiography of the Dalai Lama, Dalai Lama. New York: Harper Collins, 1991.

The Good Heart – A Budhist Perspective on the Teachings of Jesus, Dalai Lama. Boston: Wisdom Publications, 1996.

Kindness, Clarity and Insight, Dalai Lama. İngilizceye çeviren ve editör: Jeffrey Hopkins; yardımcı editör: Elizabeth Napper. Ithaca: Snow Lion Publications, 1984.

The World of Tibetan Buddhism, Dalai Lama. İngilizceye çeviren ve editör: Dr. Thupten Jinpa. Boston: Wisdom Publications, 1995.

YAYIN LİSTEMİZ

♦Bir Çift Yürek •	Marlo Morgan
♦Sonsuzluğun Mesajı •	Marlo Morgan
♦Mutluluk Sanatı •	Dalai Lama
♦Yeni Binyılın Değerleri •	Dalai Lama
♦Açık Bir Yürek •	Dalai Lama
♦Kötü Günler Kitabı •	Bradley T. Greive
♦Yaşamın Anlamı •	Bradley T. Greive
♦Sevgili Anneciğim •	Bradley T. Greive
♦Bay Doğru'yu Ararken •	Bradley T. Greive
♦Annelik Hakkında İnanılmaz Gerçekler •	Bradley T. Greive
♦Clara •	Miro Gavran
♦Daha İyi Bir Yaşam İçin Feng Shui İpuçları •	Danniel Kennedy
♦Ejderha'nın Gözünü Aydınlatmak: Taocu Feng Shui'nin İçsel Sırları •	Dr. Baolin Wu
♦Kadınlar ve Erkekler İçin Seksin Taosu •	Dr. S. Chang
♦Eksiksiz Şifa Kitabı: Taocu Şifa Yöntemleri •	Dr. S. Chang
♦Bir Medyumun Maceraları •	Sylvia Browne
♦Öte Dünyada Yaşam •	Sylvia Browne
♦Öte Dünyadan Kutsamalar •	Sylvia Browne
♦Kamino: Bir Ruh Yolculuğu •	Shirley McLaine
♦Dave Adında Bir Adam •	Dave Peltzer
♦İnsanın Yaşayan Geçmişi •	Eser Coşkun
♦Marcus Aurelis'un Ruhsal Öğretileri •	Mark Forstater
♦Beklenmeyeni Bekleyin •	Roger von Oech
♦Mistiklerin Öğretileri •	Walter Stace
♦Büyücünün Yolu •	Deepak Chopra
♦Rüzgarda Savrulan Yaprak •	Ting Xing Ye
♦Tanıdık Yabancılar •	Gotham Chopra

♦ Berbat Durum Senaryoları •	Piven - Borgenicht
♦ Bugün İçmeyeceğim •	Candan Osma
♦ Harbi Delikanlılar •	William Pollack
♦ Kar Altındaki Ateş •	Palden Gyatso
♦ Kısa Bir Mutlu Yaşam Rehberi •	Anna Quindlen
♦ Kucaklaşma Terapisi •	Kathleen Keating
♦ Six Sigma Yolu – Zirvedeki Şirketlerin Başarı Yöntemi •	Robert Neuman
♦ Deprem El Kitabı •	Lael Morgan
♦ Kutsal •	Daniel Quinn
♦ Hakkımdaki Her Şey •	Philipp Keel
♦ Hakkımızdaki Her Şey •	Philipp Keel
♦ Bir Yogi'nin Otobiyografisi •	Paramahansa Yogananda

Açık Bir Yürek

Dalai Lama

Şefkat, diğer varlıkların çektikleri acı nedeniyle onlara karşı duyulan sempati ve bu varlıkları çektikleri acıdan kurtarma arzusu, tüm ruhsal geleneklerin temel arayışı olmuştur. Peki ama bir insan gerçekten nasıl olur da sevgi ve şefkat dolu bir insan adönüşebilir? Benliksiz bir kâlbin sevecen bir kâlbe dönüşmesini sağlayan mekanizma nedir?

Kutsal Dalai Lama, Açık Bir Kâlp adlı bu eserinde bir dizi çalışma ve bilgelik dolu içgörü aracılığıyla bize bu dönüşümün yöntemini gösteriyor. Bu yöntemler hangi inançtan ya da hangi dinden geliyor olursanız olun zihninizin değişmesini ve kâlbinizin açılmasını sağlamaktadırlar. Bu kâlp açıklığı ise Kutsal Dalai Lama'nın bakışıyla insanın çağlar boyu aradığı cesaret ve mutluluğun anahtarlarıdır.

Kutsal Dalai Lama, TENZIN GYATSO, iki yaşında onüçüncü Dalai Lama'nın reenkarnasyonu olarak kabul edildi ve Tibet'in başkenti Lhasa'ya getirildi. Burada iki yol süren sınavların ve eğitimin ardından ondördüncü Dalai Lama olarak onurlandırıldı. 1959 yılında, Çin'in Tibet'i işgalinin ardından Hindistan'da sürgüne zorlandı. Sürgündeki Tibet ulusunun lideri olarak, yorulmak bilmez bir çabayla ve tümüyle şiddet karşıtı bir tavırla Tibet'in bağımsızlığı için çalıştı. Şiddet karşıtı çabalarının bir sonucu olarak 1989 yılında dünyanın en önemli ruhsal liderleri arasında kabul edildi ve Nobel Barış Ödülü'ne layık görüldü. Daha önceden yayınevimiz tarafından da yayınlanan Mutluluk Sanatı ve Yeni Binylıyın değerleri adlı kitapları hem ülkemizde hem de yurtdışında bestseller olmuştur.